तार सप्तक : सिद्धान्त और कविता

कवियों के काव्य सिद्धान्त और उनकी कविता

तार सप्तक : सिद्धान्त और कविता

कवियों के काव्य सिद्धान्त और उनकी कविता

बोधिसत्व

राधाकृष्ण प्रकाशन

ISBN : 978-81-8361-816-8

तार सप्तक : सिद्धान्त और कविता

पहला संस्करण : 2016

मूल्य : ₹ 400

प्रकाशक
राधाकृष्ण प्रकाशन प्राइवेट लिमिटेड
7/31, अंसारी मार्ग, दरियागंज, नई दिल्ली-110 002

शाखाएँ : अशोक राजपथ, साइंस कॉलेज के सामने, पटना-800 006
पहली मंजिल, दरबारी बिल्डिंग, महात्मा गांधी मार्ग, इलाहाबाद-211 001
36 ए, शेक्सपियर सरणी, कोलकाता-700 017

वेबसाइट : www.radhakrishnaprakashan.com
ई-मेल : info@radhakrishnaprakashan.com

मुद्रक
बी.के. ऑफसेट
नवीन शाहदरा, दिल्ली-110 032

TAAR SAPTAK : SIDDHANT AUR KAVITA
by Bodhisatva

तारसप्तक के महत्त्वपूर्ण कवि
भारतभूषण अग्रवाल जी

और
इलाहाबाद विश्वविद्यालय में गुरु रहे
प्रो. सत्य प्रकाश मिश्र जी की स्मृति में

श्रद्धापूर्वक

यह शोध प्रबन्ध

प्रकाशन के अवसर पर

यह पुस्तक 'तार सप्तक : सिद्धान्त और कविता' मेरे शोध प्रबन्ध 'तार सप्तक : कवियों के काव्य सिद्धान्त और उनकी कविता' का पुस्तकीय रूप है। मैंने इसमें थोड़ा-बहुत शोधन-परिवर्धन किया है अन्यथा यह जस-की-तस है।

मैंने यह शोधकार्य अखिलेश कुमार मिश्र यानी अपने मूल नाम से प्रस्तुत किया था।

मुम्बई

—बोधिसत्व

प्रस्तावना

आधुनिक हिन्दी कविता के इतिहास में तार सप्तक उस बिन्दु पर अवस्थित है जिसके एक ओर छायावाद, प्रगतिवाद और छायावादोत्तर कविताएँ हैं, तो दूसरी ओर उसी की कोख से निकला स्वयं प्रयोगवाद है और अन्य पक्ष में नकेनवाद और नई कविता। तार सप्तक ही वह विभाजक रेखा है जिसके अभाव में छायावाद, प्रगतिवाद और छायावादोत्तर कविताओं के बाद की हिन्दी कविता को समझा नहीं जा सकता; तार सप्तक वह धागा है, जो बाद की हिन्दी कविता को पूर्व की हिन्दी कविता की परम्परा से जोड़ता है; तार सप्तक एक जरूरी संकलन इसलिए भी है कि वह भविष्य की हिन्दी कविता को 'रचना' और 'दृष्टि' के स्तर पर प्रभावित करता है। तार सप्तक कवियों के काव्य सिद्धान्त और हिन्दी कविता के काव्य सिद्धान्त को दूर तक संचालित करता है।

तार सप्तक का ऐतिहासिक महत्त्व उसके एकत्र प्रयास में है, उसने काव्य सम्बन्धी अपने प्रयोगों को न केवल मान्यता दिलाई वरन् आगे भी इस तरह के प्रयोगों के लिए मार्ग प्रशस्त किया। पर विडम्बना यह है कि तार सप्तक जैसी महत्त्वपूर्ण कृति का कोई विस्तृत विवेचन एवं विश्लेषण व्यवस्थित रूप से सामने नहीं आ सका है। डॉ. कृष्णलाल की पुस्तक 'तार सप्तक के कवि : काव्य शिल्प के मान', डॉ. राजेन्द्र प्रसाद की पुस्तक 'तार सप्तक कवियों की समाज चेतना' आदि में तार सप्तक के सम्बन्ध में जो चर्चा मिलती है उसके केन्द्र में तार सप्तक नहीं है; ये पुस्तकें तार सप्तक सम्बन्धी विवेचन की बहुत सारी स्थितियों और अपेक्षाओं को छोड़ जाती हैं। मेरे इस शोध प्रबन्ध का मुख्य उद्देश्य तार सप्तक कवियों के काव्य सिद्धान्त और उनकी कविता की व्यापक छानबीन करना होगा, शोध प्रबन्ध के शीर्षक 'तार सप्तक : कवियों के काव्य सिद्धान्त और उनकी कविता' से यह भ्रम नहीं होना चाहिए कि

यहाँ मात्र तार सप्तक कवियों के काव्य सिद्धान्त पर ही चर्चा हुई होगी या यह कि इसमें तार सप्तक के कवियों के सारे काव्य सिद्धान्तों और उनकी कविताओं का विवेचन-विश्लेषण किया गया है। यहाँ मेरे शोध का अभिप्रेय तार सप्तक में व्यक्त हुए उन कवियों के काव्य सिद्धान्त और मात्र सप्तक में संकलित उनकी कविताएँ ही हैं। मेरे शोध का अभिप्रेय तार सप्तक कवियों के पहले संस्करण के वक्तव्यों तथा दूसरे संस्करण के पुनश्च में आए हुए काव्य सिद्धान्त को, उनके भीतर व्यवस्थित काव्य-सूत्रों को खोजने और पाने का रहा है। इन काव्य सिद्धान्तों को सप्तक में संकलित कविताओं के विविध पक्षों की जाँच-पड़ताल में लागू करने की कोशिश भी है।

तार सप्तक के बारे में ऐसी धारणा रही है कि वह हिन्दी कविता की स्वाभाविक परम्परा के बाहर है, यह सच नहीं है। हम कह सकते हैं कि तार सप्तक में हिन्दी कविता की परम्परा व्यवस्थित रूप में मौजूद है। तार सप्तक ने हिन्दी कविता के जिन प्रयोगों को स्थापित किया है उनकी शुरुआत 1936-38 ई. के आसपास हो गई थी। बहुत सारे कवि छायावाद, प्रगतिवाद की जमीन को तोड़कर इस कविता के लिए नई विचारभूमि का निर्माण कर रहे थे। इस नवनिर्माण में छायावादी कवि निराला और पन्त, छायावादोत्तर कवि नरेन्द्र शर्मा, शमशेर बहादुर सिंह, नलिन विलोचन शर्मा, केदारनाथ अग्रवाल आदि कविता को अपने-अपने तरीके से सम्भव बना रहे थे। हिन्दी में बहुत दिनों तक यह आम धारणा बनी रही कि तार सप्तक इसके सम्पादक अज्ञेय द्वारा चलाए गए प्रयोगवादी आन्दोलन का एक हिस्सा है और तार सप्तक की भूमिका में आए हुए 'राहों के अन्वेषी' जैसा पद विशुद्ध रूप से अज्ञेय की देन है। इन सारी बातों को ध्यान में रखते हुए **पहले अध्याय** में तार सप्तक की आवश्यकता, उसका इतिहास, सम्पादन और विवाद का विचार प्रस्तुत किया गया है। इसकी ऐतिहासिक स्थिति में हिन्दी कविता में तार सप्तक की आवश्यकता, तार सप्तक के प्रकाशन का इतिहास, उसके सम्पादन की दृष्टि और उसके सम्पादन और प्रकाशन सम्बन्धी विवाद सम्मिलित हैं।

दूसरे अध्याय में तार सप्तक की भूमिका, राहों के अन्वेषी का अर्थ और विश्लेषण, प्रयोगवाद का नामकरण, हिन्दी के नए प्रस्थान बिन्दु के रूप में उसका निरूपण तथा हिन्दी काव्यान्दोलन के विविध वादों के साथ प्रयोगवाद का सम्बन्ध दिखाया गया है। इसमें छायावाद,

प्रगतिवाद, प्रपद्यवाद, नई कविता के साथ प्रयोगवाद के लेन-देन को रेखांकित करने की कोशिश की गई है।

तीसरे अध्याय में तार सप्तक के कवि एवं उनकी कविताओं के विविध पक्षों का विस्तृत विश्लेषण-अध्ययन किया गया है। इसमें तार सप्तक के सातों कवियों की कविताओं के विविध पक्षों को उनके काव्य वैशिष्ट्य के आधार पर समझने की कोशिश की गई है।

चौथे अध्याय में तार सप्तक कवियों के काव्य-चिन्तन का विस्तृत सर्वेक्षण और सिद्धान्त निरूपण को समझाने की कोशिश की गई है। जहाँ सर्वेक्षण में उनके सिद्धान्तों को समझने की कोशिश की गई है वहीं सिद्धान्त निरूपण में कवियों के काव्यगत विविध पक्षों पर विस्तृत अध्ययन प्रस्तुत किया गया है। इसमें परोक्ष रूप से हिन्दी कविता के चिन्तन में तार सप्तक कवियों का अवदान सन्निहित है।

पाँचवें अध्याय में तार सप्तक कवियों के प्रथम और द्वितीय संस्करणों के वक्तव्यों में आए हुए परिवर्तनों के कारणों को समझने की कोशिश की गई है। यहाँ यह ध्यान में रखा गया है कि यह परिवर्तन अन्विति है या अन्तर्विरोध है या विकास है।

प्रस्तुत शोध प्रबन्ध में मेरी यह कोशिश रही है कि प्रचलित तरीकों से अलग हटकर 'तार सप्तक' को हिन्दी के ऐतिहासिक परिप्रेक्ष्य में रखकर देखा जाए। 'तार सप्तक' के प्रकाशन और उसके अवदान को लेकर अभी भी बहुत सारे भ्रम बने हुए हैं। यदि मेरे शोध प्रबन्ध से कुछ भ्रम निवारण हो सके तो अपने श्रम को सार्थक समझूँ।

मेरे इस शोधकार्य में किससे कैसा सहयोग-असहयोग मिला उसको यहाँ बताना या उसकी चर्चा करना भी उचित नहीं समझता। फिर भी जिनके सहयोग के लिए आभारी हूँ उनमें सबसे पहले अपने शोध-गुरु श्री दूधनाथ सिंह का मैं हार्दिक रूप से कृतज्ञ हूँ जिन्होंने अपने उचित दिशा-निर्देशों द्वारा मुझ मतिमन्द से ऐसा गूढ़ कार्य करवा लिया। अपने शोध में मैं प्रख्यात कथाकार और सम्पादक मार्कंडेय दादा, आलोचक प्रो. नामवर सिंह जी, और कवि व नाट्यविद् नेमिचन्द्र जी को हर क्षण अपने साथ उपस्थित पाता रहा। नेमि जी ने तार सप्तक और उसकी ऐतिहासिकता पर आशीषस्वरूप जो साक्षात्कार दिया, वह मेरे पास सुरक्षित है...उसका समुचित उपयोग होगा, ऐसा यकीन है। बहुत ही प्रिय और आदरणीय गुरुवर प्रो. सत्यप्रकाश मिश्र ने बार-बार तकाजा न किया होता तो शायद यह कार्य सम्भाव्य ही बना रह जाता। परम

आदरणीय और हितचिन्तिका प्रो. मालती तिवारी जी ने बार-बार–शोधकार्य को 'निपटा लेना' उचित होगा–की 'चेतावनी' देकर मुझे जगाती रहीं। प्रो. बच्चन सिंह का यह कथन ढाढ़स बँधाता रहा कि शोधकार्य बाएँ हाथ से लिखा जाता है। कवि डॉ. मत्स्येन्द्र नाथ शुक्ल, कवयित्री डॉ. चन्द्रकला पांडेय, डॉ. वीर भारत तलवार ने हर मुलाकात में मुझसे अधिक मेरे शोध का हाल पूछकर मुझे अपने तरीकों से प्रेरित किया। अपने पहले काव्य संग्रह के प्रकाशक श्री रमेश चन्द्र ग्रोवर और श्री दिनेश चन्द्र ग्रोवर का इसलिए आभारी हूँ कि स्नेह से पूछते रहे कि आपका शोध विषय क्या है और कब पूरा होगा।

आलोचक प्रो. श्री नारायण पांडेय जी और आलोचक कमला प्रसाद जी का मन से आभार, दोनों मेरे इस शोध प्रबन्ध के परीक्षक थे और इसे अपनी विद्वत्ता भरी स्वीकृति दी।

महात्मा गांधी अन्तर्राष्ट्रीय हिन्दी विश्वविद्यालय के पूर्व कुलपति, कवि, संस्कृति मर्मज्ञ श्री अशोक वाजपेयी का आभारी हूँ कि उन्होंने एकाधिक बार कहा कि आपके शोध में क्या रखा है, क्यों नहीं लिख लेते। महात्मा गांधी अन्तर्राष्ट्रीय हिन्दी विश्वविद्यालय की अयोध्या कार्यशाला में मिले अलीगढ़ के श्री वार्ष्णेय कालेज के प्रवक्ता डॉ. रमेश कुमार का आभार प्रकट करके मैं उनके स्नेह-सहयोग को कम नहीं करना चाहता। किन्तु उनके अक्षय स्नेह-प्रेम के लिए एक वाक्य न कहना धृष्टता होगी...डॉ. रमेश जी के स्नेह सौजन्य के लिए इतना ही कहना चाहूँगा कि उनकी कृपा से ही मैं शोध में पूर्णकाम हुआ...

जवाहरलाल नेहरू विश्वविद्यालय के शोध-छात्र मित्र डॉ. उमाकान्त चौबे, अतुल तिवारी और विमल प्रकाश वर्मा का समय-समय पर हर तरह की मदद के लिए आभार कदापि नहीं मानूँगा। इलाहाबाद के अपने अभूतपूर्व मित्रों श्री सूर्य नारायण सिंह, श्री धीरेन्द्र तिवारी और श्री पीयूष श्रीवास्तव का कभी प्राप्त, किसी भी तरह के सहयोग-असहयोग के लिए आभारी हूँ। शुभचिन्तक मित्र डॉ. राजेन्द्र पांडेय का इसलिए आभारी हूँ कि उन्होंने कभी नहीं पूछा कि मेरे शोध की क्या प्रगति है। मित्र, कवि, सम्पादक, 'अन्वेषी' डॉ. श्रीप्रकाश शुक्ल को निरन्तर उत्साहित करने के लिए धन्यवाद देना कम होगा। इतिहासकार प्रो. हेरम्ब चतुर्वेदी जी और कवि विवेक निराला के स्नेह सौजन्य के लिए कृतज्ञ हूँ।

कथाकार मित्र श्री चन्द्रप्रकाश पांडेय, अखिलेश दुबे, आलोचक

डॉ. प्रणय कृष्ण, देवराज त्रिपाठी, सारंग त्रिपाठी, रामजी सेठ, जंग बहादुर सिंह, ओ.पी. सिंह, पी.डी. सिंह और त्रिभुवन सिंह का मैं विशेष रूप से आभारी हूँ...।

साहित्य सम्मेलन प्रयाग के प्रधानमंत्री श्री विभूति मिश्र का उनके स्नेह के लिए, हिन्दुस्तानी एकेडमी के अध्यक्ष श्री हरिमोहन मालवीय का पुस्तकालय के विविध उपयोग के लिए आभारी हूँ। शासकीय महाविद्यालय, उतई, जिला दुर्ग में हिन्दी प्रवक्ता डॉ. सियाराम शर्मा का उनके द्वारा दिए गए सहयोग के लिए हृदय से आभारी हूँ। सियाराम जी ने अपना तार सप्तक विषयक अप्रकाशित शोध प्रबन्ध उपलब्ध करवाकर मेरे ऊपर निजी उपकार किया। स्वर्गीय डॉ. रामविलास जी का आभार मैं कैसे प्रकट करूँ कि उन्होंने एक बार के निवेदन पर मुझे 'तार सप्तक' पर लम्बा इंटरव्यू दिया।

इलाहाबाद विश्वविद्यालय के प्राचीन इतिहास विभाग के अध्यक्ष प्रख्यात इतिहासकार चाचाजी प्रो. विद्याधर मिश्र जी का इसलिए आभारी हूँ कि उन्होंने चेताया कि समय रहते यदि शोधकार्य नहीं पूरा किया तो आगे नहीं कर पाओगे।

घर में और जीवन में हर समय हर स्थिति में जैसे मेरा सहयोग करने के लिए ही मेरे साथ चल रही हो, ऐसी जीवन संगिनी कवयित्री आभा बोधिसत्व का अनेक आभार...इसके अतिरिक्त उसे और क्या दूँ।

अपने सभी सहोदरों का क्रम से श्री अवधेश कुमार मिश्र, श्री सन्तोष कुमार मिश्र और श्री कमलेश कुमार मिश्र का मुझे 'दुनियादारी' की दीक्षा के लिए आभारी हूँ...अग्रज भाई श्री अशोक कुमार मिश्र का 'हिन्दी' की ओर मोड़ने के लिए ऋणी हूँ, बड़े भाई श्री सुनील त्रिवेदी का अध्ययनशील बनाए रखने के लिए एवं शुभचिन्तक भाई डॉ. रामनाथ तिवारी का अज्ञेय का एक दुर्लभ अप्रकाशित साक्षात्कार पढ़ाने के लिए आभार मानना चाहूँगा।

इलाहाबाद में दुर्दिन के साथी कवि-पत्रकार रविकान्त, कवि-अध्यापक अंशुल त्रिपाठी का मैं विशेष रूप से आभारी हूँ, ये सब न होते तो मेरा क्या होता! अनुज चिरंजीव आनन्द मिश्र, भानजे कृष्ण कुमार दुबे और इस शोध प्रबन्ध के मूल टंकक आनन्द कुमार पांडेय का उनके अलग-अलग तरह के सहयोग के लिए आभारी हूँ।

सबसे अन्त में अपने इलाहाबाद विश्वविद्यालय के उस प्रिय

'हिन्दी विभाग' का आभारी हूँ जिसने हिन्दी के प्रति रुचि पैदा करने में और हिन्दी का बने रहने में अपने पुराने इन्द्रजाल से मुझे अपने फन्दे में फँसाए रखा।

यह शोध प्रबन्ध मैंने अपने मूल नाम अखिलेश कुमार मिश्र के नाम से पूर्ण किया है।

—बोधिसत्व

अनुक्रम

अध्याय : चार

अध्याय : पाँच

अध्याय : एक

तार सप्तक की योजना

"सारा साहित्य सातत्य का अविच्छिन्न प्रवाह है, जिसका वर्तमान अतीत को अपने साथ लिये रहता है। अतीत बराबर अपूर्ण होता है और जब नए मुहावरों में नई अनुभूतियाँ लिखी जाने लगती हैं तब वह केवल वर्तमान के जीवित होने का ही प्रमाण नहीं होता, उससे यह भी प्रत्यक्ष होता है कि अतीत की प्रक्रिया पूर्ण हो रही है। छायावाद का जन्म द्विवेदी युग की अपूर्णताओं में हुआ था और छायावाद भी अपूर्ण निकला जिसकी पूर्ति का प्रयास छायावादोत्तर काल ने किया। और अब इस छायावादोत्तर काल की अपूर्णता और अतृप्ति भी युवकों को अनुभूत होने लगी है। हम जानते हैं कि वे इस अपूर्णता को भी पूर्ण करेंगे, और फिर पोतों का युग आएगा जो अपने पिता की अपूर्णताओं को दूर करने की कोशिश करेगा। अपूर्णता और पूर्णता की यह प्रक्रिया अनिवार्य रूप से कविता की निचाई या ऊँचाई की प्रक्रिया ही है।

ऐतिहासिक सत्य केवल इतना है कि हर युग नया जल लेकर आता है और हर युग जब जाने लगता है, तब उसके लाए हुए जल से आगामी युग की प्यास नहीं बुझ पाती। इसलिए, प्रत्येक युग को अपना कुआँ आप खोदना पड़ता है, चाहे वह छिछला ही क्यों न हो।"

–रामधारी सिंह दिनकर, 'काव्य की भूमिका', पृ. 62

आवश्यकता

द्विवेदी युग की काव्यानुभूति से असन्तुष्ट होकर छायावादी कवियों ने भाषा और शिल्प के स्तर पर जिस स्वर्ण काव्यलोक की रचना की थी, साहित्य और राजनीति की ऐतिहासिक आवश्यकता के तनाव में वह काव्यलोक अप्रासंगिक होता जा रहा था। ऐसे समय की काव्यानुभूति को निराला की इन दो पंक्तियों से समझा जा सकता है–

जब कड़ी मारें पड़ीं, दिल हिल गया,
पर न कर चूँ भी कभी पाया यहाँ।

छायावादियों में इस परिवर्तन को हिन्दी साहित्य के अध्येताओं ने सबसे पहले बड़े साफ तौर पर पन्त के काव्य विकास में रेखांकित किया गया। युगान्त में छायावाद का युगान्त, युगवाणी में अम्बर से उतरकर गगन बिहारी कवि धरती पर उतरने को आकुल हो जाता है। और ग्राम्या में वह धरती और ग्राम जीवन के गीत गाने लगता है–

देख रहा हूँ आज विश्व को
मैं ग्रामीण नयन से।

इस ग्रामीण नयन से जब वे जीवन के यथार्थ को देखना शुरू करते हैं तब छायावाद का राशि-लोक 'वह बुड्ढा' के गुहा सरीखी आँखों के अन्धकार में डूब जाता है। और कवि का मन अपने प्रारम्भिक भावलोक को गैर-जरूरी समझने लगता है।

निराला, जिनका छायावादी काव्यलोक जीवन के यथार्थ से बराबर संघर्ष करता रहता था और छायावाद के दौरान भी जो यथार्थ को पकड़ने की कोशिश करते रहते थे, छायावादी लोक से निकलकर भिक्षुक, विधवा के साथ पत्थर तोड़ती मजदूरनी के गुरु हथौड़े के बारम्बार प्रहार और 'अट्टालिका प्रकार' के वैषम्य पर गहरी दृष्टि जमाए हुए थे।

छायावादी काव्यलोक के इस संक्रमण काल की प्रतिनिधि रचना 'कुकुरमुत्ता' है, जिसमें पूरा छायावादी काव्य-संसार धराशायी हो जाता है। वहाँ मिश्रित नया भावबोध सामने आता है जिसमें प्रतीक की प्रमुखता है। कुकुरमुत्ता और गुलाब एक ही साथ दो अलग वर्गों के प्रतीक के रूप में सामने आते हैं और नए युग के सूत्रपात की सूचना भी देते हैं। अलग छायावादी काव्य-दृष्टि इतिहास के नए परिवर्तनों को वाणी देने में असमर्थ हो चली थी। पन्त यह घोषणा कर रहे थे कि "छायावाद इसलिए अधिक नहीं रहा कि उसके पास भविष्य के लिए उपयोगी नवीन आदर्शों का प्रवाह, नवीन भावना का सौन्दर्यबोध और नवीन विचारों का रस नहीं था। वह काव्य न रहकर अलंकृत संगीत रह गया था"[1] (कवि भाग-2)। किन्तु केवल 'अलंकृत संगीत' कहकर छायावाद के ऐतिहासिक महत्त्व को कम नहीं किया जा सकता। द्विवेदी युग की कविता, जिसकी वस्तु अधिकतर दैनिक जीवन के विषयों से सम्बद्ध थी, में जीवन की उपयोगिता तो थी किन्तु प्रतिदिन प्रयोग में आने के कारण यह सादगी और आकर्षण से युक्त थी, जीवन की क्षमता की याद दिलाने वाली और दयानन्द, विवेकानन्द, तिलक आदि के संयमित विचारों से संयुक्त। छायावादी कवियों ने दैनन्दिन जीवन की इस सादगी से ऊबकर नवीन 'मादक सौन्दर्य' की खोज की। यह अकारण नहीं है कि वे इस नवीनता की खोज में जीवन संघर्ष से भागकर सौन्दर्य

के कल्पनालोक में पहुँच गए। छायावादी कविता का भावलोक 'कल्पना के कानन की रानी' का भावलोक है। कविवर पन्त जहाँ 'फूलों के हास' का मोल-भाव कर रहे थे, छायावाद के इस कल्पनालोक में 'स्वप्न, नक्षत्र, चन्द्रमा, प्रेम, अनंग, लहर, नदी, विहग' आदि देवी-देवता बन गए हैं। छायावादियों ने जिस रहस्यवाद को अपनाया, वह भी उनके बौद्धिक जिज्ञासा की प्यास थी। इस जिज्ञासा की विशिष्ट परिणति उनके काव्यात्मक प्रयोगों में मिलती है। छन्द विधान और शब्दों के चयन में छायावादियों ने जिस नवीनता को आत्मसात् किया उसमें काव्य भाषा को नया संस्कार मिला। छायावाद की सबसे बड़ी देन यह रही कि उसके यंत्र गृह में एक समय की कर्कश समझी जाने वाली खड़ी बोली गलकर मोम हो गई।[2] छायावाद प्रगति का काव्य है। छायावादी गीतों को हिन्दी काव्य के मर्मज्ञ अलग से पहचान लेंगे। छायावादी कवियों ने गीतों की जमीन तोड़कर आगे के कवियों के लिए 'उर्वर प्रदेश' तैयार कर दिया। गीत की झंकृति से पूरा जीवन ही झंकृत हो चला।

छायावादी कवि सफल ऐन्द्रजालिक थे। जिस वस्तु का भी इन्होंने स्पर्श किया उसे इन्द्रधनुषी रंग में सराबोर कर दिया। द्विवेदीयुगीन राष्ट्रीय कविताएँ राष्ट्र की जो चौहद्दी प्रस्तुत करती थीं, छायावादियों की भावप्रवण अनुभूति में आकर जीवन्त और उत्प्रेरक हो उठीं।[3] छायावाद पर आलोचकों ने पलायनवादी होने का आरोप लगाया है। छायावाद में पलायनवाद मात्र इतना ही है कि ये कवि जीवन और समाज की समस्याओं से प्रेमचन्द की तरह दो-चार नहीं हो पाए बल्कि अपनी कल्पना के साथ भ्रमण करते रहे। छायावादी कवियों को परम्परा के रूप में द्विवेदी युग का जो भावलोक मिला था, उसके खिलाफ उन्हें जाना ही था। द्विवेदी युग की वर्जनाओं को तोड़कर ही वे नवीन भाव रच सकते थे। महत्त्वपूर्ण सवाल यह है कि जो भावलोक वे रच रहे थे, उनके चित्रण की शक्ति उनमें थी कि नहीं। छायावादियों की असल कमजोरी भावना और अनुभूति की अभिव्यक्ति की असफलता है। यह सच है कि भावों की उच्चता से ही महान काव्य की रचना सम्भव हो पाती है, किन्तु भावों की उच्चता के बिना भी महान काव्य की सृष्टि सम्भव है। कविता का लोक उपदेश और ज्ञान का लोक नहीं बल्कि सौन्दर्य का लोक है। कविता अगर कला का पर्याय है तो भाव से ज्यादा काव्य शिक्षा की कसौटी पर कसा जाना चाहिए।

छायावाद के क्रोड़ से जो छायावादोत्तर कविता निकली उसके प्रमुख कवि दिनकर, बच्चन, नरेन्द्र शर्मा, गोपाल सिंह नेपाली, रामेश्वर शुक्ल 'अनन्त', केदारनाथ मिश्र प्रभात, सोहनलाल द्विवेदी, सुधेन्द्र, हरिकृष्ण प्रेमी, जगन्नाथ प्रसाद मिलिन्द, हंस कुमार तिवारी, जानकीवल्लभ शास्त्री, श्यामनारायण पांडे, रामगोपाल शर्मा 'इन्दु', आर.सी. प्रसाद सिंह, कलेक्टर सिंह केसरी, भगवतीचरण वर्मा, रामकुमार वर्मा आदि हैं। इन कवियों ने अपनी काव्यानुभूति का विस्तार करके पाठकों की सहानुभूति प्राप्त

की। इनकी मुख्य काव्यवस्तु प्रेम, विरह, प्रकृति और समाज और राष्ट्र ही थी। इन कवियों ने 'बोलचाल' की भाषा में ही सीधी-सच्ची अनुभूतियों का चित्रण किया। इनकी भाषा सजीवता और अनुभूति की सच्चाई के साथ-साथ 'प्रसाद गुण' से युक्त थी। ये कवि ऐसी काव्य रचना में सफल हुए जिसे हिन्दी के पाठकों ने हाथोहाथ लिया। छायावादी कविता इन गुणों से मुक्त थी। अतः उनका पाठक वर्ग भी सीमित था। छायावाद ने भाषा को अत्यन्त कोमल बनाया था। सिद्धान्त कौमुदी पढ़कर काव्य लिखने की प्रेरणा आचार्य द्विवेदी देते थे। छायावादी कवि यदि उनकी सीख मान लेते तो 'ज्योतित' जैसा शब्द नहीं बनता, न ही उन्मन से प्रसन्नता बोधक ध्वनि निकलती और न प्रभात स्त्री रूप धरकर सामने आता। पर छायावादियों ने कविता को कोमलता के सूत्र में पिरोकर अत्यन्त मानवीय बना दिया था। एक ओर छायावादोत्तर कवियों को कोमल वायवीय भाषा का यह उत्तुंग शिखर मिला था तो दूसरी ओर द्विवेदीयुगीन खाई मिली थी। इन दोनों के बीच सन्तुलन बनाते हुए छायावादोत्तर कवियों ने अपनी भाषा का परिष्कार और संस्कार किया था। इन कवियों के सामने भावाभिव्यक्ति के दो पथ थे–द्विवेदी युग और छायावादी युग, मैथिलीशरण गुप्त और रामनरेश त्रिपाठी का पथ तथा पन्त, प्रसाद आदि का पथ। इनका भावलोक इन्हें छायावाद की तरफ आकृष्ट करता था तो तीसरा पक्ष गुप्त और रामनरेश त्रिपाठी की ओर। ये कवि पन्त के स्वप्नलोक का गुप्त जी और रामनरेश त्रिपाठी की सहज भाषा में अर्थ व्यक्त करना चाहते थे। मुश्किल यह थी कि दोनों के मेल में छायावाद का स्वप्नलोक खंडित होता था तो गुप्त जी और त्रिपाठी जी के पथ पर कुहासा छा जाता था। छायावादोत्तर कवियों ने इन दोनों के बीच से अपनी कविता की राह बनाई। छायावादी कवियों के काव्यलोक जिन उपादानों से बने थे उनमें स्वप्न, हिमकण, क्षितिज, नीलिमा, नक्षत्र जैसे प्रकृति सम्बन्धी शब्द प्रमुखता पाते थे। इसके विपरीत जीवन की प्रसन्नता और संघर्ष की कठोरता के शब्द छायावादोत्तर कवियों के प्रयासों की देन है। जीवन की अनुभूतियाँ यहाँ छायावादियों से बदल गई हैं। छायावादियों ने द्विवेदीयुगीन परम्परा का प्रत्याख्यान किया था जबकि इन कवियों ने उदारतापूर्वक उनका दाय स्वीकार करते हुए उनकी भाषा को माँज-सँवारकर दैनिक जीवन की भाषा बना लिया था। इन दोनों काव्य धाराओं की तुलना करते हुए दिनकर जी ने कहा–"छायावादी युग की तुलना उस मनुष्य से की जा सकती है जो साज-सिंगार, स्वच्छता-सुरम्यता और कोमलता की रक्षा के लिए अपने ड्राइंग कक्ष से बाहर कम निकलता है, और छायावादोत्तर काव्य की उस व्यक्ति से जो स्वच्छता, सुरम्यता और कोमलता के उतने ही अंश से सन्तुष्ट था, जो सड़कों पर घूमने के बाद भी शेष रह सकता है। छायावाद युग के कवि यदि कक्ष से बाहर निकलते भी थे तो सुबह और शाम को, जब हवा में गर्मी कम हो जाती है। किन्तु छायावादोत्तर काल के कवि धूप में भी घूमते थे।

यह भी हुआ कि जब छायावादी युग अपने परिपक्व अथवा समाप्ति पर आया, छायावाद के वे ही कवि जो धूप में निकलने से परहेज करते थे, खेतों-खलिहानों और कारखानों के आसपास घूमने लगे। इसलिए यह भी कहा जा सकता है कि छायावादोत्तर काल कोई सर्वथा नवीन क्षितिज लेकर नहीं आया था। वह छायावादी प्रयोगों के परिपाक से उत्पन्न हुआ।''[4] यहाँ दिनकर आंशिक रूप से ही सही हैं। क्योंकि निराला छायावाद के आरम्भ से ही दिवा के तमतमाते रूप को देख रहे थे। यहाँ कुछ पंक्तियों को देख लेना होगा–

चढ़ रही थी धूप,
गर्मियों के दिन
दिवा का तमतमाता रूप,
उठी झुलसाती हुई लू,
रूई ज्यों जलती हुई भू,
गर्द चिनगी छा गई,
प्रायः हुई दोपहर

–वह तोड़ती पत्थर

छायावाद के साथ ही हिन्दी कविता में नए यथार्थ का जन्म हो रहा था जिसे छायावादी कल्पनाशीलता मंजूर नहीं थी। यह यथार्थ भारतेन्दु युग से ही अपनी अभिव्यक्ति के अवसर तलाशता कभी मौन तो कभी मुखर होता चला आ रहा था। छायावाद में वह निराला के यहाँ मुखरित हो रहा था। ऐसे ही समय में सन् 1936 में प्रगतिशील लेखक संघ की स्थापना हुई। कांग्रेस की राजनीति में किसान सभा अस्तित्व में आई। सारांश यह कि जीवन के नए यथार्थ की अभिव्यक्ति के सारे सामान एकत्र हो चुके थे। अप्रैल 1936 में प्रगतिशील लेखक संघ के स्थापना अधिवेशन की अध्यक्षता करते हुए प्रेमचन्द ने साहित्यकारों का आह्वान करते हुए कहा–''वह (साहित्यकार) देशभक्ति और राजनीति के पीछे चलने वाली सच्चाई की नहीं बल्कि उनके आगे मशाल दिखाती हुई सच्चाई है।''[5]

प्रगतिशील लेखक संघ के इस अधिवेशन के बाद छायावादी पन्त इस आन्दोलन के प्रमुख कवि के रूप में सामने आए। अपनी कविताओं को इस काव्यान्दोलन के आदर्शों के अनुरूप उन्होंने ढाला और गाया था। 1938 में 'रूपाभ' नामक पत्रिका निकालकर इसके प्रचार-प्रसार के लिए नई योजनाएँ प्रस्तुत कीं। इस काव्यान्दोलन में पुराने खेमे के छायावादी तो सम्मिलित हुए ही, छायावादोत्तर काल के सुमन, अंचल, नरेन्द्र शर्मा जैसे अपेक्षाकृत नए कवियों ने और आगे कदम बढ़ाया। प्रेमचन्द ने प्रगतिशील लेखक संघ के पहले अधिवेशन के अध्यक्षीय वक्तव्य में साहित्यकार को राजनीति के आगे चलने वाली मशाल की संज्ञा दी थी, किन्तु विडम्बना यह हुई कि

इस आन्दोलन में राजनीति ही प्रमुख हो गई और मार्क्सवादी सिद्धान्तों के अनुसार साहित्य रचा जाने लगा। साहित्य सिद्धान्त पहले से बनकर तैयार थे, उनका विनियोग साहित्य में होने लगा। नई-नई काव्य रूढ़ियाँ विकसित हुईं। प्रगतिशील आन्दोलन के प्रारम्भ से ही इसके विरोधी आलोचक दूसरी सीमाओं को दिखलाने लगे। प्रगतिशील तथा प्रगतिवादी साहित्य के मूल्यांकन के प्रतिमान के रूप में मार्क्सवादी दर्शन को जिस रूप में लागू किया जाना चाहिए था, वैसा हो नहीं पाया। प्रगतिवाद के प्रारम्भ के सिलसिले में जो बातें कही गईं उनको लेकर प्रगति समर्थक और विरोधियों के दो खेमे बन गए। डॉ. नगेन्द्र ने प्रगतिवाद पर विचार करते हुए लिखा–"प्रगतिवाद छायावाद की भस्म से नहीं पैदा हुआ, वह उसके यौवन का गला घोंटकर ही उठ खड़ा हुआ।"[6] शम्भुनाथ सिंह ने आक्षेप लगाया–"छायावाद के भीतर से विकसित होने पर भी प्रगतिवाद और प्रयोगवाद का दृष्टिकोण छायावाद के प्रति प्रतिक्रिया-प्रधान था।" ये सभी आलोचक हिन्दी साहित्य के स्वाभाविक विकास को सही रूप में नहीं देख पा रहे थे। प्रगतिवाद का विकास जिस यथार्थवाद को लेकर हुआ, हिन्दी साहित्य में उसकी अभिव्यक्ति प्रेमचन्द अपने लेखन में प्रारम्भ से ही करते आ रहे थे। शोषित मजदूरों के प्रति सहानुभूति, शोषण और अत्याचार का विरोध, वर्ग शत्रुओं के प्रति घृणा, वर्गविहीन समाज की स्थापना, जीवन के प्रति एक स्वस्थ आशावादी दृष्टि, पतनोन्मुख और सामन्ती पूँजीवादी मूल्यों का विरोध जैसे कई मुद्दे थे जिनसे साहित्य प्रभावित होता चला आ रहा था। किन्तु इस प्रगति के प्रवाह में 'भारत दुर्दशा' से शुरू हुई जनोन्मुखता और 'स्वदेशीपन' बह-बिला गया था, और अन्तर्राष्ट्रीयता की उत्ताल तरंगें उठने लगी थीं। कविता अपनी स्थानीयता से विमुख हो चली थी। 'जन मानस का मंगल' नारा मात्र होकर रह गया था। रूसी समाजवाद का संकीर्तन करते हुए उस दौर में बहुसंख्यक कविताएँ लिखी जाने लगीं जिनमें से कुछ उदाहरण निम्नवत् हैं–

जब लौं 'श्रम' अख उपज को, होत न साम्य विभाग
बुझै बुझाए किमि कहौ, यह अशान्ति की आगि!
ह्वै न भयो ह्वैहै नहीं, साम्यवाद सम आन
जग की व्याधि अगाध को, साचौ 'नहीं' निदान।
देखि किसानन के दुखहि करत न कोई कृत्य।
स्वान सम्हारन हेतु पै, राखहि गोरे भृत्य।[7]

–करुण सतसई

पन्त ने लिखा–

साम्यवाद ने दिया जगत् को
सामूहिक जन तंत्र महान

भव जीवन के दैन्य-दुख से
किया मनुजता का परित्राण,

मनुष्यत्व का तत्त्व सिखाता
निश्चय हमको गांधीवाद,
सामूहिक जीवन विकास की
साम्य योजना है अविवाद।[8]

रांगेय राघव लिखते हैं–

इतिहास न भूलेगा लेकिन
अपमानों की यह घोर व्यथा
है लिखी रक्त से भारत ने
बलियों की मुक्ति ज्वलन्त कथा

जब सिंह पड़े कारागृह में
जनता पर होते थे प्रहार
कुत्ते बाहर दुम हिला-हिला
थे चूस रहे हड्डी विकार।[9]

इसी दौर में अंचल ने लिखा था–

वह नस्ल जिसे कहते मानव
कीड़ों से आज गई-बीती
बुझ जाती तो आश्चर्य न था
हैरत है पर कैसे जीती।

मैं कहता हूँ वर्ग चेतना
युग की प्रबल चुनौती है।
युग-युग के विकास की
विश्वासों की सभी मनौती है।

छायावाद यदि अति कल्पनाशील और मानवीय था तो प्रगतिवाद मार्क्सवाद का सैद्धान्तिक निचोड़ मात्र। कविता की अन्तर्वस्तु रूढ़ और रुग्ण हो चली थी। सन् 1940 तक प्रगतिशील कविता अपने शैशव काल से उठ रही थी किन्तु इसमें जिस

तरह की अन्तर्वस्तु और शिल्प का प्रयोग चल रहा था उससे इस काल की अधिकतर कविताएँ उच्च भावों से शून्य-नीरस-शुष्क और भारतीय राजनीति के प्रतिकूल थीं। आन्दोलन इतना वेगवान था कि कम समय में ही न केवल हिन्दी साहित्य में बल्कि पूरे भारतीय साहित्य में छा गया था। किन्तु हिन्दी में जो नई काव्य पीढ़ियाँ बन रही थीं उनसे काव्य विकास बिलकुल निरुद्ध हो गया था। मार्क्सवादी सिद्धान्तों की काव्यात्मकता के चलते कविता का समूचा परिदृश्य वर्गवाद, शोषण-उत्पीड़न, क्रान्ति, लाल सेना, परम्परा विद्रूप विरोध जैसे विषयवस्तु में सिमटकर रह गया था। इन उत्साही कवियों के द्वारा हुए पिष्टपेषण के कारण कविता रूढ़ और रुग्ण हो चली थी। यहाँ व्यक्तिगत अनुभूतियों के लिए कोई स्थान नहीं रह गया था। कवि साम्यवाद के प्रचारक मात्र होकर रह गए थे। कवि का अपना कोई व्यक्तित्व नहीं रह गया था। कविता के मूल्यांकन के लिए आचार्य शुक्ल की कसौटी "कवि वही है जिसे लोक हृदय की पहचान हो, जो अनेक विशेषताओं और विचित्रताओं के बीच मनुष्य जाति के सामान्य हृदय को देख सके।"[10] बेमानी हो चला था। ऐसे समय में नई भावानुभूति से गो.तु.रा.च. सम्पन्न कवि अपनी भावनाओं को इस प्रगतिवादी भाषा शैली में व्यक्त करने में कठिनाई महसूस कर रहे थे। काव्यानुभूति की विकलता और अभिव्यक्ति के नए रास्ते की तलाश में अपेक्षाकृत युवा कवियों ने इस प्रगतिवादी शेर से बचते हुए एक नए धरातल की ओर अपने को उन्मुख किया। छायावादी कविता यदि भावना की कविता थी, प्रगतिवादी कविता विचार की कविता थी तो ये नए कवि टी. एस. इलियट आदि पश्चिमी विचारकों की बौद्धिकता से पक्षधर थे। इन कवियों का प्रयास भावना और विचार की जगह सजग बौद्धिकता को स्थापित करना था। वस्तु और शिल्प सम्बन्धी यही असन्तोष उन्हें 'तार सप्तक' के मंच पर ला खड़ा करता है जहाँ से प्रगतिवाद की इस किताबी कविता के खिलाफ बौद्धिक आत्मानुभूत प्रधान नई कविता की राहें खुलती हैं।

इतिहास

स.ही.वा. अज्ञेय ने 'तार सप्तक' की भूमिका 'विवृत्ति और पुरावृत्ति' में लिखा है कि "दो वर्ष हुए जब दिल्ली में 'अखिल भारतीय लेखक सम्मेलन की आयोजना की गई थी। उस समय कुछ उत्साही बन्धुओं ने विचार किया कि छोटे-छोटे फुटकर संग्रह छापने की बजाय एक संयुक्त संग्रह छापा जाय, क्योंकि छोटे-छोटे संग्रहों की पहले तो छपाई एक समस्या होती है, फिर छपकर भी वे सागर में एक बूँद से खो जाते हैं। इन पंक्तियों का लेखक 'योजना विश्वासी' के नाम से पहले ही बदनाम था, अतः

एक नई योजना तत्काल उसके पास पहुँची और उसने अपने नाम (बदनाम होंगे तो क्या नाम न होगा!) के अनुसार तज्वीज कर लिया है।"[11] इस योजना के बारे में आकाशवाणी को दिए गए अपने एक साक्षात्कार में अज्ञेय कहते हैं–"तार सप्तक की योजना बुनिादी तौर पर मेरी नहीं थी। लेकिन जो उसका रूप बना वह बिलकुल मेरा था।"[12] अज्ञेय यह स्वीकार करते हैं कि योजना दूसरे लोगों की थी किन्तु तार सप्तक का जो स्वरूप बना उसमें उनकी भूमिका बड़ी थी। इसकी योजना के इतिहास को बताते हुए वे कहते हैं–"जब मैं आगरे में रहता था जेल से छूटने के तुरन्त बाद की बात है, सैनिक जमाने की और जब प्रभाकर माचवे, नेमिचन्द्र वगैरह से परिचय हुआ था तब प्रभाकर माचवे ने यह बात उठाई थी कि कुछ लोगों को मिलाकर एक संग्रह निकालना चाहिए, क्योंकि उनके अलग-अलग संग्रह नहीं निकाल सकते और उसमें कहीं यह भी निहित था, उनके मन में कि शायद इतनी सामग्री भी नहीं होगी कि अलग-अलग संग्रह निकले।" यहाँ यह ध्यान देने की बात है कि तार सप्तक के प्रथम संस्करण की भूमिका में संयुक्त संग्रह छापने की बात अखिल भारतीय लेखक सम्मेलन के हवाले से करते हैं और 'अपने बारे में' में उस योजना की चर्चा नहीं करते। अज्ञेय उन कवियों की बेबसी को रेखांकित करते हैं कि उनका प्रकाशन अलग से सम्भव नहीं है। इसलिए अलग-अलग संग्रह की बजाय उनका एक ही संयुक्त संग्रह निकले। उन कवियों ने अज्ञेय को अपने कवि मित्रों के नाम भी सुझाए थे, ये कवि मित्र लगभग समान वय के थे और उनकी शिक्षा-दीक्षा भी एक ही इलाके में हुई थी। उन नामों में अज्ञेय ने नेमिचन्द्र, प्रभाग चन्द्र और मुक्तिबोध का नाम लिया, 'जो एक ही प्रदेश के थे, और आपस में मित्र थे, किन्तु उनकी चीज छप नहीं पा रही थी।' अज्ञेय कहते हैं कि ये लोग संग्रह छापने की बात इसलिए कर रहे थे कि उनको ऐसा विश्वास था कि मैं इसके लिए कुछ कर सकता हूँ। अज्ञेय के अनुसार यह विचार लेकर उनके पास प्रभाकर माचवे आए थे।[13] अज्ञेय के अनुसार यही तो परिस्थिति थी जिसने उन्हें तार सप्तक के प्रकाशन के लिए आगे किया। इस सिलसिले में अज्ञेय ने माचवे के प्रस्ताव में कुछ फेर-बदल अपनी दृष्टि से किए। अज्ञेय ने कहा कि "यह तो आप मेरे बिना भी कर सकते हैं (संग्रह छापने का काम), मैं यह सोचता हूँ, कविता में कुछ नई बातें हो रही हैं उनको सामने लाना चाहिए। और वे फिर चाहे जहाँ से आ रही हों। यह स्पष्ट है कि वह एक सप्तक या एक मंडल तक सीमित नहीं रह जाएँगी। शायद एक प्रदेश तक भी सीमित नहीं रहेंगी। उनको सामने लाना चाहिए और इसी दृष्टि से सामने लाना चाहिए कि कविता में एक बुनियादी परिवर्तन हो रहा है।"[14] अज्ञेय इस काम को एक चुनौती की तरह लेते हैं जिसमें उनकी 'दृष्टि' और 'अभिरुचि' काम कर रही थी। उनकी दृष्टि और अभिरुचि कविता में हो रहे बुनियादी परिवर्तन को रेखांकित करने की थी, इसीलिए वे इस कार्य में रुचि लेते हैं।

अज्ञेय की मूल दृष्टि कवि मित्रों के संग्रह निकालने तक ही नहीं थी बल्कि 'नए ढंग' की कविता लिखने के कारण इन कवियों की अगुआई वे करना चाहते थे। इस काम को अज्ञेय स्वीकार करते हैं और सभी लोगों से रचनाएँ मँगवाते हैं। माचवे जी द्वारा सुझाए गए नामों में से प्रभाग चन्द्र शर्मा और वीरेन्द्र कुमार जैन का नाम अज्ञेय जी ने छोड़ दिया। रामविलास शर्मा को सम्मिलित करने के अज्ञेय के अपने तर्क हैं। अज्ञेय का मानना है कि रामविलास शर्मा जी को इस योजना में शामिल करने का कारण उनकी कविताएँ और उनमें विचार भी (हैं)। अज्ञेय की यह सोच भी कि 'उस' समय अगर मैं चाहता तो रामचन्द्र शुक्ल को रामविलास शर्मा के साथ रखा जा सकता था। लेकिन यह भी कह सकता था कि रामचन्द्र शुक्ल की परम्परा में कविता लिख रहे हैं, इसके बावजूद कि उनका राजनीतिक चिन्तन अलग किस्म का था।...यह भी बात लोगों को कुछ अद्‌भुत लग सकती है कि मैं इस सन्दर्भ में रामचन्द्र शुक्ल का नाम ले रहा हूँ, कवि सन्दर्भ में।[15] इस पूरे प्रसंग में अज्ञेय किसी जनतांत्रिक अग्रज की तरह से नहीं बल्कि एक 'डिक्टेटर' के रूप में प्रस्तुत होते हैं। यह अनुभव करना अनुचित न होगा कि इन्होंने प्रस्तावित कवियों के फेर-फार में भी मनमानी की होगी और जैसी इन कवियों की मजबूरी थी, अज्ञेय ने मनमानी की ही होगी।

अज्ञेय के सामने जिन छह कवियों का प्रस्ताव आया था उनमें अज्ञेय ने प्रभाग चन्द शर्मा, वीरेन्द्र कुमार जैन का नाम निकाल दिया।[16] इन दोनों के स्थानापन्न के रूप में ही इन्होंने रामविलास शर्मा और भारतभूषण अग्रवाल को सम्मिलित किया। जैसाकि ऊपर स्पष्ट किया गया है रामविलास शर्मा अज्ञेय की पसन्द थे जबकि भारतभूषण अग्रवाल का नाम नेमिचन्द्र जैन वगैरह ने सुझाया था। अब तक तार सप्तक के सन्दर्भ में हमने अज्ञेय का पक्ष प्रस्तुत किया। इस 'संकेतन' को लेकर मूल योजना बनाने वाले और संकलन में सम्मिलित कवियों तथा कुछ आलोचकों का भी अपना पक्ष है। यहाँ उनके पक्ष को भी देखना अनिवार्य है क्योंकि इससे तार सप्तक के सन्दर्भ में कुछ नई बातें प्रकाश में आती हैं।

तार सप्तक की मूल योजना को लेकर कुछ विवाद रहा है। डॉ. नगेन्द्र ने शेरजंग गर्ग को अपने एक साक्षात्कार में यह दावा किया कि, जब तार सप्तक की योजना बनाई जा रही थी तो उन्होंने बताया कि वे निकट सम्पर्क में थे।...प्रगति और प्रयोग का भेद स्पष्ट नहीं हुआ था और तार सप्तक में संगृहीत विभिन्न कवि या तो प्रगतिवादी शिविर में थे या उसके आसपास चक्कर लगाया करते थे, या उस नवचेतना के प्रति आकृष्ट थे और अज्ञेय का प्रगति के विषय में मोहभंग तब तक नहीं हुआ था। मुझे स्मरण है कि तार सप्तक की योजना ऐसी ही परिस्थितियों में बनाई गई थी। वात्स्यायन जी को योजनाएँ बनाने का शौक है।...कथा साहित्य के क्षेत्र में अपने जीवन्त अनुभवों और प्राकृतिक गुणों के कारण नए क्षितिज का

अनुसन्धान करने में सफल हो जाते हैं। परन्तु आत्मा के संगीत के अभाव में कविता में उनके प्रयोग कारक नहीं हो रहे थे, मुझे लगता है कि तार सप्तक की योजना कदाचित् इसी मानसिक संघर्ष का परिणाम थी। और यह योजना निश्चिय ही उनकी अपनी थी जिन्हें केवल प्रकाशन के लिए उत्तरदायी मानना सही नहीं है।[17] डॉ. नगेन्द्र अपने इस दावे में यह मानते हैं कि तार सप्तक की योजना अज्ञेय की थी और उनके मानसिक संघर्षों का परिणाम थी। डॉ. श्याम परमार ने भी अज्ञेय को ही इस योजना का श्रेय देते हुए लिखा–"यह योजना अज्ञेय की पूरी सोची-समझी हुई थी।"[18]

योजना सम्बन्धी इन दावों का खंडन सप्तक में संगृहीत कवियों ने स्वयं किया। नेमिचन्द्र जैन, प्रभाकर माचवे, भारतभूषण अग्रवाल के अतिरिक्त शमशेर बहादुर सिंह ने भी इसका प्रतिवाद किया। नेमिचन्द्र जैन ने 'तार सप्तक प्रसंग' में इन दावों का स्पष्ट रूप से खंडन किया है। तार सप्तक की भूमिका में स्वयं अज्ञेय ने स्वीकार किया है कि यह योजना कुछ उत्साही बन्धुओं की थी। ये उत्साही बन्धु थे प्रभाकर माचवे एवं नेमिचन्द्र जैन। नेमिचन्द्र जैन के अनुसार अज्ञेय की भूमिका में जिस अखिल भारतीय लेखक सम्मेलन का उल्लेख है वह मई 1942 में हुआ था, प्रभाकर माचवे और मैं उसमें सम्मिलित होने के लिए मध्य भारत से आए थे। (उन दिनों मैं मध्य भारत के सुजालपुर नामक एक छोटे से कस्बे के एक स्कूल में अध्यापक था। और तभी वात्स्यायन जी से इस योजना का जिक्र हुआ था।) भारतभूषण अग्रवाल के अनुसार तार सप्तक की योजना का विचार मध्य भारत स्थित चार कवि मित्रों को सूझा था, वे चार कविमित्र थे नेमिचन्द्र जैन, प्रभाकर माचवे, प्रभाग चन्द्र शर्मा एवं मुक्तिबोध।[19] प्रभाकर माचवे के अनुसार खुद उन्होंने सुजालपुर में इस योजना की चर्चा नेमिचन्द्र जैन एवं मुक्तिबोध से की थी।[20] शमशेर बहादुर सिंह ने मुक्तिबोध के संग्रह 'चाँद का मुँह टेढ़ा है' की भूमिका में बताया है कि 'तार सप्तक की मूल योजना प्रभाकर माचवे और नेमिचन्द्र जैन की थी।' तार सप्तक के सम्पादक अज्ञेय और उसमें सम्मिलित कवियों के उपर्युक्त उद्धरणों से डॉ. नगेन्द्र और डॉ. श्याम परमार के तार सप्तक की योजना सम्बन्धी इस दावे का खंडन हो जाता है कि यह योजना मूलतः अज्ञेय की थी। तार सप्तक के प्रकाशित हो जाने तक अनेक तरह की समस्याएँ आती रही हैं जिनमें पहली महत्त्वपूर्ण समस्या कवियों के चयन की, दूसरी तार सप्तक के नामकरण की है। चयन और नामकरण के अलावा भी कुछ प्रकाशन, कागज और डिजाइन सम्बन्धी दिक्कतें थीं।

जैसाकि ऊपर स्पष्ट हुआ है कि तार सप्तक की मूल योजना चार कवियों की थी और इस तथ्य को नेमिचन्द्र जैन ने स्वीकार भी किया है। उनके साक्ष्य पर यह कहा जा सकता है कि प्रभाकर माचवे, गजानन माधव मुक्तिबोध, प्रभाग चन्द्र

शर्मा,[20क] नेमिचन्द्र जैन के अतिरिक्त मध्य भारत या मालवा के कुछ और कवि हों जैसे वीरेन्द्र कुमार जैन और गिरिजा कुमार माथुर। तमाम बातचीत के बाद 'तार सप्तक' नाम सामने आया। इस बात को प्रभाकर माचवे भी मानते हैं कि संगीत प्रेमी होने के नाते 'सप्तक' नाम नेमिचन्द्र ने सुझाया, किन्तु 'तार' शब्द उन्होंने (माचवे ने) जोड़ा था। माचवे कहते हैं कि इसके अलावा एक अन्य नाम भी उन्होंने सुझाया था, 'सप्तर्षि' किन्तु तार सप्तक नाम ही स्वीकृत हुआ। शमशेर बहादुर सिंह मुक्तिबोध के काव्य संग्रह 'चाँद का मुँह टेढ़ा है' की भूमिका में 'तार सप्तक' नाम देने का श्रेय प्रभाकर माचवे को देते हैं जबकि नेमिचन्द्र जैन इस बात पर जोर देते हैं कि 'सप्तक' और 'तार' शब्द दोनों उन्हीं के सुझाए थे तथा अज्ञेय जी द्वारा स्वीकृत किए गए। पहले उन्होंने सप्तक नाम सुझाया था फिर उसमें तार जोड़कर 'तार सप्तक' बनाया गया। तब समस्या उठ खड़ी हुई कि सातवाँ नाम किसका हो। विचार-विमर्श के बाद भारतभूषण अग्रवाल का नाम सामने आया लेकिन दिक्कत यह थी कि लोग उनसे परिचित नहीं थे, दूसरे वे मालवा के बाहर के थे और कलकत्ता में थे। इसलिए उनके नाम पर तत्काल कोई निर्णय नहीं लिया जा सका। सातवें सहयोगी की तलाश जारी थी। 1942 वाले उपर्युक्त लेखक सम्मेलन के अवसर पर भी उस पर विचार-विमर्श चलता रहा और कई नाम सामने आए। संयोग से अज्ञेय का नाम सामने आया। यह नाम लोगों को बड़ा प्रीतिकर और आकर्षक लगा। इन कवियों की व्यावहारिक बुद्धि ने प्रकाशन सम्बन्धी अन्य मामलों में उनके सहायक बनने की बात सोचकर बड़े उत्साह से उनके नाम को स्वीकार किया। अतः सातवाँ नाम उनका ही तय पाया।[21]

इस बीच 'संकलन' आने में हुई देरी के कारण 1947 के अन्त तक प्रभाग चन्द्र शर्मा इस योजना से उदासीन हो गए और वात्स्यायन जी ने उसके स्थान पर डॉ. रामविलास शर्मा को रख लिया। एक और कवि वीरेन्द्र कुमार जैन ने तार सप्तक के लिए अपनी कविताएँ भेजीं तो जरूर किन्तु "अत्यधिक रोमांटिक और रहस्यवादी होने के कारण और कविताओं के कहीं गुम जाने के कारण वे इस योजना से निकाल दिए गए और उनकी जगह भारतभूषण अग्रवाल को सम्मिलित कर लिया गया। वीरेन्द्र कुमार जैन के वक्तव्य और रचनाओं के खो जाने के बाद भी न तो उन्हें कोई सूचना दी गई और न ही उनसे वक्तव्य और रचनाएँ माँगी गईं। वीरेन्द्र कुमार जैन को ऐसा लगता है कि भीतर ही भीतर कोई षड्यंत्र हुआ और उनकी जगह शायद डॉ. रामविलास शर्मा को ले लिया गया।"[22] अज्ञेय के इस कथन का खंडन नेमिचन्द्र जैन के तार सप्तक प्रसंग लेख में आता है जब वे प्रभाग चन्द्र शर्मा की उदासीनता के बाद गिरिजा कुमार माथुर के सुझाव पर रामविलास शर्मा के नाम का प्रस्ताव करते हैं।[23] कुल मिलाकर तार सप्तक के कवियों के चयन का श्रेय इस योजना के प्रारम्भिक

योजनाकारों को जाता है। वीरेन्द्र कुमार जैन के हटने के पीछे निश्चय ही अज्ञेय की नई कविदृष्टि थी, जिस पर वीरेन्द्र जी की कविताएँ खरी नहीं उतर रही थीं। यहाँ यह भी ध्यातव्य है सप्तक के सन्दर्भ में भवानी प्रसाद मिश्र और शमशेर बहादुर सिंह के नामों की चर्चा भी हुई थी, किन्तु संख्या तय हो जाने तथा समय पर कविताएँ नहीं मिल पाने के कारण ये दोनों आगे के लिए छोड़ दिए गए।[24] नेमिचन्द्र जैन को लिखे अपने 25.6.42 के पत्र में अज्ञेय ने भवानी प्रसाद मिश्र नाम के किसी कवि के बारे में जानकारी चाही है जो मध्य भारतीय भी हैं और जिनकी कविताएँ उन्हें अच्छी भी लगी थीं।[25]

सम्पादन

तार सप्तक की योजना में प्रकाशन के विविध पक्षों को लेकर अनेक तरह के विचार सामने आए, जो तत्कालीन सन्दर्भ में नए और मौलिक थे। नेमिचन्द्र जैन के अनुसार संग्रह की एक रूपरेखा इस योजना में अज्ञेय के जुड़ने के पहले बनाई गई थी जिसमें 'मुखपृष्ठ' पर कवियों के नामों के साथ उनके फोटो या रेखाचित्रों की एक 'पैनल' छापने की योजना बनी। नाम 'सप्तक' के पीछे नेमिचन्द्र जैन का संगीत-प्रेम था। ये सारी योजना लेकर नेमिचन्द्र जैन अज्ञेय के पास दिल्ली पहुँचे। दिल्ली पहुँचकर प्रभाकर माचवे और अज्ञेय के साथ विस्तार से बातचीत हुई, जिसमें संग्रह के नाम पर फिर से विचार हुआ और पुनः नेमि जी ने 'सप्तक' नाम में संशोधन करते हुए तार शब्द जोड़कर 'तार सप्तक' नाम सुझाया। अज्ञेय जी को यह नाम पसन्द आया और अन्तिम रूप से मान भी लिया गया। सप्तक की मूल योजना में ऐसे कवियों को रखने की बात थी जिनके संग्रह अब तक प्रकाशित नहीं हुए थे। पर सातवें कवि के रूप में जब अज्ञेय को सम्मिलित करने की बात हुई तब यहीं से सप्तक की मूल योजना बदलने लगी। अज्ञेय को सम्मिलित करने में नेमिचन्द्र जैन और प्रभाकर माचवे को सन्तोष ही मिला 'क्योंकि' उनका नाम होने से प्रकाशक मिलने तथा संकलन की प्रतिष्ठा कहीं अधिक होने की सम्भवना थी। दूसरे इस स्थिति में स्वभावतः उसके प्रकाशन में उनका (अज्ञेय) और भी अधिक रुचि लेना अनिवार्य था। प्रस्तावित कवियों से कविताएँ लेने का भार जो मध्य भारत में थे उन नेमिचन्द्र जैन और प्रभाकर माचवे को दिया गया। वात्स्यायन जी के ऊपर गिरिजा कुमार माथुर से कविताएँ लेने का भार दिया गया। प्रकाशन प्रबन्ध की सारी जिम्मेदारी अज्ञेय को दी गई। बावजूद इसके अभी बहुत से काम शेष थे–कविताओं का चयन, चयन का आधार आदि क्या हो। प्रभाकर माचवे ने लिखा है कि उन्होंने 'अपनी नोटबुक और बहुत सी हस्तलिखित

रचनाएँ अज्ञेय के पास भेज दी थीं। उनकी कविताएँ बहुत वर्षों तक नेमिचन्द्र जैन के पास पड़ी रह गई थीं। अज्ञेय ने उसी ढेर में से कविताएँ चुनीं।[26] अज्ञेय को प्रभाकर माचवे की एक कविता की कुछ पंक्तियों के अर्थ के बारे में दुविधा थी, जिसे उन्होंने माचवे को पत्र लिखकर दूर करने का प्रयास किया। किन्तु माचवे ने अज्ञेय को उन पंक्तियों को बदले हुए रूप में पढ़ने, दोबारा लिख लेने अथवा उस हिस्से या वाक्य को बदल देने तक का अधिकार दे दिया था।[27] अज्ञेय की राय थी कि प्रत्येक कवि कम से कम 20 कविताएँ दें।[28] अज्ञेय के नेमिचन्द्र जैन के नाम लिखे 25 सितम्बर 42 के पत्र से ऐसा प्रतीत होता है कि सम्पादन में भी अज्ञेय जी ने महत्त्वपूर्ण भूमिका अदा की थी, परन्तु महत्त्वपूर्ण मुद्दों पर सामूहिक निर्णय लिये जाते थे। सामूहिक निर्णय के तहत ही अज्ञेय सम्पादन कार्यों में नेमि जी का सहयोग लेते रहे। 23 नवम्बर 43 को अज्ञेय नेमि जी को लिखते हैं, प्रभाकर की कविता साथ भेजता हूँ। दोनों में जो पाठ वहाँ ठीक बैठे वह रख लीजिएगा। उन्होंने अपने परिचय में भी काट-छाँट की छूट नेमि जी को दे रखी थी।[29] नेमिचन्द्र जैन के अनुसार कविताओं को पढ़कर उनके अन्तिम चुनाव के बारे में और उनके प्रस्तुतीकरण के रूप और उद्‌गम आदि के बारे में भी अज्ञेय और उनका संयुक्त प्रयास ही था। खुद नेमिचन्द्र जैन अज्ञेय की कलात्मक रुचि, सूझ और समझ का बड़ा आदर करते थे और उन्हीं के सुझाव प्रायः अन्तिम रूप से स्वीकार्य होते थे।

कविताओं के चयन का कोई आधार था या नहीं उसका कुछ अता-पता नहीं चलता। अज्ञेय ने इतना कहा जरूर है कि तार सप्तक में संकलित कवि ऐसे हैं जो कविता को प्रयोग का विषय मानते हैं। परन्तु केवल इस आधार पर यह नहीं माना जा सकता कि कविताओं के चयन में प्रयोगशीलता कोई निश्चित मानदंड की तरह स्वीकार किया गया है। स्वयं अज्ञेय ने भी स्वीकार किया है कि प्रस्तुत संग्रह की सब रचनाएँ प्रयोगशीलता के नमूने हैं, यह नहीं कहा जा सकता।[30] इसका अर्थ यह नहीं है कि कविताओं के चयन का कोई आधार था ही नहीं, क्योंकि वीरेन्द्र कुमार जैन को सप्तक में सम्मिलित न करने के कारणों में उनकी कविताओं का' अत्यधिक रोमैंटिक रहस्यवादी स्वर का ही होना है।[31] इसके अलावा वात्स्यायन जी लगातार परिचित और सहकार योजना पर बल देते रहे। यही नहीं उन्होंने सम्मिलित सातों कवियों को इस संकलन का प्रकाशक तथा सम्पादक भी माना। और अपने जीवनीकार और प्रवक्ता भी। अज्ञेय यह भी मानते हैं यह धृष्टता नहीं है, केवल अपने कर्म का ध्यान भोगने की तत्परता है।[32]

कवियों के अनुक्रम के विषय में उनका कहना है कि 'इसमें भी कोई विशेष योजना नहीं है बल्कि यह किसी हद तक आकस्मिक है।' जहाँ वह इच्छित है वहाँ उसका उद्‌देश्य यही रहा है कि कुल सामग्री को सर्वाधिक प्रभावोत्पादक ढंग से

उपस्थित किया जाय। इन वक्तव्यों के बावजूद अज्ञेय की सम्पादकीय दृष्टि में कुछ नवीनता की बातें अवश्य थीं। या उनमें कुछ अपने मूल्य अवश्य थे जो कवियों और कविताओं के चयन में अप्रत्यक्ष रूप से लागू होते थे। अपने लम्बे इंटरव्यू में तार सप्तक के सन्दर्भ में उन्होंने स्वीकार किया है–"मैं यह सोचता हूँ कि कविता में कुछ नई बातें आ रही हैं। उनको सामने लाना चाहिए। और वे फिर चाहे जहाँ से आ रही हों। यह स्पष्ट है कि वह एक शहर तक या एक मंडल तक सीमित नहीं रह जाएँगी। शायद एक प्रदेश तक भी सीमित नहीं रहेंगी। उनको सामने लाना चाहिए। और इसी दृष्टि से सामने लाना चाहिए कि कविता में एक बुनियादी परिवर्तन हो रहा है।"[33]

अज्ञेय की सम्पादकीय दृष्टि में यह बात अवश्य रही है कि कविता में जो नई बातें आ रही हैं उनको सामने लाया जाय। जो बुनियादी परिवर्तन हो रहे हैं उन्हें समझा जाए। ध्यान देने की बात है इसी कारण से वीरेन्द्र कुमार जैन इस संकलन से हट गए। अज्ञेय की दृष्टि से यह बात भी बड़ी साफ है कि केवल नए होने के कारण कोई कवि संकलन में स्थान न पाए बल्कि अधिकतर ये नएपन के कारण उस संकलन में शामिल किए जाएँ और कविता में नयापन भाव और शिल्प दोनों के स्तर पर हो।

अज्ञेय ने तार सप्तक की भूमिका में एक सिद्धान्त की बात उठाई है। संगृहीत कवि सभी ऐसे होंगे जो कविता को प्रयोग का विषय मानते हैं, जो यह दावा नहीं करते कि काव्य का सत्य उन्होंने पा लिया है, केवल अन्वेषी ही अपने को मानते हैं।[34] जबकि 'सप्तक' के पहले योजनाकारों में से एक नेमिचन्द्र जैन, इसके विपरीत अपने और अन्य कवियों को उन्हीं अर्थों में प्रयोगशील नहीं मानते थे जिन अर्थों में सप्तक के प्रकाशन के बाद विद्वान आलोचकों ने अज्ञेय की भूमिका से निकाला।

सम्पादन सम्बन्धी उपर्युक्त तमाम तथ्यों को देखने-परखने के बाद दो बातें निर्विवाद रूप से कही जा सकती हैं जो अज्ञेय की सम्पादकीय दृष्टि में थीं। वे हैं एक--कविता में आ रहा नयापन या हो रहे परिवर्तन और दो--जिनका कोई अलग संग्रह न आ पा रहा हो। अज्ञेय ने इन सभी कवियों को 'प्रयोगशील' कहा और राहों का अन्वेषी कहा है। तो ये कवि अपनी कल्पनाभिव्यक्ति के लिए नए रूपों और शैलियों की तलाश में प्रवृत्त अवश्य थे और उनका आग्रह जिन्दगी के यथार्थ के अन्वेषण पर ही केन्द्रित था। बदले हुए परिवेश में ये अपने विशिष्ट जीवनानुभव को ईमानदारी से पहचानकर व्यक्त करने की राह तलाश रहे थे। अज्ञेय ने इन्हें अपना सहयोग देकर एक ऐतिहासिक आवश्यकता की पूर्ति की।

विवाद

तार सप्तक के अस्तित्व में आने तक कई तरह के विवाद रहे हैं जिनमें से नामकरण सम्बन्धी विवाद, कवियों के चयन तथा उनके क्रम सम्बन्धी विवादों की चर्चा हम पीछे कर आए हैं। यहाँ हम तार सप्तक सम्बन्धी दो महत्त्वपूर्ण विवादों पर विचार करेंगे। इनमें एक है तार सप्तक का प्रकाशन वर्ष सम्बन्धी विवाद और दूसरा उसकी रायल्टी सम्बन्धी विवाद। इनमें निःसन्देह एक हिन्दी साहित्य के इतिहास से तथा दूसरा सप्तक में सम्मिलित कवियों तथा सम्पादक की सामाजिकता से जुड़ा है। जहाँ तार सप्तक में उसके प्रकाशन का वर्ष 1943 दिया जाता रहा है, और हिन्दी साहित्य के इतिहास में उसके प्रकाशन का वर्ष यही दर्ज है। (उसके सम्पादक अज्ञेय भी उसी वर्ष को निश्चित करते हैं।) वहीं 'तार सप्तक' में सम्मिलित दो कवि नेमिचन्द्र जैन तथा डॉ. रामविलास शर्मा इसके प्रकाशन का वर्ष 1944 मानते हैं। नेमिचन्द्र जैन ने अपने किसी भी परिचय में तार सप्तक के प्रकाशन वर्ष को 1944 ही माना है। अभी सद्यः प्रकाशित अपने दूसरे कविता संकलन 'अचानक हम फिर' में नेमिचन्द्र जैन ने तार सप्तक का प्रकाशन वर्ष 1944 ही माना है। और अभी-अभी प्रकाशित डॉ. रामविलास शर्मा के नाम 'कवियों के पत्र' पुस्तक में संकलित अज्ञेय के पन्नों से भी इस तथ्य पर कुछ रोशनी पड़ती दीखती है। इसके प्रकाशन वर्ष सम्बन्धी विवाद पर 'अपने ऊपर एकाग्र' सम्यक में नेमि जी कृष्ण बलदेव वैद के प्रश्न का उत्तर देते समय भी 1944 ही मानते हैं। कृष्ण बलदेव वैद का सवाल था कि तार सप्तक कब प्रकाशित हुआ था? नेमिचन्द्र जैन बताते हैं कि 1944 में निकला था। 1943 के अन्त में छपा था, और 1944 में रिलीज हुआ था।[35] नेमि जी की इन बातों की पुष्टि डॉ. शर्मा के नाम अज्ञेय के पत्रों से भी होती है। पत्रों से साफ पता चलता है कि 1943 के अन्त तक तो सामग्री ही नहीं जुट पाई थी। दिसम्बर 1943 के पत्र में अज्ञेय डॉ. शर्मा की कविताएँ न पहुँचने तथा कम होने की शिकायत के साथ, अन्य सामग्री जो पर्याप्त हो शीघ्र भेजने की बात करते हैं। अज्ञेय द्वारा 14 दिसम्बर 43 को रामविलास जी के नाम लिखे पत्र से यह पता चलता है कि इस तिथि तक अज्ञेय जी के पास रामविलास शर्मा की न कविताएँ थीं, न परिचय, न वक्तव्य। सुविधा के लिए पूरे पत्र को देखना जरूरी है।

Kenilworth Shillong
14.12.43

भाई,

आपकी प्रेषित काव्य सामग्री अभी मिली है, धन्यवाद, किन्तु इसके साथ न वक्तव्य है और न परिचय। निश्चय ही आप जंजाल समझकर मेरा काम निपटा रहे

हैं? पर जब आपने इतना कष्ट किया है तो उतना और कीजिए। मैंने पहले ही आग्रहपूर्वक कहा था कि ये दोनों चीजें न भूलिएगा...अभी उनके लिए फिर तार दिया है। पत्र के आने-जाने में भी 15 दिन लग जाते हैं और काम आगे ही ऐसा पिछड़ा है कि बस!

सस्नेह,

—वात्स्यायन

(वक्तव्य 200 शब्द तक हो सकता है, परिचय 350 शब्द तक। पिछले हंस में से सत्यं शिवं सुन्दरं भी दे रहा हूँ, आशा है आप चौकेंगे नहीं!)[36]

अज्ञेय के इस आग्रह के बावज़ूद रामविलास जी ने अपना वक्तव्य नहीं भेजा। रामविलास जी के परिचय को ही वक्तव्य के स्थान पर सम्मिलित किया गया। तार सप्तक प्रकाशित हो जाने के बाद 2 फरवरी, 44 को नेमिचन्द्र जैन रामविलास जी के पास तार सप्तक भेजते हुए लिखते हैं, "आपका वक्तव्य बहुत देर से मिला, तब तक आपकी कविताओं वाला फर्मा छप चुका था, इसलिए वह दिया नहीं जा सका। मुझे इस बात का व्यक्तिगत भाव से और भी अधिक खेद है। आपके परिचय को ही वक्तव्य के रूप में इसी से प्रकाशित करना पड़ा, और इसी से उधर परिचय भी अधिक सुन्दर न हो सका था।"

तार सप्तक के प्रकाशित होते ही नेमिचन्द्र जैन ने रामविलास जी की प्रतियाँ भी भेजीं और साथ ही बधाई का पत्र भी। प्रतियाँ और पत्र 2 फरवरी, 44 की डाक से भेजे गए हैं। इसी पत्र में नेमि जी रामविलास जी के वक्तव्य प्राप्ति की सूचना देते हैं किन्तु तब तक रामविलास जी के हिस्से का फर्मा छप चुका था। मजबूरी में उन्हें 'परिचय' से ही 'वक्तव्य' का काम चलाना पड़ा। इन तथ्यों से नेमि जी की ही बात प्रमाणित होती है कि तार सप्तक का प्रकाशन 1943 में नहीं 1944 में हुआ था। तार सप्तक का प्रकाशन संग्रह में सम्मिलित सभी कवियों के आर्थिक सहयोग से हुआ है। इसके लिए 30 रुपए प्रति कवि जमा करने की बात हुई थी, किन्तु ये 30 रुपए देने में श्री प्रभाग चन्द्र शर्मा असमर्थ थे। प्रभाकर माचवे ने नेमि जी को पत्र लिखकर बताया कि मैं प्रभाग से 25 मई को खंडवा में सवेरे 1.30 से 4 तक मिला। यह 'आगामी कल' के कारण आर्थिक कठिनाई में हैं—तार सप्तक के बारे में वह तैयार हैं, पर यह कहना कठिन है कि वह 30 रुपए नकद दे सकेंगे।[37]

तार सप्तक की भूमिका में अज्ञेय ने बार-बार इस बात को दुहराया है कि तार सप्तक का प्रकाशन एक 'सहोयोगी' योजना है। लेखक ही उसके प्रकाशक और सम्पादक हैं। किन्तु रायल्टी वे अकेले लम्बे समय तक रखते रहे। यहाँ उन्होंने 'सहोयोग' के अपने वचन को नहीं मिलाया। नेमिचन्द्र जैन ने जब इस बारे में प्रकाशक से बातचीत की तो पता चला कि सारी रायल्टी का 'कांट्रेक्ट' अज्ञेय जी

के साथ इस शर्त पर हुआ है कि ये सम्मिलित कवियों को उनका हिस्सा देते रहेंगे। पर चौथे संस्करण तक अज्ञेय जी ने ऐसा कुछ नहीं किया। नेमिचन्द्र जैन के हस्तक्षेप से यह मामला सुलझा और ज्ञानपीठ वालों ने उनकी अन्य पुस्तकों की रायल्टी रोककर अन्य कवियों को उनकी रायल्टी दी। यहीं इस बात पर गौर करना चाहिए कि 'सप्तक के सहोयोगी' योजना में यह पहले से तय था कि 'तार सप्तक' की आय से इसी तरह के अन्य प्रकाशन किए जाएँगे। पर सम्मिलित कवियों ने इस पर भी ध्यान नहीं दिया।

सन्दर्भ

1. आधुनिक कवि-2 की भूमिका, पृ. 11
2. दिनकर, काव्य की भूमिका, पृ. 41
3. वही, पृ. 50
4. वही, पृ. 50
5. प्रेमचन्द, प्रगतिशील लेखक संघ का स्थापना भाषण। प्रेमचन्द के श्रेष्ठ निबन्ध, पृ. 95, सम्पादक डॉ. सत्यप्रकाश मिश्र, ज्योति प्रकाशन, इलाहाबाद, 1998
6. डॉ. नगेन्द्र, विचार और अनुभूति, पृ. 67
7. करुण सतसई, अवंतिका, जनवरी 1954
8. ग्राम्या, पन्त, वही।
9. पिघलते पत्थर, रांगेय राघव, अवंतिका, जनवरी 1954
10. गोस्वामी तुलसीदास, रामचन्द्र शुक्ल।
11. तार सप्तक, अज्ञेय, भूमिका, छठा संस्करण 1995, ज्ञानपीठ, वही, पृ. 9
12. अज्ञेय अपने बारे में, आकाशवाणी महानिदेशालय, आकाशवाणी प्रकाशन, नई दिल्ली, पृ. 78
13. वही।
14. वही, पृ. 79
15. वही, पृ. 79
16. वही, पृ. 80
17. वही, पृ. 79
18. श्याम परमार, साप्ताहिक, 21 मार्च, 67, पृ. 12
19. भा.भू.अ. प्रसंगवश, पृ. 58
20. प्र.मा., अकविता एवं कला सन्दर्भ, पृ. 116

20क. प्रभाग चन्द्र शर्मा के लिए परिशिष्ट देखें

21. बदलते परिप्रेक्ष्य, नेमिचन्द्र जैन, पृ. 161
22. अज्ञेय अपने बारे में, पृ. 83
23. नेमिचन्द्र जैन, ब.प., पृ. 164
24. अज्ञेय अपने बारे में, पृ. 83
25. अज्ञेय का पत्र, नेमिचन्द्र जैन के नाम–ब.प्र.प्रे., पृ. 163

26. वही, पृ. 164
27. अज्ञेय का पत्र नेमि के नाम—ब.प्र.प्रे., 1987, पृ. 19
28. अज्ञेय, ता.स.प्र., सं. की भूमिका, पृ. 12
29. नेमिचन्द्र, पृ. 164
30. तार सप्तक-भूमिका, अज्ञेय, पूर्ववत्।
31. अज्ञेय अपने बारे में, पृ. 79
32. तार सप्तक, भूमिका।
33. उपरोक्त।
34. वही।
35. सम्यक्, पृ. 150, राजकमल प्रथम, 1994
36. कवियों के पत्र रामविलास शर्मा के नाम, संस्करण 2000, वाणी प्रकाशन, पृ. 66
37. नेमिचन्द्र, ब.प.प्रे., पृ. 163

अध्याय : दो

तार सप्तक की 'भूमिका'

''तार सप्तक में सात कवि संगृहीत हैं। सातों एक दूसरे के परिचित हैं–बिना इसके इस ढंग का सहयोग कैसे होता? किन्तु इससे यह परिणाम न निकाला जाए कि 'ये कविता के किसी एक स्कूल के कवि हैं, या कि साहित्य-जगत् के किसी गुट अथवा दल के सदस्य या समर्थक हैं। बल्कि उनके तो एकत्र होने का कारण ही यही है कि वे किसी एक स्कूल के नहीं हैं, किसी मंजिल पर पहुँचे हुए नहीं हैं, अभी राही हैं–राही नहीं, राहों के अन्वेषी। उनमें मतैक्य नहीं है। सभी महत्त्वपूर्ण विषयों पर उनकी राय अलग-अलग है। जीवन के विषय में, समाज और धर्म और राजनीति के विषय में, काव्यवस्तु और शैली के, छन्द और तुक के, कवि के दायित्वों के प्रत्येक विषय में उनका आपस में मतभेद है।''

–'अज्ञेय', तार सप्तक, प्रथम संस्करण की भूमिका

'राहों के अन्वेषी' : अर्थ और विश्लेषण

तार सप्तक के पहले संस्करण की भूमिका में संकलित कवियों के लिए कहा गया अज्ञेय का 'राहों का अन्वेषी' पद सभी कवियों के लिए ऐतिहासिक महत्त्व तो रखने ही लगा। बाद में इनकी व्याख्या और महत्त्व को रेखांकित करने के लिए भी इसे कुंजी की तरह प्रयोग किया जाता रहा। एक तरह से यह पद अपने पूर्व के पदों से जुड़कर पूरी भूमिका का केन्द्रीय पद हो जाता है। इस पद ने 'तार सप्तक' के साथ ही, बाद की हिन्दी कविता को भी दिशा-निर्देश दिया है। अज्ञेय ने 'तार सप्तक' कवियों की मनःस्थिति को रेखांकित करने के लिए ही इस पद का प्रयोग किया है। इस पद में 'तार सप्तक' के अन्य अनेक कवियों की कविता और जीवन सम्बन्धी अपनी भावनाएँ भी अन्तर्निहित हैं। यहीं यह स्पष्ट कर देना उचित होगा कि 'राहों

के अन्वेषी' के भाव लिये पद 'तार सप्तक' के अन्य दो कवियों क्रमशः मुक्तिबोध और नेमिचन्द्र जैन के वक्तव्य में आए हैं। उन पदों पर जाने के पहले अज्ञेय के पूरे पद को देख लेना होगा। अज्ञेय एकत्रित होने से एक स्कूल के कवि होने का निष्कर्ष न निकालने की बात करते हैं। ये सातों कवि "कविता के किसी एक 'स्कूल' के कवि या साहित्य जगत के किसी गुट अथवा दल के सदस्य या समर्थक हैं। बल्कि उनके तो एकत्र होने का कारण ही यही है कि वे किसी एक स्कूल के नहीं हैं। किसी मंजिल पर पहुँचे हुए नहीं हैं, अभी राही हैं, राही नहीं, राहों के अन्वेषी।"[1] मुक्तिबोध और नेमिचन्द्र जैन के वक्तव्य निश्चय ही इस भूमिका के पूर्व लिखे गए हैं। क्योंकि सम्पादकीय भूमिका, सारी सामग्रियों के उपरान्त लिखी गई है। यदि ऐसा न भी हो तो यह राहों के अन्वेषी की बात इन कवियों की एक प्रबल इच्छा तो है ही यह मानना पड़ेगा। मुक्तिबोध अपने पहले संस्करण के वक्तव्य में कहते हैं–"ये कविताएँ अपना पथ ढूँढ़ने वाले बेचैन मन की ही अभिव्यक्ति हैं। उनका सत्य और मूल्य उसी जीवन स्थिति में छिपा है।"[2] मुक्तिबोध का पद 'अपना पथ ढूँढ़ने वाले बेचैन मन' की ही दूसरे शब्दों में प्रस्तुति है 'राहों के अन्वेषी' पद। बल्कि उस बेचैनी को अज्ञेय ने संकुचित ही किया है। जहाँ मुक्तिबोध के पद में मुक्तिबोध की कविता सम्बन्धी बेचैनी साफ तौर पर दिखती है वहीं अज्ञेय के पद में एक 'सामूहिक तलाश' का भाव अधिक दिखता है। मुक्तिबोध की तरह ही नेमिचन्द्र जैन ने भी अपने वक्तव्य में 'राह की खोज' से बढ़कर आगे की पीढ़ियों के लिए पगडंडी तैयार करने की बात की है। कविता की ऐसी पगडंडी जिसे खूँद-पीटकर कविगण शायद कभी राजमार्ग बना लें। नेमिचन्द्र जी कहते हैं–"वह कवि आने वाली पीढ़ियों के लिए एक नई पगडंडी तैयार करता चलता है जिसे खूँद-पीटकर किसी तरह शायद प्रशस्त राजमार्ग निर्मित हो सके।"[3]

मुक्तिबोध और नेमिचन्द्र जैन के वक्तव्यों में आए 'पथ ढूँढ़ने वाले' तथा 'नई पगडंडी' जिसे खूँद-पीटकर बाद के कवि राजमार्ग बना लेंगे का ही भाव सार है 'राहों के अन्वेषी'। यह मानने में जिन्हें किंचित असुविधा हो वे इन वक्तव्यों के मर्म को समझने की कोशिश करें। दोनों कवियों ने राह (पथ, पगडंडी) के अन्वेष (ढूँढ़ने, नई बनाने) की बात अपने वक्तव्य के निचोड़ के रूप में रखी है। इन दोनों कवियों के लिए कविता में यह राह खोजना और बनाना एक अघोषित मिशन की तरह है। जिन स्थितियों को अज्ञेय तत्कालीन कविता में रेखांकित करते हैं उन्हीं स्थितियों को मुक्तिबोध और नेमिचन्द्र जैन अपने काव्यगत दृष्टि से प्रकाशित करते हैं। यदि मुक्तिबोध अपनी कविताओं को पथ ढूँढ़ने वाले बेचैन मन की अभिव्यक्ति के रूप में लेते हैं तो नेमिचन्द्र जैन नई पगडंडी का निर्माण संक्रान्ति काल के कवि की जगह के रूप में देखते हैं। इस पद (राहों के अन्वेषी) का अर्थ, जिस रूप में अज्ञेय लेते

हैं बहुत ही महत्त्वपूर्ण है। 'तार सप्तक' का प्रकाशन 1943 में हुआ। इसमें संकलित कविताएँ जरूर 1936-38 के आसपास की हैं। एक तरह से 'तार सप्तक' हिन्दी कविता के संक्रान्ति युग में प्रकाशित हुआ। प्रगतिशील कविता का आन्दोलन इन्हीं वर्षों में रूढ़िग्रस्त हो रहा था। बहुत से कवियों के पास कोई अन्य राह निकाल पाना मुश्किल हो रहा था। छायावाद की कविता 'छन्द मुक्ति' तथा 'छन्द के बन्ध' से मुक्त होकर अपनी भूमिका निभा चुकी थी। छायावाद के दोनों महत्त्वपूर्ण कवि निराला और पन्त अपनी कविताओं में 'नए पत्ते' और 'नए पल्लव' खिला रहे थे। निराला के 'कुकुरमुत्ता' और 'तार सप्तक' की कविताओं का रचनाकाल लगभग एक है। यह पूरा दौर हिन्दी कवियों के द्वारा नई राहों के अन्वेष का है।

अज्ञेय के प्रथम संस्करण के वक्तव्य में ही नहीं पूरे 'तार सप्तक' की कविताओं में कवि नई राहें खोज और बना रहे थे। यह राह की खोज क्या है इसका एक उत्तर अज्ञेय देते हैं–"सभी उस परमतत्व की शोध में ही लगे हैं, जिसे पा लेने पर कसौटी की जरूरत नहीं रहती, बल्कि जो कसौटी की ही कसौटी हो जाता है।"[4] यह 'परमतत्व' कविता में किस तरह प्राप्त किया जाएगा या कविता का परमतत्व क्या होगा? क्या कविता के भीतर यह परमतत्व निहित होगा या कविता द्वारा यह परमतत्व 'शोधित' होगा? यहाँ 'राहों के अन्वेष' में परमतत्व के शोध को मिलाकर देखने पर हम 'राहों के अन्वेषी' का अर्थ अधिक सुगमता से प्राप्त कर सकेंगे। कविता का 'परमतत्व' जो कि स्वयं अपनी कसौटी है, जिसकी 'परख' के लिए किसी 'पारख' की आवश्यकता नहीं, आखिर है क्या? क्या वह कविता के गहनतम में कवि की आँख नहीं है। वह आँख जिसमें कवि बार-बार जब राह भूलता है, राहहीन हो जाता है तब अपनी राह खोजता है, बनाता है–

भूलकर जब राह
जब-जब राह,...
भटका,
तुम्हीं झलके हे महाकवि
सघन तम की आँख बन
मेरे लिए[5]–

–निराला

शमशेर बहादुर सिंह की यह कामना, यह 'राह' और 'आँख' की प्राप्ति ही 'तार सप्तक' के कवियों की राह की खोज नहीं है। फिर भी 'तार सप्तक' के कवियों के 'राह के अन्वेष' में कविता के लिए छायावाद, प्रगतिवाद के बाद की कविता का राह निर्माण सम्मिलित है। और यदि हम सप्तक की कविताओं को रखकर देखें तो इस राहों के अन्वेष को अच्छी तरह से समझ पाएँगे।

'तार सप्तक' की कविता में प्रगतिशीलता आग्रह नहीं संस्कार की तरह कवियों के भीतर रच-बस गई थी। इसलिए और छायावाद से एक आलोचनात्मक सम्बन्ध विकसित हो गया था इसलिए भी कविता में एक नई राह खोजना जरूरी था। यदि कविता उसी पुरानी लीक पर चलती रह सकती थी तो यह 'राहों का अन्वेष' अनावश्यक हो जाता। मुक्तिबोध, नेमिचन्द्र जैन, गिरिजा कुमार माथुर, प्रभाकर माचवे, रामविलास शर्मा और भारतभूषण अग्रवाल तथा सम्पादक अज्ञेय सभी ऐसा नहीं कि राह की खोज में ही लगे थे। इस राहों के अन्वेष ने कविता में 'प्रयोग' को बढ़ावा दिया। इस 'राहों' के अन्वेष में 'तार सप्तक' के बाहर के भी कवि लगे थे। ऐसा नहीं कि कविता की राह खोजने में सिर्फ 'सप्तक' के कवि ही लगे थे। मुक्तिबोध इस खोज में "कलाकार की 'समानान्तर गामी प्रवृत्ति' (माइग्रेशन इंस्टिंक्ट) पर बहुत जोर"[6] देने के साथ ही अपने समय के वैविध्यमय, उलझन भरे, रंग-बिरंगे जीवन को देखने के लिए "अपने वैयक्तिक क्षेत्र से एक बार तो उड़कर बाहर"[7] जाने को आवश्यक मान चुके थे। इसी राह की खोज में वे युगसन्धि काल में कार्यकर्ता की उत्पत्ति का भी खंडन करते हुए कलाकार की उत्पत्ति पर बल देते हैं।

नेमिचन्द्र जैन इस दिशा में कवि की सीमा को समझते हैं। वे देखते हैं "संक्रान्ति काल के कवि की कठिनाइयाँ बहुत हैं। अपना मार्ग पहचानने के लिए और फिर उसी पर बने रहने के लिए मध्यवर्गी प्राणी कवि को निरन्तर बुद्धि का ही मुँह ताकना पड़ता है।"[8] नेमिचन्द्र मानते हैं, "शायद इसीलिए इस युग में श्रेष्ठ कविता अभी हिन्दी के लिए सम्भव नहीं।"[9] नेमि जी देख रहे हैं कि उस युग में श्रेष्ठ कविता सम्भव नहीं रह गई है। यह श्रेष्ठ कविता का सम्भव न रह पाना ही इस 'राहों के अन्वेष' के मूल में निहित है। मुक्तिबोध और नेमिचन्द्र जैन ने अपनी कविताओं में भी इस राहों के अन्वेष को प्रस्तुत किया है। "कवि गाता है–

संक्रान्ति का कलाकार कविता गाता है।"[10]

मुक्तिबोध इसी प्रश्न को 'मृत्यु और कवि' में उठाते हैं। वे कविता को किताब से निकालकर घर-घर तक फैला देने को उद्यत हैं–

"तुम कवि हो, ये फैल चले मृदु गीत निबल मानवता, घर-घर
ज्योतित हों मुख नव आशा से, जीवन का गति, जीवन का स्वर।"[11]

ऐसा नहीं कि 'तार सप्तक' के सारे कवि 'राहों के अन्वेषी' ही थे। अज्ञेय की इस घोषणा को सबके ऊपर लागू करने का एक अर्थ यह होगा कि सभी एक ही स्कूल के कवि हैं जबकि अज्ञेय के भी वक्तव्य का निहितार्थ यह नहीं है। क्योंकि जैसे ही हम यह मानते हैं कि सभी कवि राहों के अन्वेषी हैं तो एक 'नया स्कूल' 'राहों के अन्वेषी' का बन जाता है। हालाँकि 'तार सप्तक' के बारे में यह एक सामान्य धारणा बनाने की कोशिश की गई कि 'तार सप्तक' एक ही स्कूल के कवियों

की रचना है और यह स्कूल है 'राहों के अन्वेषी'। इस भ्रम का निवारण जितना 'तार सप्तक' के बाहर के लोगों ने नहीं किया उससे अधिक 'तार सप्तक' में संकलित कवियों ने स्वयं किया। नेमिचन्द्र जैन ने 'तार सप्तक' के दूसरे वक्तव्य में इस तरह के किसी भी प्रयास का बहुत कड़ाई के साथ खंडन किया। वे कहते हैं 'तार सप्तक' के कवि न तो स्वयं ही किसी भी रूप में किसी भी अंश तक[12] किसी एक खास स्कूल की प्रवृत्ति से परिचालित थे न वे किसी भी प्रकार से सम्पादक की वैचारिक, सैद्धान्तिक अथवा संगठनात्मक प्रयत्नों के अंग थे।[13] अज्ञेय ने 'राहों के अन्वेषी' को न केवल रचनात्मक संसार में तलाशा बल्कि काव्य के बहिरंग पक्ष में भी पर्याप्त परिवर्तन किया। इसके लिए वे कहते हैं–"तार सप्तक की कविता वैसी जड़ाऊ कविता नहीं है।"[14] यहाँ ध्यान देने की जरूरत है 'तार सप्तक' के पहले की "कविता से प्रायः चारों ओर बड़े-बड़े हाशिये देकर सुन्दर सजावट के साथ छपती रही हैं।"[15] वे आगे लिखते हैं–"तार सप्तक में रूप सज्जा को गौण मानकर अधिक से अधिक सामग्री देने का प्रयास किया है।"[16]

'तार सप्तक' के अन्य कवि भी भारतभूषण अग्रवाल, गिरिजा कुमार माथुर, प्रभाकर माचवे, रामविलास शर्मा अपने वक्तव्य और अपनी कविताओं में नई राहें बनाते दिखते हैं। भारतभूषण अग्रवाल 'अपने कवि से' कविता में कविता की संकुचित, जीर्ण और वृद्ध हो गई कवि की भाषा और खोखले शून्य शब्दजाल को कवि से तोड़ देने की बात करते हैं। वे कहते हैं 'सड़ गई आज यह गिरा अबल'। उन्हें लगता है कि छाया में भाषा ने उनके छोटे से जीवन को असत्य, अपदार्थहीन कर दिया है। वे महसूस करते हैं कि उनको आज देववाणी की जरूरत नहीं है। उन्हें विश्वास है कि वे जीवन की भट्ठी में भाषा को खुद ढालेंगे और उसका जी चाहा रूप भी बना लेंगे। यहाँ देववाणी निश्चय ही 'उच्च वर्ग' की भाषा के रूप में इंगित है, यदि हम ध्यान दें तो समझ सकते हैं कि भाषा का ऐसा संस्कृतनिष्ठ रूप प्रयोग करने का आग्रह किन कवियों का था। 1943 के आसपास प्रगतिशील आन्दोलनों के बावजूद भाषा बड़े पैमाने पर अपनी तत्समता से नहीं उबर पाई थी। कविता की भाषा को उस तत्समता से मुक्ति दिलाने के लिए भारतभूषण अग्रवाल ने अपनी काव्य भाषा को बोलचाल के बहुत करीब रखा–

"अपनी मिट्टी के पुतलों में ही अपना कवित्व
हमको न जरूरत आज देववाणी की, हम खुद ढालेंगे
जीवन की भट्ठी में भाषा, जी चाहा रूप बना लेंगे।"

–अपने कवि से[17]

प्रभाकर माचवे ने बहुत सारे नए छन्दों को सम्भव बनाया, उन्होंने अन्य भाषाओं के छन्दों को भी हिन्दी में जगह दिया। जहाँ उन्होंने एक ओर निराला द्वारा हिन्दी

में लाई गई मुक्त विषम चरणावर्तनी, अतुकान्त, अक्षर मात्रिक छन्द पर आश्रित तालात्मक पद्य रचना पद्धति को श्रेयस्कर समझा वहीं मसनवी और पोवाडे के ढंग पर लिखे जाने पर जोर दिया। प्रभाकर माचवे ने हिन्दी में सॉनेट को सम्भव बनाया। सॉनेट की राह एक तरह से माचवे ने हिन्दी कविता में खोली। गिरिजा कुमार माथुर ने मुक्त छन्द का सम्पूर्ण विधान अपनी कविताओं में रचा है। उन्होंने कवित्त के विरामों को लेकर कितने ही प्रकार की मुक्त छन्द पंक्तियाँ निर्मित की हैं। गिरिजा कुमार माथुर ने अपनी कविता 'आज हैं केसर रंग रँगे' को सवैये के विरामों पर स्थित एक नए प्रकार के बहुत संगीतमय मुक्त छन्द में लिखा है। यहाँ हम परम्परागत छन्दों को तोड़कर 'तार सप्तक' के कवि को एक नई राह बनाते देखते हैं। कुछ इसी तरह का काम रामविलास शर्मा ने भी अपनी कविताओं में किया है। उन्होंने अपनी 'दाराशिकोह' कविता में जिसका छन्द रुबाई है, की पंक्तियों का निर्माण घनाक्षरी की पंक्ति को बीच से तोड़कर किया है। इस सोलह अक्षर की पंक्ति में उन्होंने सॉनेट और ब्लैंक वर्स (अतुकान्त छन्द) रचा है।

उपर्युक्त विवेचन से हम देख सकते हैं कि कमोबेश पूर्व नियोजित न होते हुए भी 'तार सप्तक' के सभी कवि 'राहों के अन्वेषी' हैं। जहाँ मुक्तिबोध, नेमिचन्द्र जैन अपने वक्तव्यों में क्रमशः 'पथ ढूँढ़ने' और 'नई पगडंडी' बनाने का प्रस्ताव रखते हैं वहीं अज्ञेय पूरे 'तार सप्तक' के कवियों को एक ही स्कूल का न मानते हुए भी 'राहों का अन्वेषी' घोषित करते हैं। उनके 'राहों के अन्वेषी' में जहाँ कवि 'परम तत्व की शोध' में लगे दिखते हैं वहीं कवियों द्वारा कविता में किए गए जा रहे नए परिवर्तनों का भी संकेत मिलता है। रामविलास शर्मा, प्रभाकर माचवे, गिरिजा कुमार माथुर आदि ने अपनी कविताओं में नई राहों को आविष्कृत किया है। इन सबने नए छन्दों को हिन्दी में सम्भव बनाया है तथा कविता को नई राहें प्रदान की हैं।

प्रयोगवाद–नामकरण

वैसे तो साहित्य में प्रयोग की परम्परा अत्यन्त प्राचीन है, हर युग का कवि कोई न कोई नया प्रयोग करता ही है। हम कह सकते हैं कि कवि के नए प्रयोगों से ही उसकी प्रतिभा सिद्ध होती है। प्राचीन से लेकर वर्तमान युग तक का हिन्दी साहित्य ऐसे अनेक प्रयोगों से भरा हुआ है। संस्कृत साहित्य में, उसके उपरान्त वीरगाथा काल से लेकर भक्तिकाल, रीतिकाल तथा आधुनिक काल तक हिन्दी साहित्य में कथ्य और शिल्प दोनों के स्तर पर प्रयोग देखे जा सकते हैं। यह मानने में कोई उज्र नहीं कि साहित्य के विकास में 'प्रयोग' का अपना महत्त्व है लेकिन 'प्रयोग' और 'प्रयोगवाद'

दोनों दो विशेष स्थितियों के द्योतक हैं। इन दोनों में उसी तरह का लेन-देन है जैसे प्रगति और प्रगतिवाद में। प्रगति तो हर समाज की आवश्यकता है पर प्रगतिवाद कहते ही 1936 में शुरू हुआ प्रगतिशील आन्दोलन उभर आता है।

प्रयोगवाद का विधिवत् आरम्भ 'तार सप्तक' के प्रकाशन से होता है। 'तार सप्तक' की भूमिका में उसके सम्पादक अज्ञेय ने 'प्रयोगशीलता' और 'प्रयोगशील' जैसे पदों तथा कविता को 'प्रयोग' का विषय मानने वाली बातों का हवाला दिया था। हालाँकि अज्ञेय ने दूसरा सप्तक में 'प्रयोग' और उसके 'वाद' दोनों को बेमानी सिद्ध किया है। वस्तुतः 'तार सप्तक' के दूसरे संस्करण में अपने को 'प्रयोग का वादी' न मानते हुए भी अज्ञेय द्वारा 'प्रयोग', 'प्रयोगशील' और 'प्रयोगशीलता' जैसे पदों के बार-बार इस्तेमाल किए जाने के कारण आलोचकों ने उन्हें 'प्रयोग के वाद' का संस्थापक घोषित करने में काफी सुविधा महसूस की। अज्ञेय ने अपने वक्तव्य में कवि की सबसे बड़ी समस्या और अनेक समस्याओं इत्यादि में साधारणीकरण और कम्यूनिकेशन (सम्प्रेषण) को ही कवि-कर्म की मौलिक समस्या माना है। इसे ही वे कवि को प्रयोगशीलता की ओर प्रेरित करने वाली सबसे बड़ी शक्ति मानते हैं। आगे वे लिखते हैं कि "प्रयोग सभी कालों के कवियों ने किए हैं यद्यपि किसी एक काल में किसी विशेष दिशा में प्रयोग करने की प्रवृत्ति होना स्वाभाविक ही है। किन्तु कवि क्रमशः अनुभव करता आया है कि जिन क्षेत्रों में प्रयोग हुए हैं उनसे आगे बढ़कर अब उन क्षेत्रों का अन्वेषण करना चाहिए जिन्हें अभी नहीं छुआ गया था, जिनको अभेद्य मान लिया गया है।"[18] अपने इसी वक्तव्य में अज्ञेय पुनः प्रयोगशीलता शब्द का प्रयोग करते हैं। वे लिखते हैं—"जो व्यक्ति का अनुभूत है उसे समष्टि तक कैसे उसकी सम्पूर्णता में पहुँचाया जाए यही पहली समस्या है जो प्रयोगशीलता को ललकारती है।"[19] यहाँ यदि हम ध्यान दें तो अज्ञेय ने प्रयोग, प्रयोगशील और प्रयोगशीलता का बहुधा इस्तेमाल किया है। अपने वक्तव्य और भूमिका में भले ही अज्ञेय ने इन शब्दों का प्रयोग सुचिन्तित मन्तव्य से न किया हो पर इससे ध्वनि प्रयोग के किसी सुनियोजित आन्दोलन की निकलती है। प्रयोग और प्रयोगवाद पर शुरू होने वाले विवाद के पीछे अज्ञेय द्वारा 'तार सप्तक' में दिया गया यह वक्तव्य ही था कि "संगृहीत कवि सभी ऐसे होंगे जो कविता को प्रयोग का विषय मानते हैं, जो यह दावा नहीं करते कि काव्य का सत्य उन्होंने पा लिया है, केवल अन्वेषी ही अपने को मानते हैं।"[20] अज्ञेय द्वारा बार-बार 'प्रयोग' करने से ही 'तार सप्तक' की कविता को प्रयोगवादी कविता के आन्दोलन के रूप में इंगित किया गया और चाहे-अनचाहे रूप में अज्ञेय को इसका नेतृत्व करना पड़ा। यहाँ ध्यान देने की आवश्यकता है कि मुक्तिबोध ने भी अपने वक्तव्य में 'प्रयोग' शब्द का इस्तेमाल किया है। वे लिखते हैं कि "जीवन के इस वैविध्यमय विकास स्रोत को देखने के लिए इन भिन्न-भिन्न

काव्य रूपों को, यहाँ तक कि नाट्य तत्व को कविता में स्थान देने की आवश्यकता है। मैं चाहता हूँ कि इसी दिशा में प्रयोग हों।''[21] मुक्तिबोध ने जिस दिशा में प्रयोग पर बल दिया है उसमें काव्य रूपों विशेषकर नाट्यतत्त्व को भी कविता में स्थान देने की आवश्यकता की ओर इंगित है। अपने 'प्रयोगवाद' शीर्षक लेख में मुक्तिबोध उसे साहित्यिक प्रवृत्ति के रूप में देखे जाने पर जोर देते हैं। प्रगतिवादी आलोचक शिवदान सिंह चौहान 'प्रयोग' शब्द का शाब्दिक अर्थ कोई प्रयत्न, किसी सिद्धान्त को प्रमाणित करने के लिए किया गया तजुर्बा, अज्ञात वस्तु का अनुसन्धान करने या तजुर्बे के जरिए खोजने की क्रिया से लगाया है। वे मानते हैं कि ''हमारे देश में नई कविता के प्रवक्ताओं का ऐसा दल खड़ा हुआ है जो एक खास किस्म की आत्मनिष्ठ तथा व्यक्तिवादी प्रवृत्ति की ही कविता को प्रयोगवादी, आधुनिक या नई कविता घोषित करता है और कविता की भाषा, लय, छन्द, शैली आदि में किए गए एक विशेष प्रकार के प्रयोगों को ही प्रयोग मानता है।''[22] शिवदान सिंह चौहान के बरक्स रामविलास जी मानते हैं कि ''प्रयोगवाद की शुरुआत 'तार सप्तक' से नहीं होती, उसकी शुरुआत होती है सन् 47 में प्रतीक से।''[23] वे आगे लिखते हैं कि जहाँ तक उन्हें मालूम है कि ''सन् 47 से पहले प्रयोगवाद शब्द का व्यवहार नहीं हुआ। सन् 46 में शमशेर ने 'तार सप्तक' की जो आलोचना नया साहित्य में की थी उसमें प्रयोगों का जिक्र है, प्रयोगवाद का नहीं। प्रयोगवाद शब्द की जरूरत तब हुई जब प्रगतिवाद के विरोध में एक नए वाद को स्थापित करना जरूरी हुआ।''[24] 'तार सप्तक' की पहली समीक्षा करते हुए शमशेर बहादुर सिंह ने 'तार सप्तक' के 'प्रयोग' को रेखांकित करते हुए उसकी इन विशेषताओं को बहुत सफल नहीं माना है। शमशेर मानते हैं कि ''एक तो यह कि मौलिक रूप से 'तार सप्तक' के प्रयोग अन्यत्र कई और कवियों के इससे काफी पहले के संग्रहों में मिल जाएँगे।''[25] यहाँ उन्होंने निराला, पन्त, नरेन्द्र शर्मा की प्रयोगमूलक कविताओं का हवाला भी दिया है।

वहीं कवि पन्त ने रेडियो की सन् 51 की एक गोष्ठी में जिसमें उनके साथ भगवतीचरण वर्मा, अज्ञेय, धर्मवीर भारती और सुमन ने भाग लिया था, कहा था कि ''प्रयोगवादी कविता का इतिहास प्रसाद से आरम्भ होता है। सुमन ने कहा पन्त का 'पल्लव' बहुत बड़ा प्रयोगवादी काव्य है।''[26] हिन्दी की 'प्रयोगवादी कविता' लेख में प्रभाकर माचवे ने 1952 में अपने को प्रयोगशील और प्रयोगवादी कहा था। 1952 में ही नामवर सिंह ने प्रयोगवाद की आलोचना करते हुए लिखा कि ''प्रयोगवादी कवि कभी विषयवस्तु की चर्चा नहीं करते। रामविलास जी प्रयोगवाद की शुरुआत प्रगतिवाद पर आक्रमण से मानते हैं। डॉ. देवराज 'अतिव्याप्ति को बचाने के लिए 'नई' के बदले 'प्रयोगवादी' विशेषण का प्रयोग करते हैं।''[27] डॉ. देवराज लिखते हैं– ''हमारा युग प्राचीन मूल्यों के सम्पूर्ण विघटन, उनके प्रति पूर्ण अनास्था का युग है,

इसलिए हमारे कवियों की दृष्टि, उनके देखने और प्रतिक्रिया करने का तरीका भी पूर्णतया बदल जाना चाहिए। प्रयोगवादी कविता यही करना चाहती है।"[28] डॉ. देवराज प्रयोगवाद की उत्पत्ति को रेखांकित करते हुए बताते हैं कि "अंग्रेजी में प्रयोगवादी जैसी कविता प्रथम महायुद्ध के बाद के अनास्थामूलक वातावरण में उद्‌भूत हुई...हिन्दी प्रयोगवाद भी केवल युग से प्रभावित नहीं है। वह बहुत हद तक इलियट, पाउंड आदि की शैली के अनुकरण में उत्थित हुआ है।"[29] वे ऐसा इसलिए कह पाते हैं कि स्वतंत्रता प्राप्ति के बाद भारतीय कवि देश के निर्माण, उसकी सृजनात्मक शक्तियों के पुनर्विकास के सशक्त स्वप्न भी देख सकते थे—नई स्फूर्तिदायक जीवन दृष्टियों की परिकल्पनाएँ भी कर सकते थे। इन सारे विश्लेषणों से यह बात स्पष्ट है कि प्रयोगवाद के सूत्रपातकर्ता 'तार सप्तक' के सम्पादक अज्ञेय ही हैं। डॉ. नामवर सिंह के अनुसार "प्रयोगवाद नाम चलने का कारण 'तार सप्तक' के सम्पादकीय तथा कुछ अन्य वक्तव्य हैं। इस संज्ञा के बीज वही हैं...यह प्रयोग शब्द अंग्रेजी कविता में प्रचलित 'एक्सपेरिमेंट' के ही वजन पर हिन्दी में चला था, लेकिन हिन्दी में जो 'प्रयोगवाद' चल पड़ा उसके लिए अंग्रेजी में 'एक्सपेरिमेंटलिज्म' नामक कोई वाद नहीं है।"[30] नामवर सिंह के शब्दों में "हिन्दी कविता के पाठकों में 'प्रयोगवाद' की चर्चा 'तार सप्तक' कविता संग्रह (1943 ई.) से शुरू हुई। 'प्रतीक' पत्रिका (जुलाई 1947-52) से उसे बल मिला और दूसरा सप्तक कविता संग्रह (1951 ई.) से उसकी स्थापना हुई।"[31] नामवर सिंह 'प्रयोगवाद' के दूसरे पहलू में नकेन के प्रपद्यों को रखते हैं जो अज्ञेय के 'प्रयोगवाद' के विरोध में होते हुए भी नामवर सिंह के अनुसार उसी की एक शाखा है। प्रयोगवाद के नामकरण में जितना ही उसके विरोध में आहुति दी गई उतना ही वह जोर पकड़ता गया। अज्ञेय ने दूसरा सप्तक की भूमिका में यह प्रश्न उठाया विशेषकर दूसरा सप्तक के कवियों के सन्दर्भ में कि क्या ये रचनाएँ प्रयोगवादी हैं? उन्होंने आगे कहा—"प्रयोग का कोई वाद नहीं है। हम वादी नहीं रहे हैं, नहीं हैं। न प्रयोग अपने आप में इष्ट या साध्य है। ठीक इसी तरह कविता का भी कोई वाद नहीं है, कविता भी अपने-आप में इष्ट का साध्य नहीं है।"[32] अज्ञेय ने 'प्रयोगवाद' के भूत से पिंड छुड़ाने की जितनी कोशिश की सब बेकार गई, उन्होंने कहा—"हमें 'प्रयोगवादी' कहना उतना ही सार्थक या निरर्थक है जितना हमें कवितावादी कहना।"[33] अपनी इसी भूमिका में अज्ञेय ने कहा 'प्रयोग' अपने आप में ईष्ट नहीं है, वह साधन है और दोहरा साधन है।[34] यहाँ नन्ददुलारे वाजपेयी के 'प्रयोगवाद' सम्बन्धी निष्कर्षों को भी देखा जाना चाहिए जिनमें उन्होंने यह परिणाम निकाला कि "प्रयोगवादी कविता उन कवियों की कविता होती है जिनमें आपस में मतभेद हों।"[35] प्रयोगवाद के नामकरण पर विचार करने के बाद अब हम उसकी उत्पत्ति पर संक्षेप में विचार करेंगे।

हिन्दी कविता में प्रयोगवाद एक काव्यान्दोलन का बोध कराता है। 'प्रयोगवाद' की उत्पत्ति को लेकर अनेक तरह के मत प्रचलित हैं। अधिसंख्य लोग अज्ञेय को 'प्रयोगवाद' का पुरस्कर्ता और 'तार सप्तक' से उसका आरम्भ मानते हैं। किन्तु 'नकेन' के कवि केसरी कुमार 'प्रयोगवाद' का आरम्भ नलिन विलोचन शर्मा की 1937-38 में लिखी कविताओं से मानते हैं। केसरी कुमार अपने लेख 'प्रपद्यवाद की दार्शनिक पृष्ठभूमि' में लिखते हैं कि 'प्रयोगवाद पर इतना कुछ लिखे जाने के बाद भी शायद यह कह देने की जरूरत है कि हिन्दी कविता में प्रयोगवाद का वास्तविक आरम्भ 1936-38 ई. में लिखी गई नलिन विलोचन शर्मा की कविताओं से होता है।''[36] वहीं गिरिजा कुमार माथुर 'प्रयोगवाद' का मूल तत्व निराला की कविताओं में स्थित मानते हैं।[37]

बालकृष्ण राव पन्त और निराला को प्रयोगवाद का आरम्भकर्ता मानते हैं। उनका मानना है कि ''प्रयोगशील कविता छायावाद युग से ही आरम्भ हो गई थी। युगवाणी के पन्त तो पूर्णतया प्रयोगशील थे ही। पल्लव और वीणा में भी भाषा और छन्द विधान के अनेक (उस परिस्थिति में साहसपूर्ण) सुन्दर और सफल प्रयोग हिन्दी संसार के सामने आ चुके थे। निराला जी ने तो अपने प्रयोगों से क्रान्ति मचा दी थी। छन्द और लय के उनके अनेक प्रयोग आज की प्रयोगशील कविता से भी अधिक चौंकाने वाले थे, इससे भी अधिक आतंकित और आकर्षित करने वाले सिद्ध हो चुके थे।''[38] डॉ. रामबचन राय को दिए गए एक इंटरव्यू में अज्ञेय ने प्रयोग सम्बन्धी मूल श्रीधर पाठक और शिवाधार पांडेय की कविताओं में माना है। अज्ञेय का विचार है कि 'मनु जी, मनु जी यह तुमने क्या किया'–कविता में पहली बार श्रीधर पाठक ने आदमी और देवता का अन्तर स्थापित किया। मनुष्य को देवता से अलग रखकर देखने का यह प्रथम प्रयास था। आगे चलकर 'तार सप्तक' में इसका विकास हुआ। इसके अलावा शिवाधार पांडेय की कविताओं में भी प्रयोग सम्बन्धी मूल ढूँढ़ा जा सकता है–

चम्पा चमेली दोनों सहेली।
बगिया में लगी विलास करने।[39]

अज्ञेय की उपर्युक्त धारणा के पक्ष में अनेक तर्क व तथ्य दिए जा सकते हैं। नामवर सिंह का मत है कि 'तार सप्तक' के पहले से हिन्दी में कविता अपना रूप बदल रही थी। उनका कहना है कि 'तार सप्तक' के प्रकाशन के चार-पाँच वर्ष पूर्व 'तार सप्तक' के कवियों के अतिरिक्त केदारनाथ अग्रवाल, शमशेर बहादुर सिंह, त्रिलोचन, भवानी प्रसाद मिश्र जैसे अनेक समर्थ कवि नए ढंग की काव्य रचना कर रहे थे। इस बीच नरेन्द्र शर्मा ने भी रूमानियत से अलग रहकर नए काव्य प्रयोग किए। निराला की 'अनामिका' में संकलित 1937-38 की कविताओं और आगे

चलकर 1940 में प्रकाशित 'कुकुरमुत्ता' शीर्षक लम्बी कविता से स्पष्ट है कि हिन्दी में 'तार सप्तक' के प्रकाशन के पहले ही नए परिवर्तन की जोरदार हवा बह चुकी थी। रूपाभ, उच्छृंखल जैसी अल्पकालिक एवं हंस, विशाल भारत जैसी प्रतिष्ठित पत्रिकाएँ इस परिवर्तन का उद्घोष कर रही थीं। इनके अतिरिक्त माखनलाल चतुर्वेदी का 'कर्मवीर' भी क्षेत्रीय प्रतिभाओं की नई रचनाएँ प्रकाश में ला रहा था। 'तार सप्तक' इसी जीवन्त परिवेश की उपज और एक अभिव्यक्ति है।[40]

'तार सप्तक' के एक कवि गिरिजा कुमार माथुर 'प्रयोग' के 'आरम्भकर्ता' और आरम्भ हुआ जैसे प्रश्नों को निरर्थक मानते हैं। वे इसे विचारधारा मानते हैं। और निश्चय ही विचारधारा हमेशा एक अनहद नाद हुआ करती है। वे बहुत हद तक 'प्रयोग' के आरम्भ के लिए उसके पूर्व की कविता में रूढ़ि की स्थिति को मानते हैं। उनका कहना है–"छायावाद की उत्तरकालीन कविता में एक स्पष्ट रूढ़िवादिता भर गई थी और उसके नाम की मात्र लकीर पीटी जाने लगी थी। सामाजिक और राजनीतिक परिस्थितियों के कारण निराशा का एक व्यापक तत्व हमारे तत्कालीन काव्य में आया था।"[41] ऐसी स्थिति से कविता को बाहर निकालने के लिए "छायावादी अनादि सौन्दर्य के बदले युगान्त के गिरते हुए पीले पत्ते की ओर देखने लगे थे, वेदान्त और विद्रोह के कवि निराला संघर्षकालीन समाज पर कटुतिक्त व्यंग्य कर रहे थे।"[42] बालकृष्ण शर्मा 'नवीन' जूठे पत्ते चाटते हुए पशुवत इंसानों को देखकर सिर पीट रहे थे। सियाराम शरण गुप्त, दिनकर, बच्चन, भगवतीचरण वर्मा, नरेन्द्र अंचल आदि रूमानी कवियों में छायावाद की निराशा अब अरुचिकर हो गई थी। हम कह सकते हैं कि सन् 35 के आसपास नई कविता में इस प्रकार के चिह्न उभरने लगे थे। 'तार सप्तक' की उत्पत्ति और विकास को लेकर तरह-तरह के दावे किए गए हैं। हम दूसरे सप्तक की भूमिका में अज्ञेय द्वारा अपने को 'प्रयोगवाद' की परिधि से बाहर सिद्ध करने की विकल कोशिश देख चुके हैं। 'तार सप्तक' के एक और कवि नेमिचन्द्र जैन ने भी इस मुद्दे पर अपनी दो-टूक राय रखी है। अज्ञेय के 'तार सप्तक' की भूमिका के कथन कि "दूसरा मूल सिद्धान्त यह था कि संगृहीत कवि सभी ऐसे होंगे जो कविता को प्रयोग का विषय मानते हैं–जो यह दावा नहीं करते कि काव्य सत्य उन्होंने पा लिया है, केवल अन्वेषी ही अपने को मानते हैं"[43] पर नेमिचन्द्र जैन का कहना है कि "संगृहीत कवियों ने 'प्रयोग' का वह अर्थ नहीं लिया था जो बाद में विद्वान आलोचकों ने उस पर थोप दिया। काव्याभिव्यक्ति के नए रूपों और शैलियों की खोज की ओर प्रवृत्त होने के बावजूद उन कवियों का आग्रह जिन्दगी के यथार्थ के अन्वेषण पर ही था।"[44] नेमिचन्द्र जैन आगे लिखते हैं कि उन कवियों की "छटपटाहट यह थी कि बदले हुए परिवेश में अपने विशिष्ट जीवनानुभव को यथासम्भव ईमानदारी से पहचानकर उसे किसी घिसी-पिटी अभिव्यक्ति के बजाय एक

अधिक प्रामाणिक और मौलिक विशिष्ट अभिव्यक्ति द्वारा कैसे प्रस्तुत करें।''[45] नेमिचन्द्र जैन के उपरोक्त कथनों की छानबीन करने पर हम पाते हैं कि 'तार सप्तक' के कवियों ने प्रयोग का अर्थ उस रूप में भले न किया हो जिस रूप में आलोचकों ने उसको आरोपित किया लेकिन उन कवियों ने उसे काव्याभिव्यक्ति के नए रूपों और शैलियों के खोज की ओर होने के बावजूद जिन्दगी के यथार्थ के अन्वेषण के रूप में लिया। हम यह मान सकते हैं कि प्रयोग का एक अर्थ नेमिचन्द्र जी कम-से-कम जिन्दगी के यथार्थ का अन्वेषण तो मानते ही हैं। नेमि जी लेबल मारू आलोचकों द्वारा 'प्रयोग' शब्द के ले उड़ने से अधिक उसके केवल बाह्य रूपगत प्रयोग सम्बन्धी अर्थ लगाने पर चिन्ता जाहिर की है। नेमि जी इस बात को भी लेकर चिन्तित हैं कि आलोचकों ने 'प्रयोग' से 'बदलती हुई चेतना और उसकी अभिव्यक्ति की प्रामाणिकता की जाँच करने के बजाय कवियों के प्रयोगशील होने न होने को लेकर बाल की खाल'[46] निकाली है। नेमि जी प्रयोग शब्द को बदलती हुई चेतना और उसकी प्रामाणिकता के रूप में लेते हैं। वे लिखते हैं–''मैं अनुभव करता हूँ कि इस तथाकथित 'प्रयोगवाद' और 'प्रयोगवादी कविता' और उसके स्वरूप के सामाजिक और काव्यगत सामूहिक और वैयक्तिक स्रोतों का अधिक कल्पनाशील अध्ययन आवश्यक है जो अलग से स्वतंत्र विवेचन का विषय है।''[47] गिरिजा कुमार माथुर 'तार सप्तक' के दूसरे संस्करण के पुनश्च में प्रयोगशील आधुनिकता सम्बन्धी भ्रमों का निवारण करने की कोशिश करते हैं। वे मानते है प्रयोगशीलता के साथ ही हिन्दी साहित्य में आधुनिकता का शुभारम्भ हुआ। यहीं वे संकेत करते हैं कि 'तार सप्तक' के प्रकाशन के काफी पहले 1940 तक कितने ही प्रयोग करके अपना मार्ग स्पष्ट कर चुके थे। वे लिखते हैं कि ''जुलाई 1941 ई. में मैंने अंग्रेजी में एक लम्बा लेख लिखा था 'द थ्योरी ऑफ न्यू एक्सपेरिमेंटलिज्म इन हिन्दी पोएट्री'।''[48] अपने वक्तव्य में वहीं वे यह प्रश्न उठाते हैं कि ''नव काव्य की धारा कब और कैसे आरम्भ हुई, उसके पीछे क्या कारण थे, क्या वह कोई संगठित आन्दोलन था जिसका सूत्रपात किसी कवि विशेष ने किया था अथवा यह कि उसका संस्थापक कौन था। क्या 'तार सप्तक' के सभी कवि या उनमें से एक क्या इस धारा का समारम्भ 'तार सप्तक' से हुआ अथवा उसके पहले से ही, प्रयोगशीलता का लक्ष्य क्या था, क्या अन्वेषणों के पीछे कोई सैद्धान्तिक आग्रह था। द्वितीय महायुद्ध तथा राष्ट्रीयता की दृष्टि क्या थी, अर्थात प्रयोगशील कवियों के सामाजिक बोध की कौन सी दिशा की ओर यह कि प्रयोगशील कविता का पारस्परिक सम्बन्ध क्या है।''[49] इन प्रश्नों का उत्तर देते हुए छायावादी युग चेतना से सम्पूर्ण विच्छेद का बिन्दु वे 1940 ई. से मानते हैं। गिरिजा कुमार माथुर मानते हैं कि आधुनिकता का प्रथम बोध 1940 के कुछ वर्ष पहले से ही कवियों में उदित हो चुका था।

इस नूतन मूल्य बोध का ग्रहण वे दो स्तरों पर हुआ मानते हैं–पहला नवीन ज्ञान विधियों (मार्क्स और फ्रायड) के अध्ययनगत प्रभाव से युगीन समस्याओं के प्रति आकस्मिक जागरूकता के स्तर पर और दूसरे, संक्रमणकालीन ऐतिहासिक अनिवार्यता के रूप में। आधुनिक संवेदना के अनुरूप ऐसी नई रचनाओं का आरम्भ वे ऐतिहासिक अनिवार्यता के कारण हुआ मानते हैं। उनका कहना है कि 'तार सप्तक' किसी एक कवि या उसके सम्पादक द्वारा प्रस्तावित प्रयोगवादिता का समारम्भ नहीं था, क्योंकि नव काव्य उसके कई वर्ष पूर्व आरम्भ हो चुका था।''[50] यही नहीं गिरिजा कुमार माथुर प्रयोगशीलता के साथ हिन्दी साहित्य में आधुनिकता के समारम्भ को प्रयोगवाद और नई कविता में देखने को असंगत मानते हैं। वे आधुनिकता की प्रक्रिया का प्रथम उन्मेष 1940-52 ई. तक तथा द्वितीय चरण 1953 ई. से मानते हैं। यहाँ ध्यान देना होगा गिरिजा कुमार माथुर प्रयोगशीलता की जगह आधुनिकता पर जोर अधिक देते हैं। 'प्रयोगवाद' के स्थान पर उनके यहाँ 'आधुनिकता की प्रक्रिया' का प्रयोग मिलता है। उन्होंने इस 'आधुनिकता की प्रक्रिया' के प्रथम उन्मेष के प्रधान तत्वों का उल्लेख किया है जो निम्नवत् हैं–''परिवेश के प्रति गहरी जागरूकता, सामाजिक यथार्थ की चेतना, इतिहास का प्रथम बार तीव्र बोध, युद्धगत संक्रान्ति की मानवीय संवेदना, अन्तर्राष्ट्रीय उन्मुखता, नव रोमान, परिवर्तित मूल्यों की टकराहट'' तथा दूसरे चरण में निकटतम सत्यों की संवेदना, संक्रान्ति की विडम्बनाओं का एहसास, व्यंग्य एवं विपर्यय, मूल्यगत विकृति, आत्माहीनता, जीवन की विसंगतियों (एब्सर्डिटी) की अभिव्यक्ति, वैज्ञानिकता का उदय और मिश्र अनुभूतियों का अस्वाद प्रमुख स्वर हैं। हिन्दी कविता में 'प्रयोगवाद' की संस्थापना का श्रेय न चाहते हुए भी अज्ञेय को जाता है। पहले सप्तक से इसका बीजारोपण होता है, दूसरे सप्तक में यह पल्लवित और स्थापित होता है हालाँकि पहले और दूसरे सप्तक के सभी कवि एक ही तरह के प्रयोगवादी नहीं हैं, पर मोटे तौर से 'तार सप्तक' के साथ दूसरे और तीसरे सप्तक के कवियों को प्रयोगवादी माना जाता है। विशेष तौर से जिन कवियों को प्रयोगवादी माना जाता है, उनमें अज्ञेय, गिरिजा कुमार माथुर, प्रभाकर माचवे, मुक्तिबोध, नेमिचन्द्र जैन, भारतभूषण अग्रवाल, शमशेर बहादुर सिंह, रघुवीर सहाय, धर्मवीर भारती, नरेश मेहता आदि कवि प्रमुख हैं।

इस बात को हम पहले कह चुके हैं कि 'प्रयोगवादी कविता' का आरम्भ छायावाद की उत्तरकालीन कविता में आ गई रूढ़िवादिता और 'प्रगतिवाद' की ठस 'ट्रेड यूनियन' टाइप कविताओं के विरोध में हुआ। इन बदली हुई परिस्थितियों का आभास निराला, पन्त आदि की छायावादोत्तर कविताओं में देखा जा सकता है। निराला की 'कुकुरमुत्ता', पन्त की 'दो लड़के' इस बात के दो अच्छे उदाहरण हैं। पन्त की 'दो लड़के' कविता जिसमें नए विषय के साथ भाषा और उपकरण भी नए थे,

को देखा जा सकता है। हालाँकि पन्त की इस कविता में आगे चलकर छायावादी शब्द योजना का रंग फिर झलक उठता है लेकिन निराला के यहाँ किए गए काव्यगत प्रयोग छायावाद की परिधि के एकदम बाहर हैं जिनमें स्फटिक शिला, वे किसान की नई बहू की आँखें, खुला आसमान, वनबेला इत्यादि कविताएँ नवीन विषय, छन्द और उपमान आदि के सम्बन्ध में हिन्दी कविता में नई दिशा संकेत देती हैं।

निराला और पन्त के यहाँ जो 'प्रयोग' थे वे 'प्रयोगवाद' की परिसीमा से बाहर थे। यह जरूर है कि निराला, पन्त इत्यादि की बदली हुई कविताएँ आगे के परिवर्तनों की सूचना दे रही थीं। लेकिन 'प्रयोगवाद' का समुचित विकास 'तार सप्तक' के प्रकाशन के बाद ही हुआ। 'तार सप्तक' के प्रकाशन ने हिन्दी कविता को उसकी भावुकता से मुक्त करके उसमें बौद्धिकता का संचार किया। इस बौद्धिकता का आधार लेकर 'प्रयोगवाद' ने हिन्दी कविता का मार्ग प्रशस्त किया। कैसी विडम्बना है कि आज तक हिन्दी के बहुत सारे काव्यान्दोलनों का नामकरण और आरम्भ का समय तय नहीं किया जा सका है। छायावाद के नामकरण और उत्पत्ति सम्बन्धी विवाद को प्रमाण स्वरूप रखा जा सकता है। छायावाद का आरम्भ कब हुआ नामक परिसंवाद में रामनरेश त्रिपाठी ने अपने को ही छायावाद का आरम्भकर्ता घोषित कर लिया है। वे लिखते हैं–"अपने कवि श्री सुमित्रानन्दन पन्त जी ने एक बार मुझे बताया था कि पथिक में उनको छायावाद की पंक्तियाँ मिली थीं...क्योंकि पथिक लिखते समय छायावाद की कोई कल्पना मेरे मस्तिष्क में नहीं थी और इसका श्रेय मुझे मिल सकता है या नहीं विचार किया जा सकता है।"[51] पथिक की रचना 1917-18 ई. में हुई थी। यही स्थिति 'प्रयोगवाद' के उत्पत्ति को लेकर भी है। वैसे तो 'प्रयोगवादी' काव्य प्रवृत्ति ऐतिहासिक दृष्टि से हिन्दी साहित्य में अपना स्थान बनाकर अपना काम पूरा कर चुकी है। अज्ञेय का यह कथन कि प्रयोग सभी कालों में हुए हैं, प्रयोगवाद की सार्वकालिकता की सूचना देने का प्रयास है। पिछले प्रयोगों का नए प्रयोगों से क्या सम्बन्ध हो सकता है, इसके पीछे एक जागरूक दृष्टिकोण की जरूरत होती है। अपने आन्तरिक विरोधाभासों के चलते 'प्रयोगवाद' को आलोचकों का कोपभाजन बनना पड़ा। नन्ददुलारे वाजपेयी ने 'प्रयोगवाद' की आलोचना करते हुए लिखा है–

1. प्रयोगवादी रचनाएँ अतिरिक्त बुद्धिवाद से ग्रस्त हैं।

2. ये रचनाएँ वैचित्र्य प्रिय हैं, वृत्ति का सहज अभिनिवेश इनमें नहीं है।

3. ये रचनाएँ न तो वैयक्तिक अनुभूति के प्रति ईमानदार हैं और न ही सामाजिक उत्तरदायित्व को पूरा करती हैं।

इस दृष्टि से यह कहना ठीक है कि 'प्रयोगवाद' किसी सन्तुलित वैज्ञानिक तथा व्यावहारिक विचार दृष्टि के अभाव का शिकार था।[52] उसके मूल में अनुभव की

ताजगी और अभिव्यक्ति का अनोखापन तो था पर वह व्यक्त सत्य तथा समाज सत्य के दो पाटों के बीच फँसकर रह गया। प्रयोगशीलता के मोह में उलझकर ये कवि 'प्रगतिवादी' परम्परा का भी समुचित विकास नहीं कर पाए। काव्यधारा 'प्रयोगवाद' के दलदल में फँसकर विकास की सही दिशा की ओर जाने से रुक गई। कविता के अन्तर्गत प्रयोगों ने अन्ततः एक नई रूढ़ि को जन्म दिया। 'प्रयोग' शब्द का सतही और संकुचित मन्तव्य 'प्रयोगवाद' के पक्षधरों द्वारा निकाला गया। इस सन्दर्भ में 'प्रयोगवाद' के प्रणेता अज्ञेय और उनके समर्थक 'प्रयोगवादी' कवियों के सन्दर्भ में आचार्य नन्ददुलारे वाजपेयी की यह टिप्पणी देखी जा सकती है–"प्रयोगवादी साहित्य से साधारणतः उस व्यक्ति का बोध होता है जिसकी रचना में कोई तात्विक अनुभूति, कोई स्वाभाविक क्रम, विकास या कोई सुनिश्चित व्यक्तित्व न हो। वास्तविक सृजन और क्रान्तदर्शिता के बदले सामान्य मनोरंजन और शैली प्रसाधन ही उसकी विशेषता होती है। अधिकार और उत्तरदायित्व की अपेक्षा अनिश्चय और उद्देश्यहीनता की भावना ही वह उत्पन्न करता है। सृष्टा सन्देशवाहक न होकर वह प्रणेता और प्रवक्ता मात्र होता है।"[53] नन्ददुलारे वाजपेयी के इन निष्कर्षों से पूर्णतः सहमत न होते हुए भी यह तो मानना ही पड़ेगा कि जिस परम तत्व के शोध में अज्ञेय ने 'तार सप्तक' के कवियों को लगा हुआ दिखाया था या जिन राहों के अन्वेष में कवि लगे थे न वह परम तत्व ही प्राप्त हुआ न राहों के अन्वेष के बाद कोई राह ही मिली। आखिर अन्त तक राहों का अन्वेष और परम तत्व के शोध का काम कब तक चलता। मुक्तिबोध, अज्ञेय आदि कुछ कवियों को छोड़कर अन्य कवि सही राह पर नहीं चल पाए। हालाँकि इन कवियों में यथार्थ के प्रति गहरा आकर्षण था पर वैज्ञानिक दृष्टि के अभाव में अधिकांश कवि सजग और सचेत कलाकार होते हुए भी आत्मनिष्ठा और कुंठा के गायक बनकर रह गए। "यह निश्चित है कि प्रारम्भिक रूप में प्रयोगवादी कविताएँ तत्कालीन सामाजिक परिस्थिति के विरुद्ध व्यक्ति द्वारा की गई भावनात्मक प्रतिक्रियाएँ हैं। किन्तु...जिस बात पर वह सोचना चाहता है, जिस स्थिति पर सोचने के लिए उसे मजबूर होना पड़ता है उसके प्रति उसका दृष्टिकोण घनघोर व्यक्तिवादी स्थिति से लगाकर तो अविकसित मार्क्सवादी स्थिति तक फैला हुआ है। समाज उसका गला दबाता है। उसका अपना वर्ग भी उसकी आवाज को कुंठित करता है। समाज में पुरानापन है, दकियानूसी है, जड़ता है और कुचलने की शक्ति है। व्यक्ति इससे विद्रोह करता है परन्तु विद्रोह का तरीका उसे नहीं मालूम इसलिए मात्र भावनात्मक विस्फोट करके वह रह जाता है।"[54] बौद्धिक लक्ष्यानुगामी होने से उसकी इस धारणा का परिणाम यह हुआ कि कविता को वैचारिक गद्य का जामा पहनाया जाने लगा। समाज के सामंजस्य के अभाव के फलस्वरूप तथा उसके विरुद्ध उसमें प्रखर बौद्धिक व्यक्तिवाद का विकास हुआ। निर्मम आलोचना करते हुए

नन्ददुलारे वाजपेयी यह भूल जाते हैं कि 'प्रयोगवादी' कवियों के शिक्षित समाज की अभिरुचि छायावादी ही थी। उनके लिए पीड़ा का अर्थ रोमांटिक या आध्यात्मिक ही था। यह स्वाभाविक ही है कि अपनी छायावादी अभिरुचि के चलते नन्ददुलारे वाजपेयी को भी प्रयोगवादी कविताएँ पसन्द न आईं। प्रयोगवादी कविता की चरम स्थिति रूपवाद तक जाती है जो उसे नई-नई ऊँचाइयों तक पहुँचने से रोकता है। "चरम व्यक्तिवाद जो सामाजिक समस्याओं के प्रति व्यक्ति के मन में एक प्रकार की 'नॉन सीरियस', गैर जिम्मेदार और उदासीन रुख अख्तियार करवाता है जिसके फलस्वरूप कवि सामयिक समस्याओं से एकदम बचकर उन सबकी सर्वथा उपेक्षा करके केवल काव्य रूपों और शिल्पों में ही निरुद्देश्य भाव से अपने को उलझाए रखता है।"[55]

'तार सप्तक' के कवि रूपाकार और शिल्प के प्रति वस्तु तत्व को उपेक्षित किए बिना आग्रहशील थे, किन्तु 'तार सप्तक' के दूसरे संस्करण तक यही स्थिति नहीं रही/प्रयोगवादी रूपवाद का जादू प्रभाकर माचवे, अज्ञेय और गिरिजा कुमार माथुर के सिर चढ़कर बोलने लगा। इस जादू के केन्द्र में चरम व्यक्तिवाद की प्रवृत्ति काम कर रही थी। इस चरम व्यक्तिवादी प्रवृत्ति ने मध्यवर्गीय मानसिकता में व्याप्त हीनता, दीनता, अनास्था, कटुता, अन्तर्मुखता, पलायन, कुंठा, नैराश्य आदि के मार्मिक चित्रण तो किए लेकिन इस मार्मिक चित्रण में परम तत्व के शोध के लिए कोई स्थान नहीं बचा था। इसीलिए बाद की प्रयोगवादी कविता 'राहों के अन्वेष' के विराट उद्देश्य से भटककर नकेनवाद, प्रपद्यवाद, अर्थ की लय, लघु मानवाद, रूपवाद, क्षणवाद, अस्तित्ववाद, युयुत्सावाद, लिंगवाद, मोतवाद, जैसे वादों में उलझ गई। डॉ. कृष्ण लाल के शब्दों में "प्रयोग के दोहरे साधनों का विकास नहीं किया जा सका बल्कि केवल मुलम्मा छुटे मैले उपमानों के स्थान पर नई अभिव्यक्ति सामग्री ही जुटाने का प्रयास किया जाता रहा।"[56]

उपर्युक्त विवेचनों से स्पष्ट है कि प्रयोगवाद जिन विराट उद्देश्यों को लेकर चला था व्यापक दृष्टि और उत्तरदायित्व के अभाव में अपने 'राहों के अन्वेष' में भटक गया। जहाँ पहले प्रयोग परम तत्व के शोध का साधन था वहीं बाद में यह स्वयं में साध्य बन गया। यहीं यह जान लेना चाहिए कि जिस तरह 'प्रयोगवाद' ने 'प्रगतिवाद' को अल्पायु किया था उसी तरह 'प्रयोगवाद' के बाद के काव्यान्दोलनों ने कम अवधि दी। यदि प्रगतिवादियों को 1936 से 1943 ई. तक का समय मिला था तो प्रयोगवादियों को 1943 से 1955 ई. तक का समय मिला। 1954 में 'नई कविता' (सम्पादक जगदीश गुप्त) पत्रिका के प्रकाशन के बाद प्रयोगवादी हिन्दी कविता का नेतृत्व प्रयोगवादियों के हाथ से निकलकर नई कविता वालों के हाथ में चला गया।

विविधवाद और प्रयोगवाद

किसी भी काव्यान्दोलन का अपने पूर्वापर काव्य सिद्धान्तों या काव्यान्दोलनों से प्रत्यक्ष या परोक्ष रूप से सम्बन्ध बनता ही है। सम्बन्ध बनाने की इस प्रक्रिया में कभी पूर्ववर्ती काव्यधरा से टकराहट तो कभी नवीन काव्यधारा से संघर्ष होना स्वाभाविक है। 'प्रयोगवाद' मूलतः छायावाद और 'प्रगतिवाद' तथा नई कविता और प्रपद्यवाद के बीच में अवस्थित है। उसका सम्बन्ध छायावाद से प्रच्छन्न रूप से तथा प्रगतिवाद से प्रत्यक्ष रूप से बनता है ऐसा नहीं। दरअसल 'प्रयोगवाद' उस संक्रान्ति काल में आया जब हिन्दी कविता में बौद्धिक तबका अपने विचारों व अभिरुचि में छायावादी ही था। इस छायावादी मानस से प्रगतिवादी कवि अपने तरीके से दो-चार हो रहे थे। वहीं 'प्रयोगवाद' की स्थापना के बाद हिन्दी में जो काव्यान्दोलन चले उन्होंने भी प्रयोगवादी काव्य अभिरुचियों से अपनी सहमति-असहमति जताते हुए अपना मार्ग प्रशस्त किया। अपने पूर्ववर्ती काव्यान्दोलनों से जरूरी नहीं कि बाद के काव्यान्दोलन पूरी तरह मुक्त हों, कुछ न कुछ अवशेष या छाया परवर्ती काव्यान्दोलनों पर पूर्ववर्तियों की बची ही रहती है। छायावादी कवियों पर रीतिकालीन प्रभावों की चर्चा अक्सर होती रही है। यही नहीं कभी-कभी छायावादी कवि अपने बचाव में स्वयं ही कबीर, मीरा, रसखान, घनानन्द और बोधा का नाम लेकर अपने को उन्हीं की परम्परा में दिखाने का प्रयास करते थे। उनके इन प्रयासों के बावजूद हिन्दी जनता में यह भ्रम बना रहा कि छायावाद बांग्ला और विशेषकर रवीन्द्रनाथ टैगोर के प्रभाव से आया। 'प्रगतिवाद' की उत्पत्ति में उत्तर छायावादी कविता की छाया सहज ही दृष्टिगत होती है। कथ्य के एकदम बदल जाने के बाद भी प्रगतिवादी कवियों की भाषा-अभिव्यंजना शैली पर छायावादी प्रभाव बना रहा। यह सम्भव भी नहीं है कि किसी भी काल का कवि अपने पूर्ववर्ती कवियों और उनकी कविताओं से एकदम निर्लिप्त होकर रचना कर सके। यह प्रभाव कवि पर कई पक्षों से न चाहते हुए भी पड़ सकता है। यह अकारण नहीं है कि सरस्वती सम्पादक आचार्य महावीर प्रसाद द्विवेदी ने 'जूही की कली' में रीतिकाल का शृंगारी प्रभाव लक्षित किया था। इसी तरह प्रयोगवादी कवियों में अधिकांश पर छायावादी छन्द की परछाईं पड़ती दिखती है। असल में कविता में ऐसी कोई विभाजक रेखा नहीं खींची जा सकती जिससे यह निर्धारित किया जा सके कि यहाँ तक फलाँवाद की परिधि है। जहाँ एक काव्यान्दोलन शिथिल पड़ रहा होता है वहीं दूसरा काव्यान्दोलन जन्म ले रहा होता है। बहुधा एक का अवसान काल दूसरे का जन्मकाल होता है। भक्तिकाल का अवसान रीतिकाव्य में हुआ था। कह सकते हैं कि भक्ति काव्य की चरम परिणति रीतिकाव्य में हुई। यदि ऐसा न होता तो रीतिकालीन कवि यह कहने की हिम्मत न करता–

"अबके सुकवि रीझि हैं तो कविताई
न तो राधिका कन्हाई सुमिरन को बहानो है।"

या

"रूप के सार बखानो, सिंगार,
सिंगार के सार किसोर किसोरी"

यह किसोर-किसोरी कृष्ण और राधा ही हैं। यदि भक्तिकाव्य, रीतिकाव्य में पर्यवसित हुआ तो इसके मूल में तत्कालीन सामाजिक, राजनीतिक और आर्थिक परिस्थितियाँ भी अपना महत्त्व रखती हैं। यही स्थिति आधुनिक कविता के विविध वादों के बीच भी लक्षित की जा सकती है।

'प्रयोगवाद' किन रूपों में जन्मा, उसका अपने पूर्ववर्ती छायावाद, प्रगतिवाद से क्या नाता है, उसके काव्य विवेक में इन दोनों वादों का कैसा और कितना दखल रहा है यही इस विश्लेषण के मूल में है। और 'प्रयोगवाद' का बाद की हिन्दी कविता के विभिन्न काव्य वादों से कैसा सम्बन्ध रहा, विशेषकर नई कविता और प्रपद्यवाद से। ऐसी स्थिति में जबकि छायावाद और 'प्रगतिवाद' समाप्त हो रहे काव्यान्दोलन थे और 'नई कविता' व 'प्रपद्यवाद' का जन्म हो रहा था इनसे 'प्रयोगवाद' ने अपना सन्तुलित सम्बन्ध कैसे निभाया।

प्रयोगवाद और छायावाद

प्रयोगवाद की पृष्ठभूमि में छायावाद राख की तरह नहीं बल्कि उर्वर भूमि की तरह विद्यमान है। 'तार सप्तक' के प्रकाशन के कुछ बाद ही 'तार सप्तक' के कवियों पर प्रयोगवादी होने का आरोप लगने लगा था। 'तार सप्तक' में संकलित कुछ कवि प्रयोगवाद की तरफ गए, कुछ प्रगतिवाद की तरफ। 1936 में प्रगतिशील लेखक संघ की स्थापना हुई। उसके कुछ पूर्व से हिन्दी में प्रगतिवाद का स्वर सुनाई पड़ने लगा था। निराला, पन्त इत्यादि अपने बदले हुए स्वर में प्रगतिवादी टोन की कविताएँ लिख रहे थे। सन् 1936 में ही युगान्त का प्रकाशन हुआ जिसकी भूमिका में पन्त ने यह संकेत दिया कि कविता में छायावादी कोमलकान्त पदावली अब आवश्यक नहीं। 'नष्ट भ्रष्ट हो जीर्ण पुरातन' की घोषणा के साथ ही पन्त सन्ध्या के झुटपुट अन्धकार में मजदूरों को घर लौटते देखते हैं। 'तार सप्तक' में छायावाद के ह्रासकालीन सारे लक्षणों से एक सचेत संघर्ष मौजूद है। मुक्तिबोध की कविताओं में तथा रामविलास शर्मा के वक्तव्य और कविता दोनों में छायावादी काव्य संस्कार विद्यमान हैं। जो काव्य स्थितियाँ प्रयोगवादी कवि को छायावाद से असन्तोष का कारण बनती हैं वही स्थितियाँ दोनों के बीच एक सूत्र बनाती हैं। माना जाता है कि छायावादी कविता और

जनसामान्य के बीच कोई सीधा सम्बन्ध न था। साथ ही उसमें 'जीवन से सम्बन्धित' किसी निश्चित रचनात्मक सम्बन्धों के दृष्टिकोण का अभाव[57] था। रामविलास शर्मा और गिरिजा कुमार माथुर को छोड़कर 'तार सप्तक' के लगभग सभी कवि छायावाद से असन्तुष्ट हो चले थे। प्रभाकर माचवे को ''छायावाद हिस्टीरिया की भाँति हिन्दी कविता का एक मानसिक रोग''[58] की तरह दिखता था तो नेमिचन्द्र जैन को छायावाद में ''शिशु सुलभ आत्मनिष्ठता''[59] दिखलाई पड़ती थी। 'तार सप्तक' के इन प्रमुख प्रयोगवादी कवियों के छायावादी कविता के प्रति दृष्टिकोण से हम छायावाद और प्रयोग के अन्तःसम्बन्ध को रेखांकित कर सकते हैं। यहाँ यह ध्यान रखना होगा कि 'तार सप्तक' के कुछ कवि जिनमें रामविलास शर्मा प्रमुख हैं छायावाद के प्रति विशेष रूप से अलग तरह से आकर्षित हैं। रामविलास जी अपने नए 'छन्दों' को निराला इत्यादि के छन्द प्रयोग से सीखते हैं। इनके लिए छायावाद 'हिस्टीरिया' या 'शिशु सुलभ आत्मनिष्ठता' नहीं लिये था। इसका एक कारण रामविलास जी का छायावादी कवियों विशेषकर निराला से व्यक्तिगत सम्बन्ध भी हो सकता है। रामविलास जी अपने वक्तव्य में लिखते हैं–''कई कविताएँ इस पंक्ति को तोड़कर वार्णिक मुक्तछन्द में लिखी गई हैं। एक दूसरे ढंग का मुक्तछन्द मात्रिक है। दोनों ही प्रकार के मुक्तछन्द के आविष्कारक निराला हैं।''[60] यहाँ यह ध्यान रखना होगा कि 'तार सप्तक' के प्रकाशन तक रामविलास जी की 'निराला' पुस्तक प्रकाशन के लिए तैयार थी। गिरिजा कुमार माथुर अपनी कविता की संगीतात्मकता को लेकर 'छायावादी' कविता से खिन्न हैं। वे कहते हैं–''व्यंजन ध्वनियों से उत्पादित संगीत को मैं कविता में संगीत नहीं मानता। प्रत्युत रीतिकालीन रूढ़ि समझता हूँ। छायावादी कवियों में इसी कारण मैं कोई संगीत नहीं देखता, क्योंकि उनका संगीत व्यंजन ध्वनियों से निर्मित है। और व्यंजन ध्वनियों का संगीत वाह्य अस्थायी और मृत है। वह आकार संगीत है, शब्द की आत्मा का संगीत नहीं। शब्द की आत्मा स्वर ध्वनि है।''[61] 'तार सप्तक' के कवियों से छायावाद के इस अन्तर्विरोधी सम्बन्ध को हम उसकी अपनी पारस्परिकता मान सकते हैं जहाँ पर लेन-देन और लगाव-विलगाव इतना स्थूल नहीं हो सकता।

'तार सप्तक' के प्रकाशन (1943) तक छायावाद अपनी यात्रा के अन्तिम बिन्दु की तरफ खिसक चुका था। उसकी कोमलता उसके अपने ही कवियों के लिए बोझ बन गई थी। उसकी रेशमी मुलायमियत अब विपरीत परिस्थितियों में बेकार हो गई थी। अब ''छायावाद वह रेशम था, जिससे युद्ध तथा संकट के दिनों में सिपाहियों की वर्दी नहीं बन सकती थी।''[62] उसके प्राण शब्द जो अलग तरह की सुकुमारता का वहन करते थे वे वायवीय और निष्प्राण हो चले थे। दिनकर की दृष्टि में ''कोमलता की साधना में छायावाद ने कदाचित अति कर दी थी इसलिए इस काव्य में स्वप्न, हिमकण, आँसू, ओस, विहग, बुद बुद, टलमल और चन्द्र, नक्षत्र, क्षितिज एवं नीलिया

जैसे कोमल और वायवीय शब्द भरे हुए हैं।"[63] छायावाद के प्रति इस असन्तोष के बावजूद प्रयोगवादी कवि अपनी अभिव्यंजना में उससे पूरी तरह मुक्त नहीं थे। गिरिजा कुमार माथुर, नेमिचन्द्र जैन, मुक्तिबोध की कविताओं पर यह प्रभाव आराम से परिलक्षित किया जा सकता है। शब्द योजना भी बहुत हद तक ही बदल पाई थी। वसन्त के फूल का रंग, गृह, द्वार, नगर, बन, मूल की रेशमी, रेशमी छाहे, छायावाद की परिधि से बाहर के नहीं हैं। रामविलास शर्मा 'फसल' क्रान्ति की फागुन में काट रहे थे पर अपनी कविता के लिए ऊर्जा छायावाद से ही ला और पा रहे थे। 'वह सहज विलम्बित मन्थर गति, जिसको निहार/गजराज लाज से राह छोड़ दे एक बार'[64] जैसी पंक्तियाँ इसी संक्रान्ति काल की 'फाँस' सी हैं जहाँ प्रयोगवादी कवि अपने सभी आग्रहों के बाद भी अपने पूर्व के काव्य आन्दोलन से मुक्त नहीं हो पा रहा था।

प्रयोगवाद और प्रगतिवाद

प्रगतिवाद और प्रयोगवाद की उत्पत्ति में बहुत समयान्तराल नहीं था। 1936 में प्रगतिशील लेखक संघ की स्थापना हुई। उसके बाद यह विचारधारा बहुत तेजी से हिन्दी साहित्य पर छा सी गई। 1941 में बनारस से निकलने वाले 'हंस' ने इसे बिलकुल ही अपना लिया। 1938 में पन्त और नरेन्द्र शर्मा के 'रूपाभ' ने भी इसे बढ़ावा दिया। हिन्दी की पहली कौन सी कविता प्रगतिवादी होगी इसमें किंचित सन्देह हो सकता है। पन्त की युगवाणी से पहले 'युगान्त' 1936 में आ चुका था। पर यह प्रगति की धार खड़ी बोली से पहले हिन्दी के परिदृश्य में ब्रज काव्य के द्वारा आ चुकी थी। संवत् 1991 (1934 ई.) में रामेश्वर करुण के दोहों की सतसई 'करुण सतसई' प्रकाशित हो चुकी थी। पं. जवाहर लाल नेहरू ने इसकी प्रशंसा भी की थी। अनुभूति से रंजित होने के कारण तथा रूसी साम्यवाद से प्रभावित होने के कारण वे "सम्पत्ति पर वैयक्तिक अधिकार हटाकर समाज के पुनर्निर्माण के पक्षपाती थे। तभी उन्होंने लिखा–

जब लौं श्रम अरु उपज को, होत न साम्य विभाग
बुझे बुझाए किमि कहों, यह अशान्ति की आग।[65]

किसानों की दयनीय दशा का वर्णन भी इन्होंने खूब किया है–

करि श्रम तीसों दिन मरत भरत न भूखों पेट।
कहौ कहाँ ते लाइए पटवारी! तव भेट?
सुनियत कुकूर आप के दूध जलेबी खाहिं।
हम सब कृषक मजूर हा! कुकुरहु सम नाहिं।[66]

करुण सतसई के बाद युगान्त तथा युगवाणी का प्रकाशन हुआ था। युगवाणी ही नहीं प्रगतिशील लेखक संघ की स्थापना बैठक भी करुण सतसई के पश्चात ही है। इसलिए हम चाहें तो रामेश्वर को हिन्दी का पहला प्रगतिशील कवि कह सकते हैं। काव्य की कविता ब्रजभाषा में प्रगतिशीलता का पक्ष ले रही थी। पर सुमित्रानन्दन पन्त की कविता में प्रगति के तत्व पूरी गम्भीरता से मौजूद हैं। हालाँकि पन्त की कविता में सिद्धान्त कथन अधिक है, कवित्व कम–

साम्यवाद ने दिया जगत् को
सामूहिक जनतंत्र महान
भय जीवन के दैन्य-दुख से
किया मनुजता का परित्राण।

इसके बाद सोहनलाल द्विवेदी की भैरवी, दिनकर की हुंकार एवं रेणुका, भगवतीचरण वर्मा, नरेन्द्र शर्मा अंचल, शिवमंगल सिंह सुमन, नागार्जुन और त्रिलोचन और रांगेय राघव अपनी कविताओं से इस प्रगतिशील काव्यधारा को आगे बढ़ाते हैं। 1940 तक प्रगतिवादी धारा पूरे उफान पर थी। उसके बाद की कविता नीरस, शुष्क, सिद्धान्तहीन एवं भारत में समय के प्रतिकूल पड़ रही थी।'' प्रगतिवादियों में कई ऐसे कवि हैं जो प्रगति और प्रयोग के बीच झूलते रहते हैं। शमशेर बहादुर सिंह, मुक्तिबोध इसी तरह के कवि हैं जिनकी कविताओं में प्रगति और प्रयोग समान रूप से मिलते हैं।

छायावाद जिस तरह द्विवेदीयुगीन कल्पनाहीनता के विरोध में उठ खड़ा हुआ था उसी तरह 'प्रगतिवाद' छायावाद की अतिकल्पनाशीलता के विरोध में उपजा। सिर्फ कल्पनाशीलता ही नहीं, छायावाद की रहस्यात्मकता के विरोध में भी प्रगतिवाद का स्वर मुखरित था। छायावादोत्तर काल में प्रगतिवाद और प्रयोगवाद दोनों लगभग साथ-साथ अपना आकार ग्रहण करते हैं। इसके अतिरिक्त कुछ अन्य काव्य प्रवृत्तियाँ थीं जो इन दोनों से इतर अपना योगदान दे रही थीं। यहाँ इस बात पर ध्यान देना चाहिए कि हिन्दी में प्रगतिवाद किंचित कम समय तक गतिमान रहा किन्तु प्रगतिशील कविता निरन्तर होती रही। इसलिए हिन्दी में ''उल्लेख प्रगतिवादी युग का नहीं प्रगतिशील प्रवृत्ति का होना चाहिए।''[67] इस प्रवृत्ति ने एक आन्दोलन का स्वरूप बेशक 1930 के बाद ग्रहण किया हो, इसकी झलक भारतेन्दु युग से स्पष्ट होने लगी थी। छायावादोत्तर कविता की विशेषताओं को निम्न बिन्दुओं में देखा जा सकता है–

1. काव्य की भाषा को बोलचाल की भाषा के निकट लाने का प्रयास।

2. ऐसी अनुभूतियों पर सबसे अधिक जोर जो सच्ची हैं, जो केवल कवि तक ही सीमित न रहकर पाठकों के मन को भी आन्दोलित कर सकती हैं।

3. इस युग की सच्ची विशेषता काव्य में प्रसाद गुण की वृद्धि है।[68]

प्रगतिवाद और प्रयोगवाद दोनों ही छायावादोत्तर कविता की उपर्युक्त विशेषताओं

से सीखते हैं। प्रगतिवादी कवियों ने छायावादी काव्य के सीमित हो चले काव्य संसार को विराट किया। उसने कविता में जनसामान्य को प्रवेश दिलाने का सफल प्रयास किया। वहीं प्रयोगवादियों ने जनसामान्य की मनोवृत्तियों, मनोभावों को गहराई से चित्रित करके उसे एक अलग रूप प्रदान किया। प्रयोगवादी कवियों ने प्रगतिवाद द्वारा शुरू किए गए कविता में जनसामान्य के प्रवेश को तो अपनाया पर उनकी समस्याओं को अतिरंजित भी किया। प्रयोगवाद की कविता इसीलिए शनैः-शनैः फिर एक रूढ़ि में बदल गई। जिस तरह प्रगतिवादी कविता ने छायावादी कल्पनाशीलता के स्थान पर यथार्थ को स्थापित किया उसी तरह प्रयोगवाद ने भावुकता के स्थान पर बौद्धिकता को प्रतिष्ठित किया। प्रयोगवाद का उदय ही छायावादी कल्पनाशीलता के विपरीत यथार्थवाद के आग्रह के कारण हुआ। "छायावादी कवि ने जहाँ चाँदनी का बड़ा भव्य चित्र उपस्थित किया वहीं प्रयोगवादी कवि ने 'शिशिर की राका निशा' में"[69] चाँदनी को ही वंचना घोषित कर दिया। प्रयोगवाद की वह बौद्धिकता आरोपित नहीं है। इस बौद्धिकता के परिणामस्वरूप प्रयोगवादी कवि के प्रतीकों और उपमानों में भी छायावादी किशोर भावुकता का बहिष्कार दिखाई पड़ता है।

प्रयोगवादी कवियों का प्रगतिवाद से उस तरह विरोध नहीं रहा जिस तरह छायावाद से। इसी कारण प्रयोगवादियों ने अपनी स्थापना और रचना दोनों में छायावाद को बार-बार चुनौती दी। वहीं प्रगतिवाद के साथ कुछ काव्य यात्रा सम्भव हुई। प्रगतिवादी कवि अपने यथार्थवाद की अन्तर्मुखी प्रवृत्ति के कारण कविता के शब्द चयन, वाक्य रचना तथा प्रतीक योजना को भी प्रकाशित पाता था। इस मामले में उसकी बौद्धिकता उसका साथ देती है।

प्रयोगवाद, नई कविता और प्रपद्यवाद

प्रयोगवाद और नई कविता के बीच का सम्बन्ध बहुत उलझा हुआ है। कभी-कभी दोनों के सिद्धान्तकारों के आपसी विभेद-स्थापना के अतिरिक्त अन्य भेद खोज पाना मुश्किल हो जाता है। कुछ लोग अपनी सुविधा के लिए 'नई कविता' को प्रयोगवादी कविता कहना अधिक पसन्द करते हैं। डॉ. देवराज मानते हैं कि "हम जान-बूझकर अतिव्याप्ति को बचाने के लिए 'नई' के बदले 'प्रयोगवादी' का विशेषण प्रयोग कर रहे हैं।"[70] अतिव्याप्ति की सहजता के लिए नई कविता के बदले डॉ. देवराज का 'प्रयोगवादी' प्रयोग ऐसे ही नहीं, इन दोनों की आन्तरिक समानता के कारण है। वहीं डॉ. नामवर सिंह प्रपद्यवाद को प्रयोगवाद का एक दूसरा पहलू मानते हैं। नामवर सिंह कहते हैं, "प्रयोगवाद का एक इसका पहलू बिहार के नलिन विलोचन, केसरी और नरेश के 'नकेनवादी' प्रपद्यों द्वारा आया जो अपनी समझ से अज्ञेय का और प्रयोगवाद

का विरोध करते हुए भी वस्तुतः इसी की एक शाखा है।[71] क्या नामवर सिंह और डॉ. देवराज के उपर्युक्त कथन को 'नई कविता' और 'प्रपद्यवाद' के सिद्धान्तों तथा उनके अवदानों के मूल्यांकन पर लागू किया जा सकता है। क्या नई कविता के बदले 'प्रयोगवाद' का प्रयोग सिर्फ सुविधा के लिए है या किसी सुनियोजित संकल्पना के तहत। क्या प्रपद्यवाद को प्रयोगवाद का दूसरा पहलू मानना 'प्रपद्यवादियों' के चिन्तन तथा काव्य अवदान को सीमित करने का एक प्रयास नहीं।

प्रो. रामस्वरूप चतुर्वेदी नई कविता को आधुनिकता का तीसरा दौर और स्वाधीन भारत की पहली रचनात्मकता मानते हैं। उनका कहना है–"नई कविता आधुनिकता का तीसरा दौर है जो स्मरण रहे स्वाधीन भारत की पहली रचनात्मकता है।"[71क] यहाँ ध्यातव्य है कि आधुनिकता का दूसरा दौर अज्ञेय के साथ आया हुआ मानते हैं। तार सप्तक की कविताओं का असर बाद की कविता पर होना ही था। नई कविता भी उसके प्रभाव से बच नहीं सकती थी क्योंकि डॉ. सत्यप्रकाश मिश्र के अनुसार, "तार सप्तक के कवियों ने ही अपने भीतर अनन्त अन्वेषण किए हैं।"[71ख] नई कविता के कवि यह अनुभव कर रहे थे कि दूसरा सप्तक के कवियों द्वारा जहाँ और जिस सीमा तक समस्त काव्य चेतना पहुँच चुकी थी, नई कविता उससे आगे की ओर बढ़ चुकी थी।" नई कविता मूलतः 1953 ई. में 'नए पत्ते' के प्रकाशन के साथ विकसित हुई और जगदीश गुप्त तथा रामस्वरूप चतुर्वेदी के सम्पादन में प्रकाशित होने वाले संकलन नई कविता (1954 ई.) में सर्वप्रथम अपने समस्त सम्भावित प्रतिमानों के साथ प्रकाश में आई।"[72] इस काल की कविता का नामकरण 'नई कविता' कई कारणों से पड़ा। नई कविता के कवि मानते थे कि उनकी काव्य चेतना 'दूसरा सप्तक' के कवियों की काव्य चेतना से काफी पृथक् है। 1954 में प्रयोग की 'साहित्य सहयोग' नामक सहकारी संस्था ने 'नई कविता' का प्रकाशन किया। नए पत्ते के आरम्भिक कुछ अंकों तथा 'आलोचना' में नई कविता की मूल स्थापना करते हुए यह चेष्टा की गई कि "इस नई काव्यधारा को उस वैयक्तिक यथार्थ और सामाजिक यथार्थ के साथ उन प्रतिमानों को लेकर विकसित किया जाय जो आज के काव्यबोध को वहन करते हुए सर्वथा नई दृष्टि के साथ अवतरित हो रहे हैं। नई कविता का मूल स्रोत आज के युग सत्य और युग यथार्थ में निहित है।"[73] लक्ष्मीकान्त वर्मा नई कविता की मूल स्थापना में चार प्रमुख तत्वों का गिनाते हैं। "सर्वप्रथम यह कि नई कविता का विश्वास आधुनिकता में है। दूसरे नई कविता जिस आधुनिकता को स्वीकार करती है, उसमें वर्जनाओं और कुंठाओं की अपेक्षा मुक्त यथार्थ का समर्थन है। तीसरे इस मुक्त यथार्थ का साक्षात्कार वह विवेक के आधार पर अधिक न्यायोचित मानती है। और चौथा यह कि इन तीनों के साथ-साथ वह क्षण के दायित्व और नितान्त समसामयिकता के दात्यिव को स्वीकार करती है।[74] लक्ष्मीकान्त वर्मा अपनी स्थापना की सफाई भी प्रस्तुत करते हैं–"आधुनिकता

का अर्थ विकृतियों से न होकर इस वैज्ञानिक दृष्टिकोण के समर्थन में है जो विवेचना और विवेक के बल पर हमें प्रत्येक वस्तु के प्रति एक मानवी दृष्टि, यथार्थ की दृष्टि देती है।"[75] नई कविता के उपर्युक्त चारों प्रमुख तत्वों में क्या उसका अपना है, कितनी उसमें पिछले कविता आन्दोलनों से भिन्नता है इसको देखा जा सकता है। आधुनिकता में विश्वास, प्रयोगवाद के बौद्धिकता के बदले ही आया है। भले ही सिद्धान्त रूप में उसमें वर्जनाओं और कुंठाओं की अपेक्षा मुक्त यथार्थ का समर्थन हो पर इसकी रचनाओं में प्रयोगवाद वाली सभी वर्जनाएँ, कुंठाएँ यथावत् बनी रहीं। उसकी स्थापना में उद्धृत सभी विशेषताएँ गिनाने भर की हैं, वह दरअसल प्रयोगवाद का ही विस्तार है। हिन्दी कविता में आधुनिकता का आरम्भ तार सप्तक से हो चला था। बाद में प्रयोगवाद या नई कविता के द्वारा सिर्फ उसका पल्लवन ही हुआ। यही नहीं नई कविता की मुख्य पाँच प्रवृत्तियाँ भी शाब्दिक रूप से भले ही भिन्नता रखती हों उनमें पूर्ववर्ती प्रयोगवाद से तात्विक भेद बहुत कम है। नई कविता का यथार्थवादी अहंवाद, व्यक्ति अभिव्यक्ति की स्वच्छंदता, आधुनिक यथार्थ से द्रवित व्यंग्यात्मक दृष्टि, रस और रोमांच के साथ आधुनिकता और समसामयिकता का निर्वाह, चित्रमयता और अनुशासित शिल्प की बातें बहुत मौलिक देन नहीं हैं। यहीं कह देना आवश्यक होगा कि नई कविता में लगभग वही लोग नेतृत्व कर रहे थे जो कहीं-न-कहीं अज्ञेय की प्रयोगवादी धारा या तार सप्तक से बिछुड़े हुए थे। इनमें लक्ष्मीकान्त वर्मा, जगदीश गुप्त प्रमुख भूमिका का निर्वाह कर रहे थे। डॉ. जगदीश गुप्त ने नई कविता : नई अभिरुचि के जिस प्रश्न को खड़ा किया था वह भी कविता में एक तरह से नई राहों का अन्वेष ही था। वे लिखते हैं कि "नई कविता उन प्रबुद्ध विवेकशील आस्वादकों को लक्षित करके लिखी जा रही है जिनकी मानसिक अवस्था और बौद्धिक चेतना नए कवि के समान है, अर्थात् जो उसके समानधर्मा है।"[76]

यहाँ कवि की 'मानसिक अवस्था' और बौद्धिक चेतना का लक्ष्य 'प्रबुद्ध विवेकशील आस्वादक' थे, जिनकी अभिरुचि मुक्तिबोध के शब्दों में छायावादी ही थी। उन बौद्धिकों के लिए अभी भी पीड़ा का अर्थ रोमैंटिक या आध्यात्मिक ही था। या तो नई कविता के सिद्धान्तकारों का जनता से कोई सीधा लेन-देन नहीं था जिससे जनता की बौद्धिकता व अभिरुचि का पता चल सकता या नई कविता के लोगों के सिद्धान्त भी किताबी थे। प्रयोगवादी कवियों की समस्या की तरह ही नई कविता का समाज भी उनके लिए दुरूह बना रहा। फलितार्थ यह रहा कि "कविता का वैचारिक गद्य का जामा (पुनः) पहनाया जाने लगा, समाज से सामंजस्य के अभाव के फलस्वरूप तथा उसके विरुद्ध उसमें प्रखर बौद्धिक व्यक्तिवाद का विकास हुआ।"[77]

यहाँ लक्ष्मीकान्त वर्मा के प्रगतिवाद विरोधी नई कविता की मानसिकता को भी लक्षित किया जा सकता है। वे लिखते हैं–"तथाकथित प्रगतिवाद समूह की संकीर्णता

के साथ सम्बद्ध है जिसमें न तो व्यक्ति का महत्त्व है न व्यापकता का। इसके विपरीत आज की नई कविता का नया प्रयोग व्यापक मानवता के प्रत्येक व्यक्ति की आत्मा में विश्वास रखता है–उसकी संवेदना की कोई सीमित परिधि नहीं।"[78] यहाँ व्यापक मानवता का स्वरूप नितान्त अमूर्त एवं असूझ बनकर आता है और प्रगतिवाद से इस पूर्वाग्रहग्रस्त विद्रोह ने नई कविता रूढ़ियों को मनोवैज्ञानिक रूप से पीछे धकेल दिया था। "उनके विद्रोह की जड़ में विवेक नहीं एक अस्वीकृतिमूलक भावुकता है। इस भावुकता से प्रेरित अन्तर्दृष्टि को पराजय, विवशता, अपमान, अभिशाप बहुत अतिरंजित रूप में दिखाई देते हैं, वे महत्त्वपूर्ण उपलब्धियाँ दुर्लभ जीवन-मूल्य बन जाते हैं, मन एक ओर अपनी क्षुद्रता व हीनता के भाव से पीड़ित होता है दूसरी ओर अपने अनुपम विवेक का ऐसा प्रभामंडल रचाता है, कि उसमें बड़े से बड़े राजनीतिज्ञ और साहित्यकार भोर के तारों की तरह बुझे हुए से लगते हैं।"[79] नई कवितावादियों के प्रति अज्ञेय के दृष्टिकोण को भी समझना यहाँ जरूरी है। यहाँ हम अज्ञेय की 'नए कवि के प्रति'[80] कविता को उनकी नई कविता के प्रति व्यक्त धारणा के रूप में देख सकते हैं। कविता की पंक्तियाँ इस प्रकार हैं–

आ, तू आ
हाँ, आ,
मेरे पैरों की छाप-छाप पर रखता पैर,
मिटाता उसे,
मुझे मुँह भर-भर गाली देता
आ, तू, आ!
...
...
पर आ तू,
सभी कहीं, सब चिह्न रौंदना
अपने से आगे जाने वाले के
आ, तू आ,
रखता पैरों पर पैर
गालियाँ देता
ठोकर मार मिटाता अनगढ़
(और अवांछित रखे गए!) इन
मर्यादा-चिह्नों को
आ, तू आ!
आ तू,

दर्पस्फीत जयी!
मेरी तो
तुझे पीठ ही दीखेगी क्या करूँ कि मैं आगे हूँ
और देखना भी आगे की ओर!
पाँवड़े
मैंने नहीं बिछाए वे तो तभी, वहीं
बिछ सकते हैं, प्रशस्त हो मार्ग जहाँ पर!
आता जा तू,
कहता जा जो जी आवे;
मैं चला नहीं था पथ पर,
पर मैं चला इसी से
तुझको बीहड़ में भी ये पदचिह्न मिले हैं
काँटों पर ये एकोन्मुख संकेत लहू के,
बालू की यह लिखत, मिटाने में ही
जिसको फिर से तू लिख देगा!
आ तू, आ,
हाँ, आ,
मेरे पैरों की छाप-छाप पर रखता पैर,
जमी, युगनेता, पथ-प्रवर्तक,
आ, तू आ
ओ गतनानुगामी!

अज्ञेय की इस कविता से नए कवियों में जैसी प्रतिक्रिया होनी थी हुई। राजेन्द्र किशोर ने अपनी कविता 'वक्तव्य' में इसके प्रत्युत्तर में लिखा–

हमें प्रतीक्षा न थी तुम्हारे आवाहन की
हम आए आवाहन के पूर्व ही
नए भिन्न पथ से, जो तुम्हें अज्ञात था
हमने नहीं रक्खे चरण तुम्हारे पद-चिह्नों पर
हमने तुम्हें गाली नहीं दी,
तुम्हें खंडित नहीं किया!
...
आह! यह हमारा दोष नहीं था
कि सूर्य की तरह अभिमानी होकर भी
तुम असमय अस्त हो गए!

हमें आहूत करने वाले पितर!
(कैसी विडम्बना है सम्बोधन की!)
सुनो, हम दुखित हैं।[81]
...

जगदीश गुप्त ने इस कविता की प्रतिक्रिया में लिखा कि "इस कविता में नए कवि के मात्र स्वाभिमान पर सदा-सदा के लिए सगर्व चोट की गई है?"[82] अज्ञेय ने "कविता में, एक स्थल पर कहा है कि तू जो भी कह आक्रोश नहीं मुझको, परन्तु पथ प्रवर्तक के साथ गतानुगामी, युगनेता के साथ गाली देता, जयी के साथ दर्पस्फीत को मिला के देखने पर यह प्रकट हो जाता है कि कवि केवल व्यंग्य ही नहीं कर रहा वरन् उसके पीछे वह आक्रोश भी निहित है।[83] अज्ञेय के नए कवियों के प्रति इस आक्रोश को उनके दिग्विजयी काव्य नेतृत्व से उपजे अहं से जोड़कर देखा जा सकता है, अज्ञेय का यह दृष्टिकोण तार सप्तक के 'राहों के अन्वेष' से पाई गई उपलब्धि ही है। उनके इस 'एप्रोच' को उन्हीं निराला की जिन्हें सन् 37 में अज्ञेय ने "ऐज ए लिटरेरी फोर्स ऐट ऐनी रेट निराला इज आलरेडी डेड"[84] घोषित किया था, कविता 'हिन्दी के सुमनों के प्रतिपत्र' में देखा जा सकता है। किसी भी कवि का अपने बाद के कवि के प्रति कोई भी 'एप्रोच' उसके अर्जित का सूचक होता है। यहाँ पर इस पूरी कविता को उद्धृत करना मैं जरूरी समझता हूँ–

मैं जीर्ण-साज बहु छिद्र आज,
तुम सुदल सुरंग सुबास सुमन
मैं हूँ केवल पदतल आसन,
तुम सहज विराजे महाराज!
ईर्ष्या कुछ नहीं मुझे, यद्यपि
मैं ही वसन्त का अग्रदूत,
ब्राह्मण समाज में ज्यों अछूत
मैं रहा आज यदि पार्श्वच्छवि!
तुम मध्यभाग के, महाभाग!
तरु के उर के गौरव प्रशस्त
मैं पढ़ा जा चुका पत्र, न्यस्त
तुम अलि के नव रस-रंगराग।
देखो, पर, क्या पाते तुम 'फल'
देगा जो भिन्न स्वाद रस भर,
कर पार तुम्हारा भी अन्तर
निकलेगा जो तरु का सम्बल।

फल सर्वश्रेष्ठ नायाब चीज
या तुम बाँधकर रंगा धागा,
फल के भी उर का, कटु, त्यागा,
मेरा आलोचक एक बीज![85]

'हिन्दी के सुमनों के प्रति' अज्ञेय और निराला के इस 'एप्रोच' को छायावादी उदात्तता और प्रयोगवादी अनुदात्तता कहना ठीक नहीं होगा। बल्कि दोनों युगों के श्लाका पुरुषों के 'लोकतांत्रिक संस्कार' के रूप में देखना उचित होगा। 'नई कविता' और 'प्रयोगवाद' के बीच में यही 'आ, तू आ' का भाव था, इसे अज्ञेय भी समझते थे और नई कविता के कवि भी।

'प्रयोगवाद' और 'प्रपद्यवाद' के बीच में जैसे भी सम्बन्ध थे उन्हें देखने के लिए हमें प्रपद्यवाद के 'प्रयोग द्वादश सूत्री' को देखना पड़ेगा। यहाँ ध्यान देना होगा कि प्रपद्यवाद में कवियों की संख्या प्रयोगवाद और नई कविता की तरह अनगिनत नहीं थी, इसमें कुल तीन ही कवि थे—नलिन विलोचन शर्मा, केसरी कुमार और नरेश। इनके नामों के प्रथमाच्छरों को लेकर 'नकेन' की संज्ञा दी गई थी और इनके बाद को 'प्रपद्यवाद' या 'नकेनवाद' माना गया। प्रो. केसरी कुमार ने तो नकेनवादियों को ही 'प्रयोगवाद' का आरम्भकर्ता माना है। इन्होंने अपने सिद्धान्त 'पस्पशा' में अपने काव्य सम्बन्धी अवधारणाओं को विधिवत् रखा। इन लोगों की मान्यता थी कि 'प्रयोगशील अथवा प्रयोगप्रधान अथवा प्रयोगात्मक काव्य जिसके शील का निरूपण अज्ञेय ने किया था वह 'प्रयोगवाद' नहीं था। प्रपद्यवाद की दार्शनिक पृष्ठभूमि को रखते हुए प्रो. केसरी कुमार ने कहा कि तार सप्तक के कवियों का 'प्रयोग' व्यक्ति सत्य को व्यापक सत्य बनाने तथा भाषा में अधिक सारगर्भित अर्थ भरकर अपनी संवेदनाओं को पाठक तक पहुँचाने के लिए है। उन्होंने सिद्धान्त में कविता को 'प्रयोग' का विषय भी माना और साधारणीकरण की समस्या को काव्य की मौलिक समस्या तथा कविता की भाषा की गूढ़ता को अपनी बेबसी भी कहा।"[86] प्रपद्यवादियों के अनुसार 'तार सप्तक' के कवियों का 'प्रयोग' अपने आप में इष्ट व साध्य नहीं है। वह साधन है।"[87] प्रो. केसरी कुमार ने कहा कि "अगर हिन्दी के सुधी समीक्षक अज्ञेय जी की उपर्युक्त व्याख्या को प्रयोगवाद की व्याख्या न मान लेते तो प्रयोग दस सूत्री के प्रकाश की आवश्यकता न होती।"[88]

बाद में प्रपद्यवाद के इस दस सूत्र में दो सूत्र और जोड़े गए। इन दो सूत्रों को मिलाकर प्रयोग द्वादश सूत्री निम्नवत् है–

1. प्रयोगवाद भाव और व्यंजना का स्थापत्य है।

2. प्रयोगवाद सर्वतंत्र-स्वतंत्र है, उसके लिए शास्त्र या दल-निर्धारित नियम अनुपयुक्त है।

3. प्रयोगवाद महान पूर्ववर्तियों की परिपाटियों को भी निष्प्राण मानता है।

4. प्रयोगवाद दूसरों के अनुकरण की तरह अपना अनुकरण भी वर्जित समझता है।

5. प्रयोगवाद को मुक्त काव्य की नहीं, स्वच्छन्द काव्य की स्थिति अभीष्ट है।

6. प्रयोगशील प्रयोग को साधन मानता है, प्रयोगवादी साध्य।

7. प्रयोगवाद के लिए जीवन और कोष कच्चे माल की खान है।

8. प्रयोगवादी प्रयुक्त प्रत्येक शब्द और छन्द का स्वयं निर्माता है।

9. प्रयोगवाद दृष्टिकोण का अनुसन्धान है।

10. प्रपद्यवाद मानता है कि पद्य में उत्कृष्ट केन्द्रण होता है और यही गद्य और पद्य में अन्तर है।

11. प्रपद्यवाद मानता है कि चीजों का एकमात्र सही नाम होता है।''[89]

प्रपद्यवाद के इन बारह सूत्रों को हम प्रयोगवाद के सिद्धान्तों से मिलाकर इनके साम्य-वैषम्य को देख सकते हैं, जहाँ प्रयोगवादियों के लिए प्रयोग एक साधन था वहाँ प्रपद्यवादियों के लिए प्रयोग साध्य था। अपनी काव्य भाषा के सम्बन्ध में प्रपद्यवादी मानते थे कि ''काव्य की परम्परागत भाषा में थकान आ गई है और कविता के असंख्य शब्द आज सहज अनिश्चित भावना मात्र रह गए हैं। मूल से उनका सम्बन्ध विच्छिन्न हो गया है। वस्तुतः आसंग (Association) और संगति (Communication) से ही शब्द अर्थ ग्रहण करते हैं, किन्तु आसंग के बदल जाने से उनके अर्थों में संकोच अथवा विस्तार हो जाता है। अतः प्रयोगवादी कवि आज अनेक घिसे-पिटे शब्दों का नवसंस्कार कर रहा है। भाषा की थकान को दूर करने के लिए, उसमें नई ताजगी भरने के लिए तथा उसे नए आवेगों एवं आसंगों से बनाने के लिए वह शब्दों की नई व्यवस्था, स्वर-विधान (codences) एवं नई शब्द-संगति का निर्माण कर रहा है, विशेषणों का स्थानान्तरण तथा शब्द लोपी वाक्य-विन्यास (Elliptic Construction) प्रस्तुत कर रहा है।''[90] यहाँ काव्यभाषा में किए गए इन परिवर्तनों के कारण प्रपद्यवादियों की कविताओं के आरम्भ में आई सहजता और बोधगम्यता भी नहीं रही। प्रपद्यवाद के इन द्वादश सूत्रों में से कुछ ही तर्कसंगत हैं। प्रपद्यवादी वहाँ पर प्रयोगवादियों से थोड़ा भिन्न हुए हैं जहाँ वे मानते हैं कि प्रपद्यवाद 'प्रयोग' का दर्शन है।[91] प्रो. केसरी कुमार के अनुसार 'प्रयोग' के वाद से तात्पर्य यह है कि भाव और भाषा, विचार और अभिव्यक्ति, आवेश और आत्म प्रेषण, तत्व और रूप, एक या किसी में या सभी में प्रयोग को अनपेक्षित मानता है।''[92] प्रपद्यवादी मानते हैं कि कविता शब्दों से लिखी जाती है, ''इसका वाद इससे निकलता है कि कविता एक ओर भावों, विचारों अथवा दर्शनों से नहीं लिखी जाती, दूसरी ओर छन्दों, पिंगल, अलंकार आदि से भी नहीं लिखी जाती।''[93] प्रपद्यवाद एकृत (Escmplastic) गुण

काव्य को काव्य का गुण मानता है, चूँकि यह कभी उपलब्ध होता है ऐसा नहीं माना जा सकता।" इसलिए प्रपद्यवाद प्रयोग की आवश्यकता को चिरंतन मानता है। प्रपद्यवाद तरह-तरह से वस्तु संश्लेष को देखता है, और उसे नई संगतियों में देख सकने के कारण ही प्रपद्यवादी कवि अपने आधार के लिए नैतिक स्वीकृति पाता है। "प्रपद्यवादी अनुभूति को शब्द से अलग नहीं मानते, वह प्रत्येक अनुभव को एक संश्लेषण के रूप में देखते हैं।" प्रपद्यवादियों ने कविता में कुछ नए शब्द भी गढ़े। एक तरह से यही नए शब्द प्रपद्यवाद की कुल उपलब्धि है। नकेन के नौवें सूत्र में कहा गया है कि प्रपद्यवादी प्रयुक्त प्रत्येक शब्द अथवा छन्द का स्वयं निर्माता है। इसकी पुष्टि नए शब्द निर्माण से होती है। नलिन विलोचन शर्मा की 'धूलप' कविता पर इस दृष्टि से विचार किया जा सकता है–

"मुझे धूलप को
बिना चश्मा लगाए देखना आता है।
और ऐसी लाचारी।"[94]

इन कविता पंक्तियों में 'धूलप' शब्द पर विचार किया जा सकता है। इस धूलप में कई अलग-अलग शब्द अपनी सम्पूर्ण अर्थ गम्भीरता के साथ जुड़े हुए हैं। यदि 'धूलप' में से प निकाल दिया जाय तो धूल बचता है और यदि बीच से 'ल' को निकाल दिया जाय तो धूप बचता है और यदि प्रारम्भ के 'धू' को निकाल दिया जाय तो 'लप' बचता है और बाद के 'लप' को निकाल दिया जाय तो 'धू' बचता है। इस धूलप मात्र में इस तरह चार भिन्नार्थ देने वाले शब्द बनते हैं। जो धूल, धूप, लय (लचीला लय) धू के रूप में सामने आते हैं। कुल मिलाकर ऐसी धूल जिसमें धूप और लचकता हुआ धुआँ, वह भी शाम का सम्मिलित है। यहीं धूलप से गोधूलि का अर्थ भी निकलता दिखता है।

प्रपद्यवाद के सन्दर्भ में नामवर सिंह के कथन कि प्रपद्यवाद का, प्रयोगवाद का एक दूसरा पहलू है, की पुष्टि होती है। यहाँ यह ध्यान देना होगा कि प्रपद्यवादियों ने अपने आन्दोलन का सूत्रपात 1937-38 ई. में कर दिया गया था और वे अपने प्रयोग को साधन नहीं साध्य समझते थे। प्रो. केसरी कुमार के इस कथन पर ध्यान देना होगा कि "हिन्दी कविता में 'प्रयोगवाद' का वास्तविक आरम्भ 1936-38 ई. में लिखी गई नलिन विलोचन शर्मा की कविताओं से होता है।"[95] यहाँ ध्यातव्य है कि 'प्रयोगवाद' सम्बन्धी सारी बहस नलिन विलोचन शर्मा की कविताओं के लगभग पन्द्रह वर्ष बाद शुरू हुआ। नकेनवाद या प्रपद्यवाद, प्रयोगवादी काव्यधारा की ऐतिहासिक पीठिका को समझने में मदद देता है। नई कविता की पूर्वपीठिका के रूप में भी इसका अपना महत्त्व है। नकेन से अलग इस धारा के कवियों में शिव चन्द शर्मा, नर्मदेश्वर प्रसाद, रामनरेश पाठक, राजेन्द्र प्रसाद सिंह आदि के नाम उल्लेखनीय

हैं। विविध वादों के सन्दर्भ में 'प्रयोगवाद' के उपर्युक्त अध्ययनों से हम इस निष्कर्ष पर पहुँचते हैं कि 'प्रयोगवाद' ने अपने सारे मोहभंग के बाद भी छायावाद से एक प्रगाढ़ सम्बन्ध बनाए रखा। प्रयोगवादियों ने छायावादी कवियों की कल्पनाशीलता से बचते हुए, उनकी शब्द योजना में नए परिवर्तन किए। प्रगतिवाद से प्रयोगवाद ने उनकी नीरस पदावली से बचने की शिक्षा ली तथा कविता को किसी भी साहित्येतर दबाव से मुक्त रखने की कोशिश की। यह कोशिश इसलिए भी जरूरी थी कि साहित्येतर दबाव के चलते कविता, कविता न होकर एक गैर ईमानदार 'पद्यवस्तु' बन जाती है। प्रयोगवाद और नई कविता तथा प्रपद्यवाद लगभग एक ही धारा के काव्यान्दोलन सिद्ध होते हैं जहाँ कविता के केन्द्र में अन्ततः प्रयोग की महत्ता सिद्ध होती है। जहाँ प्रयोगवादियों के लिए प्रयोग साधन है, वहीं प्रपद्यवादियों के लिए वह साध्य है जबकि नई कविता कवि-कर्म को आत्मोपलब्धि एवं भावनात्मक आत्म विस्तार का साधन तथा प्रयोगों को प्रगति का चिह्न मानता है।"[96]

सन्दर्भ

1. अज्ञेय, तार सप्तक की भूमिका, छठा संस्करण, पृ. 10
2. मुक्तिबोध, तार सप्तक का वक्तव्य, छठा संस्करण, पृ. 23
3. नेमिचन्द्र जैन, तार सप्तक का वक्तव्य, छठा संस्करण, पृ. 57
4. अज्ञेय, तार सप्तक की भूमिका, छठा संस्करण, पृ. 22
5. शमशेर, प्रतिनिधि कविताएँ, राजकमल प्रकाशन, नई दिल्ली, संस्करण 1994
6. मुक्तिबोध, तार सप्तक, छठा संस्करण, पृ. 21-22
7. उपरोक्त।
8. नेमिचन्द्र जैन, ..., छठा संस्करण, पृ. 57
9. उपरोक्त।
10. कवि गाता है, नेमिचन्द्र जैन, छठा संस्करण, पृ. 58
11. मृत्यु और कवि, मुक्तिबोध, छठा संस्करण, पृ. 32
12. नेमिचन्द्र जैन, पुनश्च, छठा संस्करण, पृ. 76
13. नेमिचन्द्र जैन, पुनश्च, छठा संस्करण, पृ. 76
14. अज्ञेय, तार सप्तक, भूमिका, छठा संस्करण, पृ. 11
15. उपरोक्त।
16. उपरोक्त।
17. भारतभूषण अग्रवाल, अपने कवि से, पृ. 86
18. अज्ञेय, तार सप्तक, छठा संस्करण, पृ. 222
19. उपरोक्त।
20. तार सप्तक, प्रथम संस्करण की भूमिका, छठे संस्करण से उद्धृत, पृ. 9
21. मुक्तिबोध, तार सप्तक, छठा संस्करण, पृ. 23
22. शिवदान सिंह चौहान, आलोचना के मान, पृ. 84

23. रामविलास शर्मा, नई कविता और अस्तित्ववाद, संस्करण 93, पृ. 30
24. उपरोक्त, पृ. 31
25. शमशेर बहादुर सिंह, दोआब, पृ. 74
26. रामविलास शर्मा, नई कविता और अस्तित्ववाद, पृ. 32
27. डॉ. देवराज, आधुनिक समीक्षा, संस्करण 1954, पृ. 91
28. उपरोक्त।
29. उपरोक्त, पृ. 62
30. नामवर सिंह, आधुनिक साहित्य की प्रवृत्तियाँ, पृ. 110
31. उपरोक्त, पृ. 110
32. अज्ञेय, दूसरा सप्तक, संस्करण 96, पृ. 6
33. उपरोक्त।
34. उपरोक्त।
35. नन्ददुलारे वाजपेयी, आधुनिक साहित्य।
36. केसरी कुमार, अवन्तिका, जनवरी '54, पृ. 251
37. गिरिजा कुमार माथुर, आलोचना, जनवरी '52
38. बालकृष्ण राव, नई कविता, अंक-5
39. रामबचन राय, नई कविता : उद्भव और विकास, बिहार हिन्दी ग्रन्थ अकादमी, पटना, पृ. 116
40. नामवर सिंह, कविता के नए प्रतिमान, राजकमल प्रकाशन, नई दिल्ली, पृ. 87
41. गिरिजा कुमार माथुर, अवन्तिका, जनवरी '54, पृ. 244
42. उपरोक्त।
43. नेमिचन्द्र जैन, बदलते परिप्रेक्ष्य, पृ. 166
44. उपरोक्त।
45. उपरोक्त।
46. उपरोक्त।
47. उपरोक्त, पृ. 167
48. गिरिजा कुमार माथुर, तार सप्तक, छठा संस्करण, पृ. 165
49. उपरोक्त, पृ. 163-64
50. उपरोक्त, पृ. 165
51. अवन्तिका, जनवरी '54, पृ. 188
52. नन्ददुलारे वाजपेयी, आधुनिक साहित्य, पृ. 77
53. उपरोक्त, पृ. 69-70
54. मुक्तिबोध रचनावली, भाग-5, संस्करण 1998, पृ. 287
55. नामवर सिंह, आधुनिक साहित्य की प्रवृत्तियाँ, पृ. 130
56. कृष्ण लाल, तार सप्तक के कवि काव्य शिल्प के मान, पृ. 197
57. दिनकर, काव्य की भूमिका, पृ. 59-62
58. प्रभाकर माचवे, तार सप्तक, छठा संस्करण, पृ. 112
59. नेमिचन्द्र जैन, बदलते परिप्रेक्ष्य, प्रथम संस्करण, पृ. 107
60. रामविलास शर्मा, तार सप्तक, छठा संस्करण, पृ. 186
61. गिरिजा कुमार माथुर, छठा संस्करण, पृ. 145

62. रामस्वरूप चतुर्वेदी, नवलेखन, प्रथम संस्करण, पृ. 15
63. दिनकर, काव्य की भूमिका, प्रथम, संस्करण, पृ. 59
64. रामविलास शर्मा, 'कवि' तार सप्तक, कविता, छठा संस्करण, पृ. 161
65. ब्रज किशोर चतुर्वेदी, अवन्तिका, जनवरी 1954, पृ. 220-21
66. पूर्वोक्त।
67. दिनकर, काव्य की भूमिका, प्रथम संस्करण, पृ. 47
68. उपरोक्त।
69. नामवर सिंह, आधुनिक साहित्य की प्रवृत्तियाँ, पृ. 126
70. डॉ. देवराज, नई कविता, खंड एक सैद्धान्तिक, लोकभारती, 2000, पृ. 137
71. नामवर सिंह, आधुनिक साहित्य की प्रवृत्तियाँ, लोकभारती सं. 1990, पृ. 110
71क. रामस्वरूप चतुर्वेदी, तार सप्तक से गद्य कविता, पृ. 11
71ख. डॉ. सत्यप्रकाश मिश्र, अज्ञेय और तार सप्तक, पृ. 132
72. लक्ष्मीकान्त वर्मा, हिन्दी साहित्य कोश, ज्ञानमंडल, संस्करण 2000, पृ. 311
73. उपरोक्त।
74. उपरोक्त।
75. उपरोक्त।
76. जगदीश गुप्त, नई कविता, अंक एक, संस्करण 1954, पृ. 6
77. मुक्तिबोध रचनावली, भाग-5, पृ. 287
78. लक्ष्मीकान्त वर्मा, नई कविता और अस्तित्ववाद, से उद्धृत, पृ. 34
79. रामविलास शर्मा, नई कविता और अस्तित्ववाद, राजकमल प्रकाशन, पृ. 54
80. अज्ञेय, नई कविता, खंड 1, संस्करण 2000, पृ. 49-50
81. राजेन्द्र किशोर, नई कविता, खंड 1, संस्करण 2000, पृ. 51
82. रामविलास शर्मा, नई कविता और अस्तित्ववाद, संस्करण 1993, पृ. 36
83. जगदीश गुप्त, नई कविता, खंड 1, संस्करण 2000, पृ. 50
84. रामविलास शर्मा, नई कविता और अस्तित्ववाद।
85. निराला, राग विराग, संस्करण 1999, पृ. 66-67
86. प्रो. केसरी कुमार, अवन्तिका, जनवरी 1954, पृ. 251
87. उपरोक्त।
88. उपरोक्त, पृ. 252
89. डॉ. रामबचन राय, नई कविता : उद्‌भव और विकास, पृ. 150
90. प्रो. केसरी कुमार, अवन्तिका, जनवरी 1959, पृ. 252
91. उपरोक्त।
92. उपरोक्त।
93. उपरोक्त।
94. नलिन विलोचन शर्मा, नकेन के प्रपद्य, मोतीलाल बनारसीदास पटना, प्रथम संस्करण।
95. प्रो. केसरी कुमार, अवन्तिका, जनवरी 54, पृ. 262
96. जगदीश गुप्त, नई कविता : स्वरूप और समस्याएँ, प्रथम संस्करण, पृ. 160

अध्याय : तीन

तार सप्तक के कवि और उनकी तार सप्तक की कविताओं के विविध पक्ष

हमें साहित्यिक माप-जोख दो दृष्टियों से करनी चाहिए। एक रूप की दृष्टि से, दूसरे, वस्तु-तत्व की दृष्टि से। वस्तु तत्व में इतनी शक्ति होती है कि वह स्वयं अपने रूप को लेकर आता है। अतएव, मुख्यतः हमारे लिए वस्तु-तत्व प्रधान हो जाता है। प्रश्न यह है कि क्या प्रयोगवाद का आज तक का विकास ऐसा है कि जो हमारी जनता के मुख्य लक्ष्यों को अग्रसरित कर सके? अथवा, क्या उससे यह आशा हो सकती है? मेरा अपना मत यह है कि अभी तक प्रयोगवादी कवियों में यह विशाल चेतना नहीं आ पाई है, जिसे हम महत्त्व देते हैं। कुछ कवि तो मात्र मानसिक प्रत्याघातों का चित्रण करके ही चुप रह जाते हैं। अन्यों ने कुछ महत्त्वपूर्ण प्रयोग किए हैं। इनको देखकर यह आशा होती है कि आगे चलकर नए कवि अपने विशाल उत्तरदायित्वों का निर्वाह अधिक सफलतापूर्वक कर सकेंगे।

—मुक्तिबोध, नए साहित्य का सौन्दर्यशास्त्र,
(रचनावली, खंड 5, पृ. 288, दूसरा संस्करण)

विस्तृत अध्ययन और विश्लेषण

1946 में तार सप्तक पर लिखते हुए दिनकर ने यह संकेत दिया है कि "ये (कविता) उन सभी कविताओं से भिन्न हैं जिन्हें देखने-सुनने के हम अब तक आदी रहे हैं। इनका कवि जान-बूझकर काव्य के साधारण नियमों को भी भूल गया है। ...इनकी पृष्ठभूमि में जो कुछ दिखता है वह निर्जन और विषण्ण है। ...शायद आने वाली युग की कविता इनमें अपनी ट्रेनिंग पा रही है?"[1] तार सप्तक एक परिवर्तन की सूचना लेकर आया था। इसे उस युग के एक समर्थ कवि दिनकर ने विशेष तौर पर रेखांकित

किया था। उसी वर्ष तार सप्तक की पहली समीक्षा करते हुए शमशेर बहादुर सिंह तार सप्तक को अत्यन्त नकारात्मक स्वर लिये हुए काव्य संकलन पाते हैं और इससे वे बहुत उत्साहित नहीं दिखते। शमशेर ने उस समीक्षा में लिखा है प्रयोग ही तार सप्तक का नारा है, किन्तु इस दृष्टि से उसकी विशेषता कोई खास नहीं है। शमशेर ने इसके दो कारण बताए, एक तो यह कि तार सप्तक के प्रयोग अन्यत्र कई और कवियों के, इससे काफी पहले के संग्रहों में मिल जाएँगे; दूसरा यह कि ये अपने प्रयोगों में बहुत कम सफल हुए हैं। अज्ञेय ने तार सप्तक की भूमिका में इन कवियों को काव्य के सत्य का अन्वेषक और परम तत्व की खोज में लगा हुआ कहा था। शमशेर संकलित कवियों के सन्दर्भ में इस वक्तव्य को सही नहीं पाते। वे संकलन के अन्य कवियों के वक्तव्यों के आधार पर अज्ञेय की भूमिका 'इतिवृत्ति एवं पुरावृत्ति' की बातों से अपनी असहमति दिखाते हैं। अलग-अलग कवियों पर अलग-अलग टिप्पणी देते हुए कहा कि ''मुक्तिबोध की मान्यताएँ नकारात्मक हो गई हैं।'' अज्ञेय वर्जनाओं के संसार से घिरे हैं। प्रेम की स्मृतियों एवं प्रेम के मधुरतम क्षणों का चित्रण करने वाले गिरिजा कुमार माथुर में भी उदासी है, थकावट है, सूनापन है, खोई हुई परछाइयाँ हैं। प्रभाकर माचवे की ज्ञान की झोली में कुछ है तो 'संशय के दो कण'। नेमिचन्द्र जैन और भारतभूषण अग्रवाल अपने मानसिक संघर्षों से मुक्ति के लिए जनता की शक्तियों के साथ आना चाहते हैं और भावुकता में उस ओर बढ़ते भी हैं मगर अपनी अन्दरूनी उलझनों को सुलझा नहीं सके हैं। नतीजा यह है कि ये दोनों भी 'संशय, शैथिल्य और एकाकीपन' के विषाद से घिर जाते हैं। किन्तु अज्ञेय और रामविलास शर्मा की कविता को नया और अधिक स्वस्थ तथा परुष और मुक्त पाते हैं। कुल मिलाकर तार सप्तक की उपलब्धि शमशेर के लिए कोई खास नहीं।[2] यहाँ यह ध्यान देने योग्य है कि नया साहित्य के सम्पादक मंडल में डॉ. रामविलास शर्मा तथा शमशेर दोनों थे। और यह समीक्षा वहीं छपी थी।

शमशेर की इस धारणा के विपरीत दिनकर ने तार सप्तक में अन्य कई नई बातें देखीं। उनके अनुसार तार सप्तक में 'एक प्रकार की वैयक्तिकता व्यंजित होती है। संग्रह की कविताओं में 'डूबकर' सोचने से दिनकर को ऐसा प्रतीत होता है। 'यह वैयक्तिकता' समाज के प्रति दायित्व ही नहीं प्रत्युत उसका आदर करने वाली है। इस वैयक्तिकता को भी दिनकर समाज सापेक्ष मानते हैं और लिखते हैं ''तार सप्तक के किसी भी कवि ने कोई भी ऐसा विषय नहीं उठया है जिसका सीधा सम्बन्ध समाज से न हो।'' दिनकर ने यह भी महसूस किया कि ''इन कविताओं के भीतर से हिन्दी कविता कोई नया कदम उठा रही है और आने वाले युग की कविता अपनी ट्रेनिंग पा रही है।'' दिनकर तार सप्तक को दोषरहित नहीं पाते पर उपर्युक्त बातें कहकर उन्होंने उसके सकारात्मक पक्ष को पाठकों के समक्ष रखा।

उपर्युक्त दो कवि समीक्षकों की राय देखने के बाद यह आवश्यक हो जाता है कि तार सप्तक पर एक प्रमुख आलोचक की राय देखी जाय। तार सप्तक की आलोचना करते हुए डॉ. नामवर सिंह ने लिखा है कि "एक लम्बी चिन्तन प्रक्रिया की परिणति के रूप में प्रकट होने के बावजूद तार सप्तक के अपने आकर्षण भी थे।"[3] नामवर सिंह के अनुसार "पहला आकर्षण प्रयास की सामूहिकता, दूसरा आकर्षण कवियों द्वारा अपनी आस्था की घोषणा में साहसिकता, तीसरा आकर्षण अपने आपको 'राहों का अन्वेषी' स्वीकार करने की विनयशीलता थी।"[4] डॉ. नामवर सिंह के लिए 'तार सप्तक' की आश्वस्त करने वाली सबसे कड़ी बात अन्वेषण की खोज से काव्य के क्षेत्र में सृजन की सम्भावना थी।[5] डॉ. नामवर सिंह तार सप्तक की सबसे बड़ी विशेषता सर्जनात्मक खुलेपन को मानते हैं। यहाँ यह ध्यान देने की बात है कि डॉ. नामवर सिंह तार सप्तक को एक लम्बी चिन्तन प्रक्रिया की परिणति मानते हैं जो आमूल गलत है। तार सप्तक न तो किसी एक व्यक्ति का संग्रह है और न ही विचार के स्तर पर यह संग्रह किसी खास तरह के चिन्तन का परिणाम है। यह एक सहयोगी प्रयास था और प्रकाशन के लिए जहाँ तक सम्भव हुआ सबने एक-दूसरे की मदद की।

तार सप्तक सम्बन्धी कुछ आलोचना तथा समीक्षा देखने के बाद ऐसा प्रतीत होता है कि इसका सम्यक् मूल्यांकन नहीं हो पाया। तार सप्तक में कवि हैं। उनमें वक्तव्य हैं और सम्पादक की भूमिका। संकलन के सम्पादक के रूप में अज्ञेय ने कवियों के वक्तव्यों से इतर उसकी एक भूमिका भी लिखी है। तार सप्तक का सही मूल्यांकन इन कवियों के वक्तव्य और उनकी कविताओं के आधार पर किया जाना चाहिए और सम्पादक के विचारों को भी मूल्यांकन के लिए कसौटी बनाया जाना चाहिए। तार सप्तक की भूमिका में अज्ञेय ने संकलित कवियों के सम्बन्ध में जो टिप्पणी की है वह सभी कवियों पर लागू होती है। इन कवियों के विचार अलग-अलग हैं फिर भी यह 'टिप्पणी' उन्हें एक सूत्र में पिरोती है। अज्ञेय लिखते हैं, ये सभी कवि "कविता को प्रयोग का विषय तथा काव्य सत्य का अन्वेष करने वाले कवि हैं। ये कवि किसी 'मंजिल पर' नहीं पहुँचे हैं, मंजिल तक पहुँचने के लिए राहों के अन्वेषी हैं।" जैसे हर धर्म दावा करता है कि ईश्वर तक पहुँचने के लिए उसका रास्ता ही सही है वैसे ही ये कवि मंजिल को पाने के लिए अलग-अलग रास्ते तलाश रहे हैं और इस अर्थ में उनमें भिन्नता है। और उनमें मतैक्य नहीं है। अज्ञेय कहते हैं कि सभी महत्त्वपूर्ण विषयों पर ये कवि अपनी स्वतंत्र राय रखते हैं। तार सप्तक के प्रकाशन के बाद इन कवियों के सम्बन्ध में कही गई अज्ञेय की इन बातों की व्यापक चर्चा हुई। इन कवियों के किसी मंजिल पर न पहुँचने और राहों के अन्वेषी होने के कारण आचार्य नन्ददुलारे वाजपेयी यह आक्षेप करते हैं कि ये कवि राह-बेराह किसी ओर चलते ही नहीं। उनमें 'मतैक्य' न होने पर वाजपेयी जी ने आक्षेप किया और

विचारक वे ऐसे हैं कि सभी महत्त्वपूर्ण विषयों पर उनकी राय अलग-अलग है। विदग्ध आलोचक अज्ञेय की बातों को मनमानी शक्लें देते रहे हैं। और इस मनमानी के चलते वे अर्थ का अनर्थ निकालकर अपना अभीष्ट पूरा करते रहे हैं। जिस संक्रान्ति काल में यह सप्तक निकला था, उस समय कविता में नई अभिव्यक्ति के लिए प्रायः नए-पुराने सभी खेमे के कवि कम रहे थे। राहों की खोज में उस समय के युवा ही नहीं स्थापित कवि भी लगे थे। जिस समय की कविताएँ तार सप्तक में संकलित हैं वही दौर कुकुरमुत्ता तथा ग्राम्या की कविताओं का भी है।[6] भारतभूषण अग्रवाल ने आगे चलकर लिखा कि उन्हें अभी तक मार्ग की उपलब्धि नहीं हुई। किन्तु इससे न तो अज्ञेय की बात गलत सिद्ध होती है न उनमें राहों के अन्वेषी की कोशिश का महत्त्व ही रहता है। भारतभूषण अग्रवाल ने इन कवियों की निश्चित माँग की प्राप्ति न होने के कारणों का संकेत करते हुए लिखा कि हमारा जीवन इस तेजी से बदल रहा है और उसकी समस्याएँ इतनी शीघ्रता से परिवर्तित हो रही हैं कि काल का निश्चय आज सन्देह का विषय बन जाता है। इसीलिए उस युग की सभी कविता निषेध की कविता है। यह भी पथ नहीं है, 'यह भी नहीं', आज का कवि इतना ही कह सकता है।[7] अगर ये कवि किसी मंजिल पर पहुँचने का दावा नहीं मानते तो उनको गम्भीरता से लेना या उनकी खिल्ली उड़ाना सही नहीं प्रतीत होता। तार सप्तक ने युग के समक्ष नई दिशाओं के द्वार खोले, कुछ नए प्रश्न उठाए, यही उस संकलन की विशेषता है।

सप्तक के कवियों की मत भिन्नता वस्तुतः उनकी अपनी काव्य सर्जना की व्यक्तिगत दृष्टि है। लक्ष्मीकान्त वर्मा ने इनकी इस मत भिन्नता को कविता के लिए 'स्वस्थ परम्परा' माना है। इसके द्वारा मानव विशिष्टता और आत्म विश्वास के आयाम विकसित हो सकते थे।[8] यह सत्य है कि काव्य में अपनी विशिष्टता बनाए बिना कोई कवि अपना काव्य व्यक्तित्व निर्मित नहीं कर सकता। लक्ष्मीकान्त वर्मा ने सही कहा है कि उस काल के परम्परावादी कवियों से ये कई रूपों में भिन्न थे। ये कवि परम्परा के सभी बन्धनों को तोड़कर चलने का साहस अनुभव कर रहे थे। साथ ही साथ इनमें व्यक्तिगत तथ्यों और अनुभूतियों को कह सकने की सामर्थ्य थी।[9]

आचार्य नन्ददुलारे वाजपेयी ने इन कवियों को उलझी हुई संवेदना का कवि कहकर इन्हें नकार दिया था। क्या कवियों की संवेदना उलझी हुई भी होती है। डॉ. नगेन्द्र के हवाले से कहा जा सकता है कि उपचेतन की संवेदनाएँ प्रायः सभी उलझी हुई होती हैं।[10] जीवन की जटिलताओं को व्यक्त करने में यदि इन कवियों की अनुभूतियाँ और संवेदनाएँ जटिल हो गई हैं तो इससे इनका यह दावा सही ही ठहरता है कि वे राहों के अन्वेषी हैं।

तार सप्तक पर अतिरिक्त बौद्धिकता या गहन बुद्धिवादिता का भी आक्षेप

लगाया गया है। इन कवियों में मात्र बौद्धिकता ही नहीं है। जो बौद्धिकता है भी कवियों की मनःस्थिति नहीं बल्कि तत्कालीन परिवेश ही इसका जिम्मेदार है। उस जमाने में प्रचलित आदर्शवाद, छायावादी भावुकता, प्रगतिवादी विचार बोध से उनका काम नहीं चल रहा था। जिस कालखंड में ये कवि कविता लिख रहे थे उसमें सदियों से प्रचलित आदर्श में 'अराजकता' उत्पन्न हो गई थी। नैतिक मूल्यों और संस्कारों में आई हुई 'संक्रान्ति' और वैज्ञानिक युगीन बौद्धिकता से ये कवि प्रभावित थे।[11] 'तार सप्तक' पर एक आरोप यह भी लगाया जाता है कि इसमें संकलित कवि 'सामाजिक उत्तरदायित्व' का निर्वाह नहीं करते। तार सप्तक के कवियों के वक्तव्यों एवं रचनाओं से यह बात दूर-दूर तक कोई सम्बन्ध नहीं रखती। मुक्तिबोध, नेमिचन्द्र जैन, भारतभूषण अग्रवाल, प्रभाकर माचवे, रामविलास शर्मा की कविताएँ सामाजिक उत्तरदायित्वों का निर्वाह एक तरह से करती हैं, जबकि गिरिजा कुमार माथुर और अज्ञेय की कविताएँ अपनी सामाजिक भूमिका अन्य तरह से तय करती हैं।

तार सप्तक के कवियों ने अपने वक्तव्यों में अपनी कविता और युगीन कविताई के बारे में जो बातें कही हैं उससे न केवल कविता के बारे में उनकी चिन्ता व्यक्त होती है बल्कि उससे उनकी कविता की विशेषताएँ भी प्रकट होती हैं। उन वक्तव्यों से उस दौर के काव्यविवेक का भी पता चलता है। भूमिका में अज्ञेय ने संगृहीत कवियों की कविता के बारे में कहा है कि ये कविताएँ 'जड़ाऊ कविता' नहीं हैं। वह वैसी हो भी नहीं सकतीं। अर्थात् इन कविताओं में शब्दों की मीनाकारी नहीं है।[12] इनमें एक कच्चापन है, इनकी अनुभूतियाँ पकी नहीं हैं, शिल्प में भी सूखापन है। इन कवियों के सामने सब कुछ स्पष्ट नहीं है। अज्ञेय ने कहा है कि उनके सामने एक मार्ग, यौन स्मृति, स्वप्न का दिवास्वप्न का है, पर उसे वह अपनाना नहीं चाहता। भाव बोध को व्यक्त करने का दूसरा मार्ग यथार्थ की अभिव्यक्ति है किन्तु यथार्थ-दर्शन केवल कुंठा उत्पन्न करता है। इसलिए ये कवि उसे अपनाते नहीं क्योंकि वास्तव की वीभत्सता की कसौटी पर 'शिशिर की राका निशा' में चाँदनी का स्वरूप खोटा हो जाता है। इन कवियों की अनुभूतियाँ 'तीव्रतर' हैं। और वर्जनाएँ भी 'कठोरतर' हैं जिससे आज के जीवन के दबाव की अभिव्यंजना का मार्ग उसे नहीं दीखता।[13] तीसरा सप्तक के यौन वर्जना बोध से वह 'सावन मेघ' जैसी कविता लिखता है तो वर्ग विशेष की चेतना के बोध से 'वर्ग भावना सरीक कविता रचता है।'

तार सप्तक के कवियों ने अपनी कविताओं के सन्दर्भ में जो वक्तव्य दिए हैं उनसे उनकी काव्य चेतना पर प्रकाश पड़ता है। मुक्तिबोध कहते हैं कि "मेरी ये कविताएँ अपना पथ ढूँढ़ने वाले बेचैन मन की अभिव्यक्ति हैं।" वे कविता को 'वैयक्तिक क्षेत्र' से निकालकर 'आज के वैविध्यमय उलझन से भरे रंग भरे जीवन का चित्र बनाना चाहते हैं।'[14]

नेमिचन्द्र जैन की कविताओं की मानसिक पृष्ठभूमि में संक्रान्ति के रंगों की प्रमुखता है। इनमें काव्य वस्तु से 'संस्कार' और विवेक के 'कशमकश' की चेतना है। नेमि जी मानवता की मुक्ति के लिए 'काव्य' को एक बड़ा भारी अस्त्र और 'चेतना' को पूर्ण रूप से सामाजिक बनाने पर जोर देते हैं।[15]

भारतभूषण अग्रवाल की दृष्टि में कविता का उद्देश्य व्यक्ति की इकाई और समाज की व्यवस्था के बीच के सम्बन्ध को स्वर देना और सुर बनाने में सहायता करना होना चाहिए। कविता से वे माँग करते हैं कि वह अपार्थिव अस्तित्वहीन फूलों की सेज न बनकर एक मूल्यवान अस्त्र की तरह हो।[16] प्रभाकर माचवे कविता में 'छिछले रोमांस' की अभिव्यक्ति नहीं चाहते, इसके स्थान पर 'यथार्थ', सामाजिक आशय से गर्भित क्षणों का मौलिक और प्रामाणिक विवेचन, व्यंग्य का तीक्ष्ण एवं सुरुचिपूर्ण प्रयोग, प्रकृति के सम्बन्ध में अधिक वैज्ञानिक दृष्टि[17], की अभिव्यक्ति चाहते हैं।

तार सप्तक के कवियों की उपर्युक्त मान्यताएँ उनके कविता संस्कार का द्वार खोलती हैं। इन कवियों की कविताएँ इनकी उपर्युक्त भावनाओं के अनुरूप ही हैं। यही तार सप्तक के कवियों और कविताओं की भी विशेषताएँ हैं। 'युग का यथार्थ', 'मानसिक संघर्ष', 'वर्गचेतना युक्त विद्रोह', 'यौन प्रतिकार', 'संक्रान्तियुग का कशमकश', 'संशय', 'यथार्थपरक ग्राम चित्रण' आदि इनकी कुछ विशेषताएँ हैं। तार सप्तक में कुछ सेसी कविताएँ भी संकलित हुई हैं जिनसे प्रतीत होता है कि ये कवि, कविता की पूर्ववर्ती परम्परा से असन्तुष्ट हैं और उससे दो-दो हाथ कर लेने के लिए भी तत्पर हैं।[18] कई कविताएँ ऐसी हैं जिनमें बदले हुए सन्दर्भ में कवि को नवीन व्यक्तित्व की तलाश है।[19] इस तरह की बातें 'अन्तरदर्शन', व्यक्तित्व और खँडहर 'हरतीस नूतन', 'अहं', 'जनाह्वान', 'क्या आया', 'व्यर्थ उन्मुक्त', 'जीवनधारा', 'अधूरा गीत', 'बीसवीं सदी', 'कापालिक', 'हड्डियों का ताप', 'किसान कवि' और 'उसका द्वन्द्व' जैसी कविताओं में देखी जा सकती हैं।[20]

तार सप्तक में संकलित कविताओं की अन्य विशेषताओं में परम्परा के बरक्स आधुनिकताबोध का प्रस्तुतीकरण अधूरा गीत, रेडियम की छाया, गेहूँ की सोच, कापालिक विश्व शान्ति, कलियुग आदि कविताओं में देखा जा सकता है। परिवेश के प्रति सजगता और 'प्रामाणिक अनुभूति' जीवनधारा, फूटा प्रभात, चूड़ी का टुकड़ा जैसी कविताओं में मिलती हैं। विसंगति और विडम्बना–जनाह्वान, वर्गभावना सटीक, पूँजीवादी समाज के प्रति, कवि गाता है, देशोद्धारकों से, निम्न-मध्यवर्ग, किसान कवि और उसका पुत्र जैसी कविताएँ उन दृष्टियों से परिगणनीय हैं।

तार सप्तक की रचनाएँ नए सौन्दर्यबोध अथवा नवीन काव्य विवेक की माँग करती हैं। पुराने काव्य विवेक वाले आलोचक या पाठक तार सप्तक की कविताओं

में असुन्दरता, भदेस, अश्लीलता आदि ही देख पाते हैं। बदला हुआ काव्य सौन्दर्य पुरातनपन्थी आलोचकों-पाठकों के कोप का भाजन होगा ही। किन्तु नवीन काव्यबोध वाले कुछ ऐसे आलोचक भी हैं जो इस नवीन सौन्दर्यबोध को परिभाषित करने का प्रयास भी करते हैं। इनमें एक नाम लक्ष्मीकान्त वर्मा का है, जो तार सप्तक की कविताओं के बारे में लिखते हैं 'सुन्दर उतना ही बड़ा सत्य है जितना असुन्दर' इस बदले हुए सौन्दर्यबोध की कसौटी पर तार सप्तक को परखा जाए तो उस पर लगने वाले सारे आरोप खोखले प्रमाणित होंगे।

तार सप्तक की कविताओं की प्रधान प्रवृत्ति व्यक्ति और समाज से जुड़े युग यथार्थ की अभिव्यक्ति है। तार सप्तक का व्यक्ति समाज का विशिष्ट व्यक्ति नहीं है। वह तो उस संक्रमण काल की परिस्थितियों से ग्रस्त व्यक्ति है। यह कह सकते हैं कि तार सप्तक की कविताओं में अभिव्यक्त व्यक्ति में 'विशिष्ट मानव की अपेक्षा मानव विशिष्टता पर बल देने की प्रवृत्ति दृष्टिगत होती है।'[21] उस व्यक्ति में नितान्त "वैयक्तिकता नहीं बल्कि संशय, कुंठा और अन्तर्द्वन्द्व ग्रस्त एक सामाजिक व्यक्ति के दर्शन होते हैं जो कभी अन्तर्मुखी दार्शनिकता में फँसता है।" –'अन्तरदर्शन', 'व्यक्तित्व और खँडहर', इस क्षण में, आगे गहन अँधेरा जैसी कविताएँ–तो कभी बाहर किसी अत्यचारी को देखकर 'उद्धत विद्रोही' बन जाता है। और उसे ललकारने लगता है। द्रष्टव्य, अज्ञेय की 'जनाह्वान' कविता। तार सप्तक का कवि, संक्रान्ति काल का–पीड़ित मानवता के युग का कवि है। इस कवि की 'आधी मुँदी पलकों में' 'मदिरा सा कवि छवि का मीठा भार' ही नहीं 'भूखे नरकंकाल अस्थि पंजर' युक्त 'लाखों मजदूर' की परछाईं भी है। नेमिचन्द्र जैन की कविता 'कवि गाता है' में ऐसी भावनाएँ देखी जा सकती हैं। तार सप्तक का कवि 'व्यक्ति दुख के पार' से 'मारण-चिन्तन' भी करता है तो समाज में व्याप्त शोषण-उत्पीड़न से 'पूँजीवादी' समाज के नाम की कामना भी करता है। मुक्तिबोध की कविता अन्तरदर्शन और पूँजीवादी समाज के प्रति–में ये बातें स्पष्टतः देखी जा सकती हैं। तार सप्तक में शहरी समाज के भी चित्र मिलते हैं। इसमें शहर का नोन-तेल-लकड़ी थी फिक्र वाला आदमी भी है तो गाँव के समाज को जीवन्त करने वाला हलवाहा, खेतिहर लड़की, चिलम पीता हँसता भूमिजन और मेंड़ बाँधता किसान भी है। प्रभाकर माचवे भी कविताओं में निम्न-मध्यवर्ग, वसंतागम, और गेहूँ की सोव तथा रामविलास शर्मा की किसान कवि और उसका पुत्र में ये चित्र मिलते हैं। तार सप्तक में व्यक्त इन सन्दर्भों को देखते हुए यह निष्कर्ष निकाला जा सकता है कि तार सप्तक का यथार्थ व्यक्ति विशेष का यथार्थ न होकर नगर और गाँव के समाज का यथार्थ है। इसमें यदि शहरी मध्य और निम्न-मध्यवर्ग चित्रित हुआ है तो गाँव के शोषितों का भी चित्रण है। संक्रान्ति काल की सारी चिन्ता, निराश, कुंठा, संशय आदि के साथ, तार सप्तक का कवि

अपने सामाजिक दायित्व के प्रति भी चिन्तनशील है। वह परिस्थितियों के वात्याचक्र में ही उलझकर नहीं रह जाता बल्कि अपने सामाजिक परिवेश के दायित्वबोध का भी वह निर्वाह करता है। वह 'सबसे पहले समाजजीवी मानव प्राणी है' और समानधर्मा का अर्थ उनके लिए 'कविधर्मा से पहले मानवधर्मा है।[22] तार सप्तक की कविताओं में इस बात के संकेत मिलते हैं कि नई सामाजिक चेतना का उदय भी हो रहा है। ये कविताएँ मानवी बौद्धिक कवियों के आकुल चित्त की देन है। इनकी कविताओं में सामाजिक अर्थव्यवस्था की समझ, जीवन की विषमता और जटिलता, मध्यवर्ग की मनोवृत्ति, किसान-मजदूर, धनिक, पूँजीवादी साम्राज्यवाद, अन्तरराष्ट्रीय चेतना[23] जैसी बातें प्रकट होती हैं। ये बातें इन कवियों की व्यापक सामाजिक चेतना से युक्त भाव का उद्‌घोष करती हैं।

तार सप्तक की कविताओं का संक्षिप्त विश्लेषण करने के बाद हम इस निष्कर्ष पर पहुँचते हैं कि इन कविताओं में तद्‌युगीन परिस्थितियों के अनुरूप भिन्न-भिन्न प्रकार के जीवन सन्दर्भ मुखरित हो रहे थे। इस विश्लेषण में हमने इन जीवन सन्दर्भों को अलग-अलग कवियों की कविताओं में देखने का प्रयत्न किया है। किन्तु तार सप्तक की कविताएँ मात्र उन्हीं बातों को प्रस्तुत नहीं करतीं जिनको ऊपर रेखांकित किया गया है। तार सप्तक की कविताओं में हर कवि की अपनी काव्यगत और शिल्पगत अलग-अलग विशेषताएँ हैं। तार सप्तक में ये विशेषताएँ बीच से निकले अँखुए के रूप में प्रस्फुटित हो रही हैं। नया भावबोध अभिव्यक्त होने के लिए व्याकुल हो रहा है। तार सप्तक के इन बौद्धिक कवियों की प्रारम्भिक काव्य चेतना को समझने के लिए संग्रह की कविताओं के आधार पर इनका अलग-अलग विवेचन- विश्लेषण आवश्यक है क्योंकि यही वह प्रस्थान बिन्दु है जहाँ से चलकर ये कवि अपनी प्रौढ़ता को प्राप्त होते हैं। कवि में इनकी सारी सम्भावनाएँ यहाँ विद्यमान हैं जो भावी कवि और कविता के विकास की पूर्व सूचना देती हैं। यहाँ तार सप्तक के सभी सातों कवियों क्रमशः मुक्तिबोध, नेमिचन्द्र जैन, भारतभूषण, प्रभाकर माचवे, गिरिजा कुमार माथुर, रामविलास शर्मा, अज्ञेय की कविताओं का विस्तृत विवेचन किया जा रहा है।

मुक्तिबोध (जन्म 1917, मृत्यु 1964)

तार सप्तक के प्रथम कवि गजानन माधव मुक्तिबोध हैं। मुक्तिबोध का सम्पूर्ण जीवन संघर्ष और बेचैनी की अकथ कहानी है। मुक्तिबोध अत्यधिक संवेदनशील कवि हैं। वे स्वयं नई कविता के दुविधाग्रस्त मध्यवर्गीय नायकों का जीवन जीते रहे। जिन दुविधाओं और आशंकाओं को वे आजीवन जीते रहे, अपनी कविता में उन्हीं स्थितियों की वे निर्मम आलोचना करते रहे। उनका गहन जीवनबोध, उन्हें व्यक्ति के सीमित

दायरे में समेटता है। किन्तु यह दुविधा और द्वन्द्व व्यक्ति के समाज से न जुड़ पाने की तीव्र अनुभूति का द्वन्द्व है। तार सप्तक में संकलित कविताओं में उनका यही व्यक्तिवादी द्वन्द्व प्रधान स्वर मुखरित है। मुक्तिबोध के काव्य नायक में भयानक मानसिक तनाव थमता रहता है। यह तनाव खुद कवि का है। मुक्तिबोध लगातार अपने इस निजी तनाव को सामाजिक आयाम में परिवर्तित करने में लगे रहते हैं। असन्तोष और व्यापक अशान्ति की व्यथा और पीड़ा उनकी अपनी है जिसे उन्होंने चेतनाशील काव्य नायक की व्यथा के रूप में व्यक्त किया है। मुक्तिबोध की कविता आधुनिक पूँजीवादी वर्ग विभाजित समाज की व्यथा कथा है। इनकी संकलित कविताओं में तद्‌युगीन विसंगतियाँ प्रमुखता से उभरती हैं। इस पूँजीवादी व्यवस्था को बदलते देखने की अकुलाहट और मानव मात्र के प्रति सहानुभूति उनकी तार सप्तक की कविताओं का मूल स्वर है। इनकी यही काव्य चेतना, सप्तक में संकलित अन्य कवियों से उन्हें अलग करती है। वक्तव्य में अपनी कविताओं के बारे में वे कहते हैं ये कविताएँ अपना पथ ढूँढ़ने वाले बेचैन मन की ही अभिव्यक्ति हैं। उनका सत्य और मूल्य जीवन स्थिति में छिपा है।[24]

मुक्तिबोध की कविता में जीवन और जगत के द्वन्द्व (आन्तरिक और वाह्य दोनों) को सुलझाने की कवि प्रदत्त बेचैनी मिलती है। उनकी कविताओं में वैयक्तिकता है किन्तु वे इस बात के पक्षधर हैं कि कवि को अपने अन्तर्मन तक ही सीमित नहीं रहना चाहिए, आज के वैविध्य भरे जीवन को यदि देखना है तो अपने वैयक्तिक क्षेत्र से एक बार उड़कर बाहर जाना ही होगा। बिना उसके इस विशाल जीवन समग्र की सीमा, उसके तर प्रदेशों के भूखंड आँखों के अन्दर ही रह जाएँगे। कला का केन्द्र व्यक्ति हैं, उसी केन्द्र को अब दिशाव्यापी करने की आवश्यकता है। फिर युग सन्धिकाल में कार्यकर्ता उत्पन्न होते हैं, कलाकार नहीं–इस धारणा को वास्तविकता के द्वारा गलत साबित करना पड़ेगा।[25]

मुक्तिबोध की सृजनशीलता जीवन एवं परिवेश की विषमता के तनाव से उत्पन्न होती है। विषमता और तनाव की जैसी प्रखर और ईमानदार अभिव्यक्ति मुक्तिबोध अपनी कविताओं में करते हैं अब हिन्दी के किसी कवि द्वारा यह सम्भव नहीं। सभी जीवनगत विषम परिस्थितियों के कारण जो परिस्थितियाँ पैदा होती हैं उनसे मुक्तिबोध की कविताओं में निराशा, घुटन, रुदन, हाहाकार की अभिव्यक्ति होती है। ये सब उनके कवि व्यक्तित्व का अंग और उनके कार्य का अस्थायी काव्य बन गए हैं। इस आन्तरिक विषमता, द्वन्द्व और कशमकश से गूढ़, रहस्यमय, सुस्पष्ट प्रवृत्तियों से अभिबोध का काव्य दुरूह हो गया है। इनकी अभिव्यक्ति के लिए जो प्रतीक वे चुनते हैं वे भी दुरूह हो गए हैं। उनकी कविताओं में एक गहन बौद्धिक अन्तर्दृष्टि मिलती है। उनकी कविताओं के लगातार गहन आत्मान्वेषण चलता रहता है। कहीं-कहीं

निराशा के भाव भी मिलते हैं। किन्तु अपनी जिजीविषा से उन्हें झटककर निराशा, द्वन्द्व और घुटन से ये जूझते भी रहे हैं।

मुक्तिबोध की कविता जटिल अनुभूति और बौद्धिक सघनता की कविता है। इनकी कविता में अनुभूतियाँ विचारों में ढलकर आती हैं। मुक्तिबोध का यथार्थबोध इस अनुभूतियों की अभिव्यक्ति के लिए 'फैन्टेसी' का रूप अपनाता है इस कारण उनके प्रयोग दुरूह और अनगढ़ से लगते हैं। इनकी कविताओं का शिल्प सजा-सँवरा नहीं है और यही मुक्तिबोध के काव्य की शक्ति भी है। मुक्तिबोध की गहन अन्तर्दृष्टि और बौद्धिकता दोनों मिलकर हिन्दी काव्यजगत् में नवीन शिल्प, नवीन छन्द विधान, नए प्रतीक, नए बिम्ब की अवधारणा प्रस्तुत करते हैं। मुक्तिबोध की कविता में विरोध के स्वर और वेदना की अनुभूति साथ-साथ आते हैं। अपनी कविताओं में आत्मचेतना को वे विश्वचेतना के रूप में परिवर्तित कर जाते हैं। मुक्तिबोध की फैंटेसी की दुनिया में हार और टेंशन भी हैं जिसका कविता काव्य नायक में होता है, उसकी स्थितियाँ ही पाठकों को सोचने के लिए मजबूर करती हैं। उनकी कविताएँ एकालाप अथवा मोनोलॉग की तरह हैं या दो व्यक्तियों के बातचीत के अंश की तरह। मुक्तिबोध की कविता की एक विशेषता नगरीयता है जो लम्बे काव्य के शिल्प के लिए अनिवार्य सा है, क्योंकि स्थितियों की नारकीयता के बिना कविता आगे बढ़ ही नहीं सकती।

मुक्तिबोध की कविता की उपर्युक्त विशेषताओं को तार सप्तक की कविताओं में देखा जा सकता है। मुक्तिबोध का 'व्यक्ति' सामाजिक होने की प्रक्रिया के तनाव से गुजर रहा है, इसका एक चित्रण 'आत्मा के मित्र मेरे' कविता में निम्न प्रकार से किया गया है—

आत्मवत हो जाय
ऐसी जिस मनस्वी की मनीषा,
वह हमारा मित्र है
माता-पिता पत्नी सुहृद पीछे रहे हैं छूट,
उन सबके अकेले अग्र में जो चल रहा है
ज्वलन्त तारक सा,
वही तो आत्मा का मित्र है।
मेरे हृदय का चित्र है।

तार सप्तक के पहले संस्करण में मुक्तिबोध की 17 कविताएँ संकलित हैं। इनकी कविताओं के स्वर की विविधिता मुक्तिबोध की कविताई के विविध आयामों को पाठकों के समक्ष प्रस्तुत करती है। कवि कहीं प्रकृति में रमता है और उसके मोहक चित्र खींचता है तो कहीं अपनी विचारधारा से लैस पूँजीवादी समाज की

आलोचना भी करता है और कहीं निराशा और अकेलेपन के भाव को भी व्यक्त करता है। द्रष्टव्य हैं तीनों के भावपूर्ण चित्र–

1. प्रकृति–

उस महाव्याकुल अनावृत ज्ञान-लिप्सा
के क्षितिज पर
जो खिंचा है स्वप्न,
श्रावण-साँझ के वितरित होने पर
अमित, नीला, जामनी अति लाल सुन्दर
दिवासन की बरसात को सूर्यास्त का चुम्बन
कि ऐसा अद्वितीय
मधुरतम आश्चर्यमय।

–खोल आँखें

2. विचारधारा–

मेरी ज्वाल, जन की ज्वाल, होकर एक
अपनी उष्णता से धो चले अविवेक
तू है मरण, तू है रिक्त, तू है व्यर्थ
तेरा ध्वंस केवल एक तेरा अर्थ।

–पूँजीवादी समाज के प्रति

3. अकेलापन–

जबकि अन्दर खोखलापन कीट सा
है सतत घर कर रहा आराम से
क्यों न जीवन का वृहद् अश्वत्थ यह
डर चले तूफान के ही नाम से।

–अशक्त

तार सप्तक की कविताओं में भाव और शिल्प के स्तर पर मुक्तिबोध के ढेर सारे प्रयोग देखने को मिलते हैं। तार सप्तक की कविताएँ मुक्तिबोध के भावी कवि की सारी सम्भावनाएँ अपने अन्दर समेटे हुए हैं। शिल्प के विभिन्न प्रयोग–कहीं मुक्तछन्द, नाटकीयता, तो कहीं संस्कृत के वर्णवृत्तों को तोड़कर घनाक्षरी से बनने वाला कवित्त और सवैया और उससे भी टूटकर मुक्तछन्द–मुक्तिबोध के यहाँ मिलते हैं। मुक्तिबोध ने इन कविताओं में छन्द का भी अभ्यास किया है। डॉ. नामवर सिंह तार सप्तक में मुक्तिबोध के पूरे कृतित्व में भ्रममुक्त कवि का सन्धान पाते हुए लिखते हैं, मुक्तिबोध के कृतित्व का महत्त्व इसी भ्रम मुक्ति में है जैसाकि, बाद के पुनराविष्कार में प्रमाणित हुआ है। मुक्तिबोध भ्रम के इस लम्बे दौर में सतत जाग्रत् रहे हैं।[26]

नेमिचन्द्र जैन (जन्म 1919, मृत्यु 2005)

तार सप्तक में संकलित दूसरे कवि नेमिचन्द्र जैन हैं। नेमिचन्द्र जैन की विचारधारा मार्क्सवादी है और वे साहित्य में प्रगतिशील मूल्यों के पक्षधर हैं। तार सप्तक के अपने वक्तव्य में नेमि जी की स्वीकारोक्ति है—"साहित्य में प्रगतिशीलता में मेरा विश्वास है और उसके लिए एक सचेष्ट प्रयत्न का भी मैं पक्षपाती हूँ। किन्तु कला की सच्ची प्रगतिशीलता, कलाकार के व्यक्तित्व की सामाजिकता में है, व्यक्तिहीनता में नहीं। आज जोर-जोर से प्रगति की पुकार करने की आवश्यकता इसी से हो गई है कि व्यक्तित्व आज खंड-खंड हो चुका है।...कवि के प्रगतिशील होने की माँग का अर्थ है कि वह जीवन की ओर अपने दृष्टिकोण को बदले। अपने ही सामाजिक दायित्व और स्थान को नहीं बल्कि अपने काव्य के भी सामाजिक महत्त्व को समझे।[27] तार सप्तक में नेमिचन्द्र जैन की पुनश्च के बाद की कविताओं को छोड़कर 11 कविताएँ संकलित हैं जिनके बारे में कवि का कहना है कि "अधिकांश कविताओं की मानसिक पृष्ठभूमि में संक्रान्ति के रंगों की प्रधानता है। संस्कार और विवेक की कशमकश की चेतना ही इन कविताओं का विषय है।"[28] संकलित कविताओं से गुजरने के बाद 'कवि गाता है' को छोड़कर अन्य कविताओं में संक्रान्तियुगीन मनःस्थिति का पता नहीं चलता। संक्रान्ति काल के बारे में कवि कहता है—

संक्रान्ति काल का कलाकार कवि गाता है—
देख चाँदनी रातें कवि का नाच उठा उर,
स्वप्न देश की परियों के गायन से उसका गूँज उठा स्वर,
आधी मुँदी हुई पलकों में मदिरा सा
किस छवि का मीठा भार लिये,
वह बेसुध सा है, उसके नयनों में झूल रही
किस रूप परी की सघन याद,
उसके मन में कितनी पीड़ा, उसके मन में कितना विषाद।

—कवि गाता है

नेमिचन्द्र जैन की कविताओं का मूल स्वर मार्क्सवादी ही है पर इनके वक्तव्य और इनकी कविताओं में गहरा अन्तर्विरोध है। संघर्ष की चेतना के बदले परिवेश से मुक्त होने में असफल रहने के कारण विक्षोभ, पीड़ा, घुटन और पलायन के स्वर इन कविताओं में मुख्य हो गए हैं। कवि के मन में कहीं-न-कहीं आशा और उल्लास भी है, जैसे निम्नांकित पंक्तियों में—

सर्वहारा
प्रगति के उद्दाम नव उन्माद से बेचैन

आकुल एक धारा,
एक सतत प्रवाह—ऐसी जिन्दगी की राह!
जीवन एक लम्बी राह।

—जिन्दगी की राह

नेमि जी की संकलित कविताओं में रूमानियत का भी भाव मिलता है। 'अनजाने चुपचाप', 'इस क्षण' जैसी रचनाओं में यही भाव मिलता है। इनमें प्रेम सौन्दर्य भी लिपटा हुआ चला आता है—

तुम हो मुझसे दूर कहीं पर,
यौवन के प्रभात में विकसित,
डाली पर झुक-झुक
बल खाती,
सहज-सरल निज क्रीड़ा में रत,
कुन्दकली सी।

—अनजाने चुपचाप

नेमिचन्द्र जैन की भाषा, भावों को व्यक्त करने में अत्यन्त सक्षम है। मुक्त छन्द में भी सायास लयात्मकता को इन्होंने बनाए रखा है। नए उपमान और नए प्रतीक भी कवि ने लिये हैं।

भारतभूषण अग्रवाल (जन्म 1919, मृत्यु 1975)

तार सप्तक में भारतभूषण अग्रवाल की सोलह कविताएँ संकलित हैं। इन कविताओं में कवि ने अपने वक्तव्य में कहा है—"मुझे मेरी कविताओं ने भावों का उत्थान (सब्लिमेशन) नहीं दिया, न उसने मेरे हृदय का परिष्कार किया! दूषित समाज ने मुझे जो असामाजिक कमजोरियाँ और गलित स्वार्थ दान में दिए, मेरी कविता ने उन्हीं की पीठ ठोंकी, संसार को सच्चा मानकर उसमें कर्म करना, क्योंकि वास्तविक क्षमता और सामर्थ्य की अपेक्षा रखता है, इसलिए मैंने कविताएँ लिखकर मानो स्वप्न में अपनी अभिलाषाएँ पूरी कीं और संसार को मिथ्या सिद्ध किया। कर्म से पलायन ही मेरी कविताओं का स्पन्दन रहा।"[29] पलायन करते हुए भी कवि 'मानो स्वप्न में' जूझता रहा हो। कवि कहता है—

पर भय क्या है!—अब देर नहीं
हम अग्नि-शिखा प्रज्वलित करेंगे,
जिसके सम्मुख एक बार ही
गल-गल पिघल जाएँगे सारे हिम के प्रस्तर।

एक बार फिर
जीवन पाएगा अपनी उन्मुक्त धार, निर्बन्ध प्रगति,
टूटेंगे गति के पथ में आए रूढ़िग्रस्त मानव के मन के भाव-बन्ध
फिर से समस्त जग में छाएगा नव प्रकाश,
नव-नवोल्लास, नव-गीत-छन्द।

–जीवनधारा

कवि के मन में रूढ़ियों के प्रति जहाँ आक्रोश है वहीं आस्था और विश्वास भी उसके स्वर में बने हुए हैं। संहार के साथ वह सृजन का पृष्ठपोषण करता है। फलतः वह विश्व में नए प्रकाश की, नए गीत छन्द की कामना करता है। भारतभूषण अग्रवाल 'कला कला के लिए' की प्रवंचना के मूल कारण को समझ पाए हैं, साथ ही उसके उचित उपभोग को भी। अपने वक्तव्य में भारत जी कहते हैं–''तब यह बात स्वीकार किए बिना मैं नहीं रह सकता कि मेरी ये कविताएँ मेरे लिए केवल एक पलायन ही नहीं, वरन एक स्वप्नलोक भी थीं, जहाँ मैंने अपनी समस्याओं से भागकर केवल शरण ही नहीं ली, वरन् साथ ही असामाजिक नुकीले व्यक्तित्व द्वारा उत्पन्न अपनी असम्भव इच्छाओं की पूर्ति भी देखी–

जानता हूँ : यही है वह पथ कि जिस पर मिल सकेगी मुक्ति
मेरी और सबकी मुक्ति
जानता हूँ, यही है वह पथ कि जिस तक पहुँचने की
थी हृदय में चाह
जी में था अतुल उत्साह।

–सीमाएँ : आत्मस्वीकृति

भारतभूषण अग्रवाल कविता का उद्‌देश्य व्यक्ति की इकाई और समाज की व्यवस्था के बीच के सम्बन्ध को स्वर देना मानते हैं। उनकी मान्यता है कि कवि को समाज से नाराज होकर भागने की बजाय, समाज की शोषक सत्ता से उसे लड़ना पड़ेगा और तब कविता उसके हाथ में एक मूल्यवान अस्त्र की भाँति होगी। आज की तरह, अपार्थिव अस्तित्व फूलों की सेज नहीं है–इसीलिए भारतभूषण अग्रवाल कवि से उम्मीद करते हैं–

कवि! तोड़ो अपना शब्द-जाल, जो आज खोखला, शून्य हुआ,
यह है अपने पुरखों की वैभव भोगमयी कलुषित वाणी
मदमत्त विलासिनी! त्याग इसे! बनना है तुझको तो अगुआ
युग का, युग की भूखी, कमजोर हड्डियों का, जिनका पानी,
है उठा खौल, घिर रहा विश्व पर घटाटोप बादल बनकर।

–अपने कवि से-2

ऐसी विषम सामाजिक स्थितियों में भी कवि 'सौन्दर्य का भूखा, कल्पना के लड्डू खाने वाला रंगीन कवि हुए बिना नहीं रह सकता–

छलककर आई न पलकों पर विगत पहचान,
मुस्करा पाया न होठों पर प्रणय का गान,
ज्यों जुड़ी आँखें, मुड़ी तुम, चल पड़ा मैं मूक–
इस मिलन से, और भी पीड़ित हुए ये प्राण!

–मिलन

भारतभूषण अग्रवाल की विचारधारा मानवतावादी है। उन्होंने अपनी अनुभूतियों को सरलता और स्पष्टता के साथ अभिव्यक्ति दी है। इनकी कविता में बिम्बों और प्रतीकों का बहुत कम प्रयोग हुआ है। भारतभूषण अग्रवाल की सबसे बड़ी विशेषता आधुनिक भावबोध के अनुसार तटस्थता और निस्संगता है।

प्रभाकर बलवन्त माचवे (जन्म 1917, मृत्यु 1991)

प्रभाकर माचवे की कविताओं में सौन्दर्य चेतना, दार्शनिक का चिन्तन, और व्यंग्यकार की तीक्ष्णता की त्रिवेणी प्रवाहित होती है। प्रभाकर माचवे कहते हैं कवितागत रोमांस और यथार्थ, एक ही कोण की दो भुजाएँ हैं। रोमांस स्वस्थ मन का भावनात्मक सुख है, यथार्थ उसकी बुद्धिगत परिकल्पनाएँ।[30] निम्नलिखित पंक्तियों में कवि की कोमल सौन्दर्य चेतना दर्शनीय है–

मैं खींच रहा हूँ आज अकाज लकीरें
आ भर दे उनमें रंग-रूप तू पी रे।
मैं तालहीन स्वरहीन छेड़ता बंशी,
तू भर दे उसमें नाद माधुरी धीरे।

–मेघ-मल्लार

तार सप्तक संकलन में संकलित कुछ कविताओं में कवि की दार्शनिकता भी अभिव्यक्त हुई है जिसमें कवि सांसारिक गतिविधियों से तटस्थ होकर हँसता है–

कापालिक हँसता है!
पगले, तू क्यों उसमें फँसता है? रे दुनियादारी!
यह महीन मलमल की सारी
उसके नीचे नरम गुलाबी चोली से ये कसे हुए
पीनोन्नत स्तन, यह कुंकुम अक्षत से चर्चित माथा, यह तन
किसी सुहागिन की अर्थी पर
बड़ी-बड़ी चीलों के मानो तीक्ष्ण चक्षु से बसे हुए पर

जीवन याँ सस्ता है,
कापालिक हँसता है।[31]

—कापालिक

माचवे की कविताओं की व्यंग्य की धार बड़ी पैनी है। माचवे ने अपनी एक कविता में राजनेताओं पर बड़ा गहरा व्यंग्य किया है। यह व्यंग्य कालातीत है। माचवे इस कविता में 'देशोद्धार' की बात करने वाले राजनेताओं के जीवन के अन्तर्विरोध को बहुत स्पष्ट तरीके से देख रहे थे—

मृदुल नींद नीड़ की गोद में
और परों की सेज नरम,
बाहर झुलसी हवा बह रही,
रह-रहकर लू तेज-गरम
बाहर अर्धनग्न पीड़ा,
भीतर क्रीड़ा लबरेज हरम,
करुणा के आँगन में नेता
दे थोड़ी सी भेज शरम।

—देशोद्धारकों से

माचवे मानो 42-43 में ही शताब्दी के अन्त के नेताओं की परम परिणति देख रहे थे। शायद वे उस जमाने के गांधीवादी कांग्रेसियों की इस अन्तर्विरोधी चाल को व्यक्त कर रहे थे। ध्यान देने की बात है, देश के उद्धारक नेता तो यहाँ हैं, किन्तु जनता समूचे परिदृश्य से परे है। ये देशोद्धारक देश का उद्धार करने के स्थान पर अपने उद्धार में लगे हुए हैं। व्यंग्य की तेज धार जितना सन् 40-42 के नेताओं पर लागू होती है उतनी ही आज के नेताओं पर भी।

प्रभाकर माचवे की तार सप्तक की कविताओं में विविधता बहुआयामी है। जीवन के छोटे-छोटे क्षणों से लेकर अन्तर्राष्ट्रीय परिप्रेक्ष्य तक उन कविताओं में मौजूद है। इस विविधता में राजनीति भी कहीं-न-कहीं अपना स्थान खोज लेती है। यह राजनीति उन्हीं अर्थों में नहीं है जिन अर्थों में 'प्रगतिशील' धारा के कवियों की राजनीति चलती थी। यहाँ वर्गीय चेतना अन्धी और पूर्वग्रहमुक्त न होकर अपनी चमक लिये हुए है। कवि प्रश्नाकुल है। वह जितना बाहरी समाज को लेकर व्यग्र है उससे कहीं अधिक अपनी कविता, अपने अनुभव की विश्वसनीयता को लेकर है। वह पूछता है कविता क्या है?

कविता क्या है, कहते हैं जीवन का दर्शन है—आलोचना
(वह कूड़ा जो ढँक देता है बचे-खुचे पत्रों में के स्थल)
कविता क्या है? स्वप्न श्वास से उन्मन कोमल,

(जो न समझ में आता कवि के भी ऐसा है वह मूरखपन)
कविता क्या है? आदिम कवि का दृग-झारी से बरसा वारी
(वे पंक्तियाँ जो कि गद्य हैं कहला सकती नहीं विचारी)!

माचवे पूर्ववर्ती काव्यधाराओं से सन्तुष्ट नहीं हैं। वे छायावाद और प्रगतिवाद पर अनेक तरह के आरोप लगाते हैं। साथ ही उस काल की राष्ट्रीय काव्यधारा से भी वे असन्तुष्ट हैं। माचवे का यह असन्तोष एक तरह से इन तीनों धाराओं की कविता की कमजोरी को नकारता है। और इस नकार के साथ ही नए भावबोध और नई विषयवस्तु, नई शैली के द्वारा हिन्दी कविता में वे कुछ नया करने के पक्षधर हैं। वे कहते हैं, हिन्दी कविता में एक समय की बहुत लोकप्रिय बनी हुई राष्ट्रीयतावाद की लहर अब धीमे-धीमे मन्द पड़ती जा रही है, क्योंकि छायावाद और प्रगतिवाद दोनों के समन्वयजन्य दोष उसमें इकट्ठे आ गए हैं क्योंकि वे प्रगति को छाया समझते हैं और छाया को ही प्रगति। इस प्रकार वस्तु की दृष्टि से हिन्दी कविता में अभी विषयों की विविधता, व्यंग्य का तीक्ष्ण और सुरुचिपूर्ण प्रयोग, प्रकृति के सम्बन्ध में अधिक वैज्ञानिक दृष्टि, जनजीवन के निकटतम जाकर ग्राम गीत, लोकगाथा और बाजारू कहलाई जाकर हेय मानी जानेवाली बहुत सशक्त और मुहावरेदार जबान से नए-नए शब्द रूपों और कल्पना चित्रों को ग्रहण करना अैर प्रयोगशील अभिव्यंजना के प्रति औदार्य आना चाहिए।

माचवे उपर्युक्त उद्धरण में विषयवस्तु और काव्य भाषा की नवीनता पर जोर देते हैं। एक ओर तो वे विषयवस्तु को आधुनिक वैज्ञानिक दृष्टि से युक्त करना चाहते हैं, दूसरी ओर जनप्रचलित लोकगीत-लोकगाथा की शैली और जनता की जुबान में ही काव्य रचना चाहते हैं। तथा दूसरे कवियों से भी इतनी ही उन्मुक्त दृष्टि की अपेक्षा करते हैं। प्रभाकर माचवे अपनी स्थापनाओं का परिपालन तार सप्तक की कविताओं में करते दिखते हैं। विषयवस्तु की विविधता तथा भाषा शिल्प के स्तर पर उन्होंने उपर्युक्त स्थापनाओं को लागू भी किया है। माचवे कविता की भाषा और अभिव्यंजना कौशल पर विशेष जोर देते हैं तथा कवियों से आम जनता की भाषा में कविताई का आग्रह करते हैं। भारतीय काव्यशास्त्र की शब्द शक्ति में माचवे लक्षण शक्ति की अपेक्षा, व्यंजना शक्ति को अपनाना अधिक श्रेयस्कर समझते हैं। नए छन्दों की रचना के क्षेत्र में भी माचवे नवीन प्रयोगों के आग्रही हैं। दूसरी भाषाओं के छन्दों का भी अनुकरण करना चाहते हैं और इसके लिए निराला के मुक्त अतुकान्त, अक्षर मात्रिक छन्द पर आधारित तथ्यात्मक पद्य रचना पद्धति अपनाना चाहते हैं। माचवे कविता को संगीत बनाना चाहते हैं। वे कविता में भावों के उतार-चढ़ाव के अनुकूल गति के श्लथ-द्रुत होने की सम्भावना पर भी विचार करते हैं। गद्यात्मकता की जगह गेयता, अनुप्रास योजना, शब्द निष्ठा की जगह अर्थ निष्ठा और मनस्वी पवाड़े के ढंग पर काव्य रचना

चाहते हैं। ये इस बात को समझते हैं कि काव्य सिद्धान्त सम्बन्धी जितनी स्थापनाएँ इन्होंने की हैं उन सब पर शब्दशः अमल करना बहुत कठिन है। वे कहते हैं–"मेरा कदापि यह आशय नहीं है कि मेरी रचनाएँ जो इस संग्रह में हैं, वे सब मेरे इस 'फतवे' की सब शर्तों को पूरी करने वाली, या उन काव्य दोषों से पूर्णतः अलिप्त हैं।[32]

गिरिजा कुमार माथुर (जन्म 1918, मृत्यु 1994)

गिरिजा कुमार माथुर छायावादी रूमानी भावबोध के कवि अधिक हैं। उनकी कविताओं में प्रेम और सौन्दर्य के विषद चित्र मिलते हैं। तार सप्तक के पूर्व इनका 'मन्दार' नामक संग्रह प्रकाशित हो चुका था। उन कविताओं पर भी छायावादी भावुकता और सौन्दर्यबोध की रोमानी कल्पनाशीलता का यथेष्ट प्रभाव देखा जा सकता है। यह रोमानी कल्पना और सौन्दर्यबोध तार सप्तक तक आते-आते छूटने लगा था। रोमानी कल्पना तो वही रह गई पर नई विषयवस्तु, अनुभूतियों की जगह बौद्धिकता झलक मारने लगती थी।[33] प्रेम सौन्दर्य के इस भावपूर्ण चित्रण में भी इस दृष्टि से नवीनता की पहचान की जा सकती है–

आज अचानक सूनी सी सन्ध्या में,
जब मैं यों ही मैले कपड़े देख रहा था,
किसी काम में जी बहलाने
एक सिल्क के कुर्ते के सिल्वर में लिपटा,
गिरा रेशमी चूड़ी का छोटा सा टुकड़ा
उन गोरी कलाइयों में, जो तुम पहने थी
रंग भरी उस मिलन रात में।

–चूड़ी का टुकड़ा

गिरिजा कुमार माथुर अपनी कविताओं में एक फोटोग्राफर की तरह चित्र खींचते हैं और चित्रकारों की तरह उनमें रंगों का संयोजन करते हैं। ये चित्र अपनी पूरी भव्यता में आकर्षित करें इसके लिए वे पूरा लैंडस्केप भी देते हैं। इस प्रक्रिया के लिए कवि काव्य टेकनीक को महत्त्वपूर्ण मानता है। माथुर लिखते हैं–"विषय की मौलिकता का पक्षपाती होते हुए भी, मेरा विश्वास है कि 'टेकनीक' के अभाव में कविता अधूरी रह जाती है।[34] यहाँ द्रष्टव्य है–टेकनीक युक्त–स्टिल चित्र–

सेमल की गर्मीली हल्की रूई समान
जाड़ों की धूप खिली नीले आसमान में
झाड़ी झुरमुटों से उठे लम्बे 'मैदान में'

–कुतुब के खँडहर

गिरिजा कुमार माथुर की कविताओं में छायावादी प्रवृत्तियाँ अपने पतनशील रूप में विद्यमान हैं। उनकी "रचनाएँ नवीन होती हुई भी गेयता की दृष्टि से प्राचीनता का कुछ संशय लिये हुए हैं। अत्याधुनिक यथार्थवादी रचनाओं में प्रायः गेयता का अभाव होता है। इसलिए काव्यांश की कमी होती है। संसार में सभी जगह गीत गाए जाते हैं। उनकी परिपाटी अधिकांशतः प्राचीन है–गिरिजा कुमार की रचनाओं में जैसी सादगी है वैसा ही भाव, जैसा भाव है वैसी ही गेयता।"[35] तार सप्तक संग्रह में संकलित कविताओं में गिरिजा कुमार माथुर अपने को उपर्युक्त भावभूमि से अलगाते प्रतीत होते हैं। पहले जहाँ उनमें गीतात्मक अभिव्यक्तियाँ होती थीं, तार सप्तक में आकर यह प्रवृत्ति कमतर होती गई है और बदले हुए रूप में कविता के नए शिल्प में ढलने लगी है। चूड़ी का टुकड़ा, रेडियम की छाया, कुतुब के खंडहर जैसी कविताओं में ये भावनाएँ सूक्ष्म रूप में व्यक्त हुई हैं। डॉ. शम्भुनाथ सिंह ने इन कविताओं में बारे में लिखा है–"रीतिकालीन शृंगारिक कविताओं से ये कविताएँ इतनी ही भिन्न हैं कि इनमें मुक्त छन्द और नए उद्दीपन बिम्बों और अप्रस्तुतों का प्रयोग हुआ है।"[36] डॉ. सिंह से यहाँ सहमत नहीं हुआ जा सकता है। शम्भुनाथ सिंह का यह कथन गिरिजा कुमार माथुर की कविताओं के सन्दर्भ में अत्युक्तिपूर्ण है जिसकी संगति तार सप्तक की कविताओं से नहीं बैठाई जा सकती है। गिरिजा कुमार माथुर पर छायावादी 'शृंगार भाव' की छाया तो लक्षित की जा सकती है, पर वे किसी कोने से रीतिकालीन भावबोध के कवि नहीं हैं। उनके विषयवस्तु में सिर्फ टेकनीक की ही नवीनता नहीं बल्कि वस्तु भी नई है। यही नहीं वे छायावाद के वृत्त को लगभग खंडित करते हुए अपने परिवेश का सूक्ष्म चित्रांकन करते हैं–

क्वार की सूनी दुपहरी,
श्वेत गरगीले रूँए से बादलों में,
तेज सूरज निकलता, फिर डूब जाता।
घरों में सुनसान आलस ऊँघता है,
थकी राहें ठहरकर विश्राम करती
दूर सूनी गली के उस छोर पर से
नीम-नीचे खेलते कुछ बालकों की
मिली-सी आवाज आती।

शम्भुनाथ सिंह गिरिजा कुमार माथुर की इस कविता में आ रहे (क्वार की दुपहरी) बड़े किन्तु 'महीन' परिवर्तन को नहीं देख पाते। गिरिजा कुमार माथुर एक सचेत कवि हैं। तार सप्तक के अपने वक्तव्य में वे विषय और टेकनीक, भाषा और व्यंजना, छन्द तथा ध्वनि विधान आदि पर विस्तार से विचार करते हैं। गिरिजा कुमार माथुर का काव्य-विकास छायावाद से प्रयोगवाद की तरफ हुआ है। इस विकास क्रम

में वे भाव और शिल्प दोनों में परिवर्तन करते चले हैं। माथुर एक समन्वयशील कवि के रूप में हमारे सामने आते हैं, इनमें परम्परा के प्रति आक्रोश नहीं मिलता बल्कि परम्परा और नवीनता का इनमें समन्वय मिलता है। कह सकते हैं कि छायावादी कवि दृष्टि और तार सप्तक की कवि दृष्टि का इनके यहाँ संयोजन हुआ है। और इस रूप में ये परम्परा को भी आत्मसात किए हुए हैं।

गिरिजा कुमार माथुर काव्य में टेकनीक को महत्ता प्रदान करने वाले कवि हैं। उनका कथन है कि क्लासिक विषयों पर गम्भीर शैली (ग्रैंड स्टाइल) में लिखी कविताओं में मैंने गहरे रंग, प्राचीनता लाने के लिए ही रखे हैं। यहाँ मैंने आधार भूमि विशाल कर दी है और डिटेल कम डिटेल मैंने रोमानी कविताओं में ही अधिक भरे हैं।[37] गिरिजा कुमार माथुर का काव्य शिल्प अत्यन्त समृद्ध है। अपनी कविताई के लिए उन्होंने विशेष किस्म की शब्दावली तैयार की है। शब्दों को गढ़ने, काटने, छाँटने और सही प्रयोग करने में अत्यन्त कुशलता का परिचय देते हैं। शब्दों के माध्यम से ध्वनिबोध और रंगबोध खुलकर सामने आता है। इनकी कविताओं में परम्परागत प्रतीक और मनोविश्लेषणात्मक कामकुंठा के प्रतीक दोनों मिलते हैं। छन्दों में भी उन्होंने नवीन प्रयोग सफलतापूर्वक किए हैं। कवित्त, सवैया और उर्दू गजलों को तोड़कर अपने नवीन मुक्त छन्दों का इन्होंने निर्माण किया है। भाषा की ताजगी, नए उपमान, रंग-ध्वनि का उच्च स्तरीय संयोजन कवि के कलापक्ष और शिल्पपक्ष को पटुता प्रदान करते हैं।

रामविलास शर्मा (जन्म 1912, मृत्यु 2000)

तार सप्तक में रामविलास शर्मा की कुल 19 कविताएँ संकलित हैं। उनकी तार सप्तक कविता के बारे में 'रूप तरंग' के परिचय में लिखा है कि "रामविलास शर्मा जी की कविता में 'जवानी की हुंकार के साथ-साथ भारतीय ग्राम सौन्दर्य तथा सर्वहारा वर्ग की वेदनाएँ भी संश्लिष्ट हैं।"[38] तार सप्तक में संकलित अन्य कवियों में से कुछ की आस्था मार्क्सवाद के प्रति है। उनमें डॉ. रामविलास शर्मा प्रकटतः मार्क्सवादी हैं। ऐसी स्थिति में उनकी प्रतिबद्धता मार्क्सवादी विचारधारा के प्रति है और मार्क्सवाद जो प्रगतिवादी काव्यधारा का जीवन दर्शन है, को रामविलास जी अपनी कविताओं में व्यक्त करते हैं। रामविलास जी के भाव जगत में 'गाँव' बसा हुआ है। ग्रामीण सौन्दर्य उनके कवि हृदय को भीतर तक आह्लादित करता है। फलतः ग्रामीण सौन्दर्य के अनुभूति की तीव्रता और प्रखरता के चित्र उनकी कविताओं में मिलते हैं। रामविलास जी ग्रामीण प्रकृति को अपनी खुली आँखों से देखते हैं और उसी रूप में रूपायित भी करते हैं। छायावाद के प्रकृति चित्रण से रामविलास जी का प्रकृति चित्रण अलग

किस्म का है। यहाँ द्रष्टव्य है उस ग्रामीण प्रकृति का एकचित्र–

नीले रंग में डूब गया
सारा नभ मंडल
पूर्व दिशा में उठे घने दल के दल बादल
लहराती पुरवाई के झोंकों पर आए
धूल भरेलू से सुलझे खेतों पर छाए।
आमों की सुगन्ध से महक उठी पुरवाई
पीउ-पीउ के मृदु स्वर से गूँज उठी अमराई।

–किसान कवि और उसका पुत्र

रामविलास जी प्रगतिशील काव्य आन्दोलन के अग्रणी कवियों में से हैं। प्रगतिशील काव्य आन्दोलन की ग्रामोन्मुख काव्य दृष्टि कविताओं का मुख्य विषय है। ग्रामीण प्रकृति उसका एक अंग अथवा पक्ष है। दूसरा पक्ष गाँव की गरीबी, किसान-मजदूर का विषमतापूर्ण जीवन भी कवि को काव्यवस्तु बनाने के लिए विवश करता है। हड्डियों का ताप जैसी कविता में उपनिवेशवादी देश के युवक और किसान-मजदूर के शोषण का ऐसा ही चित्र खींचा गया है। ग्राम प्रकृति की झलक देखते हुए कवि अपने अन्तस्तल में पिछली स्मृतियों के बन्द द्वार खोलने में संलग्न होकर उसको 'अपलक' देखकर भी उस छवि को 'निराकार' पाते हुए पुनः अपनी वर्तमान छवि पर लौट आता है जिसके आगे 'अनागत का अन्धकार' गूँज रहा है।[39]

रामविलास शर्मा विचारधारा को कविताओं में पिरोते भी हैं जिससे कविताओं का स्वाभाविक सौन्दर्य विनष्ट होता है। कहीं वे 'कार्य-क्षेत्र' में 'धरती के पुत्र' के हाथों से 'नए साल' फागुन में 'फसल' जो क्रान्ति की है, उसे कटवाते हैं तो कहीं गुरुदेव की पुण्य भूमि से 'फाँसीवाद के खिलाफ साम्राज्यवाद से युद्ध का सन्देश भिजवाते हैं। और 'जल्लाद की मौत' नामक कविता में फासिस्टों और नाजी बर्बरता के गढ़ को ध्वस्त करते हैं। रामविलास जी ऐसी कविताओं में राजनीति के प्रचारक बन जाते हैं। उनकी ऐसी कविताओं में अनुभूति की सघनता नहीं, बल्कि विचारों की प्रमुखता मिलती है। ऐसी कविताएँ मर्म से उद्‌भूत नहीं हैं, मस्तिष्क से पैदा हुई हैं। तार सप्तक में संकलित कविताओं में जहाँ कवि का भावबोध स्वाभाविक रूप से घनीभूत हुआ है वहाँ प्रकृति के अत्यन्त मनोरम और हृदयग्राही चित्र खींचे गए हैं।

रामविलास जी अपने वक्तव्य में कहते हैं पुस्तकों से सम्पर्क होने के कारण अनेक कविताएँ ऐसी हैं जिनकी प्रेरणा पुस्तकों से मिली है। दारा शिकोह ऐसी ही कविता है।[40] दारा शिकोह प्रख्यात मुगल शासक शाहजहाँ का बड़ा बेटा था जो बहुत ही मानवतावादी था। उसकी दृष्टि में हिन्दू और मुसलमान दोनों की अपनी संस्कृतियाँ थीं और दोनों के मिलने से भारतीय संस्कृति का विकास हुआ है। औरंगजेब के लिए

इस तरह की बातें नाकाबिले बरदाश्त थीं। अतः छलपूर्वक उसने अपने इस बड़े भाई की हत्या करवा दी। दारा शिकोह की मानवता उसे इतिहास में अमर बना देती है और वह साम्प्रदायिक संकीर्णता के किसी भी घेरे के प्रतिकार का प्रतीक बन जाता है। यह कविता ऐतिहासिक वातावरण के साथ भाव और छन्द की नवीनता से संयुक्त है। प्रयोग की दृष्टि से यह कविता अत्यन्त सुन्दर बन पड़ी है। रामविलास जी ने इसे रुबाई छन्द में लिखा है और दूसरी ओर पंक्ति का निर्माण घनाक्षरी की पंक्ति को बीच से तोड़कर किया है। रामविलास जी लिखते हैं–''इस सोलह अक्षर की पंक्ति में मैंने सॉनेट व ब्लैंक वर्स लिखा है।''

रामविलास शर्मा ने निराला पर लिखी अपनी 'कवि' कविता में अपने युग के एक सचेत कलाकार और उसकी जनोन्मुखता को उपेक्षित किए जाने पर विस्तार से गहरा असन्तोष प्रकट किया है। इस असन्तोष और क्षोभ के साथ ही वे एक तरह के आशावाद का सरलीकृत रूप सृजित करते हैं जिसमें संघर्ष का रास्ता न छोड़ने तथा निरन्तर आगे बढ़ने का एक 'विचित्र' आशावादी स्वर मिलता है–

पथ में उन अमिट रक्त चिह्नों की रहे शान,
पर गिरते को पीछे भाते हैं, नौजवान,
इस बन में जहाँ अशुभ ये रोते हैं शृगाल
निर्मित होगी जनसत्ता की नगरी विशाल।

–कवि

रामविलास जी ने लोकगीत की शैली में कविताएँ लिखी हैं। शैली तो लोकगीत की है, पदावली भी कुछ लोक गीतात्मक है। पर उसमें रामविलास जी ने नई ध्वनियाँ भरी हैं, नए भाव भरे हैं। नए भावों से भरकर 'सत्यं शिवं सुन्दरम' कविता नई अर्थ छटाओं को एक भिन्न आयाम देती है–

हाथी घोड़ा पालकी
जय कन्हैया लाल की
हिन्दू हिन्दुस्तान की
जय हिटलर भगवान की
जिन्ना पाकिस्तान की
तो जो और जापान की
बोलो वन्दे मातरम्।
सत्यं शिवं सुन्दरम्।

–सत्यं शिवं सुन्दरम्

उपर्युक्त उद्धरण में व्यंजना के द्वारा रामविलास जी अर्थ की छायाएँ उद्घाटित करते हैं। 'जय हिटलर भगवान की' पंक्ति के द्वारा वे हिटलर और भगवान की

साम्यता दिखाते हैं। हिटलर अगर भगवान है तो निहायत ही निर्दय और भगवान हिटलर का प्रतिरूप है तो तानाशाह और हृदयहीन। इस पूरी कविता में कवि लोकगीत का सारा सौन्दर्य ज्यों-का-त्यों बरकरार रखे है। कविता का पूरा अन्तर्बोध एक 'लय' से भरा हुआ है। और 'टेक' का वाक्य सत्यं शिवं सुन्दरम् हर बार नया अर्थ लेकर आता है। मिला-जुलाकर यह कहा जा सकता है कि रामविलास जी पर निराला का प्रभाव स्पष्टतः दिख पड़ता है। कहीं उनका मेघमन्द्र स्वर, कहीं उदात्त कल्पना, कहीं छन्द विधान—हर तरह के प्रयोग में निराला उनकी कविता के आदर्श की तरह झिलमिलाते रहते हैं।

स.ही. वात्स्यायन अज्ञेय (जन्म 1911, मृत्यु 1987)

तार सप्तक में अज्ञेय की (पुनश्च के बाद की कविताओं को छोड़कर) 17 कविताएँ हैं। तार सप्तक से पूर्व ही, अज्ञेय के 'भग्न दूत' और 'चिन्ता' दो काव्य संग्रह प्रकाशित थे। भग्नदूत में छायावाद का प्रकाश देखा जा सकता है। 'आँसू' के रचयिता प्रसाद की तरह अज्ञेय भी लिखते हैं—

विकले विश्व क्षेत्र में खोजा
पुंजीभूते प्रणव वेदने
आज विस्मृता हो जा

कवि का यह विकल मन चिन्ता में एक पूर्ति पा लेता है। अज्ञेय तार सप्तक से पूर्व भी प्रयोगधर्मा रहे हैं। वे प्रगतिवाद के स्वर में भी स्वर मिलाने का प्रयास करते हैं। 'स्नात वह मेरा साकी' का सुर प्रगतिवादी ही है। किन्तु अज्ञेय का प्रगतिवादी स्वर जल्दी ही मन्द पड़ जाता है। यह उनके व्यक्तित्व के अनुकूल भी नहीं था। अज्ञेय की अन्तर्दृष्टि सामाजिक यथार्थ पर उस रूप में नहीं टिक पाती जिस रूप में प्रगतिशील कवियों की। उनके कवि व्यक्तित्व की बुनावट अत्यन्त ही जटिल है। वे अन्तः यथार्थ और मनोवैज्ञानिक यथार्थ की अभिव्यक्ति के कवि बन जाते हैं। तार सप्तक ने अज्ञेय को हिन्दी कविता में एक नई कवि परिपाटी के सूत्रधार की तरह पुरस्कृत किया। जहाँ से प्रयोगवाद की शुरुआत होती है, तार सप्तक में नवीन चेतना के संस्कारों से युक्त जिन अन्य छह कवियों को इन्होंने संकलित-सम्पादित किया वे सभी अज्ञेय के शब्दों में 'राहों के अन्वेषी' थे। किन्तु ऐसा प्रतीत होता है कि अज्ञेय खुद भी राहों का अन्वेषण करने में लगे हुए थे। छायावादी काव्य संस्कार से मुक्ति पाने के लिए उन्होंने कविता में शिल्पगत और वस्तुगत दोनों तरह के प्रयोगों पर अतिशय बल दिया, हालाँकि उनका इन प्रयोगों के लिए कोई स्पष्ट आग्रह नहीं था।

अज्ञेय ने तार सप्तक के अपने वक्तव्य में यह स्वीकार किया है कि आज के

कवि के सामने कई समस्याएँ हैं। जैसे काव्य विषय भी, सामाजिक उत्तरदायित्व भी, 'संवेदना के पुनः संस्कार भी।'[41] पर इनसे भी अधिक महत्त्व कविता की ग्रहणशीलता का है। वे कहते हैं कि कवि कर्म की ही मौलिक समस्या है कि साधारणीकरण और कम्युनिकेशन (सम्प्रेषण) की समस्या। यही वह बिन्दु है जहाँ से कविता में प्रयोग की शुरुआत होती है और कविता के भाव पक्ष की अपेक्षा शिल्प पक्ष के दरवाजे प्रयोग के लिए खुल जाते हैं और प्रयोगवाद का एक नया वाद बन जाता है।

अज्ञेय के काव्य पक्ष में आधुनिक युग के मानव की यौन वर्जनाओं का चित्रण मिलता है। इसके मूल की खोज में कवि सामाजिक वर्जनाओं को और सामाजिक रूढ़ि को देखता है। इस कारण ही आज का मानव मन यौन परिकल्पनाओं से लदा हुआ है और वे कामनाएँ, सब दमित और कुंठित हैं। उसकी सौन्दर्य चेतना भी इससे आक्रान्त है। उसके उपमान सब यौन प्रतीकार्थ रखते हैं। इस तरह से भावबोध और काव्य शिल्प के स्तर पर अज्ञेय संवेदना के नए रूप की तलाश करते हैं। जिन वर्जनाओं से मुक्ति पाने की बात अज्ञेय करते हैं वह उनकी कई कविताओं में व्यक्त हुई हैं। उनकी दो कविताएँ देखना ही पर्याप्त होगा।

1. ठहर, ठहर आततायी! जरा सुन ले
मेरे क्रुद्ध वीर्य की पुकार, आज सुन जा
रागातीत, दर्पस्फीत, अतल अतुलनीय,
मेरी अवहेलना की टक्कर सहार ले–
क्षणभर स्थिर खड़ा रह ले–
मेरे दृढ़ पौरुष की एक चोट सह ले!

–जनाह्वान

2. *जबकि सहसा तड़ित के आघात से घिरकर*
फूट निकला स्वर्ग का आलोक,
बाध्य देखा स्नेह से आलिप्त
बीज के यतिवत्य से उत्फुल्ल
बद्ध,
वासना के पंक-सी फैली हुई थी
धारयित्री, सत्य सी निर्लज्ज, नंगी
और समर्पित!

–सावन मेघ-2

इसी तरह के अनेक यौन बिम्ब तार सप्तक की कविताओं में अज्ञेय ने खींचे हैं। अधिकांशतः ये बिम्ब प्रकृति के उपादानों में लिपटकर चित्रित हुए हैं। अज्ञेय ने साधारणीकरण और सम्प्रेषण की समस्या को आज के कवि की एक प्रमुख समस्या

माना है। वस्तुतः यह समस्या भावबोध की नवीनता जिसे हम आधुनिकता भी कह सकते हैं के कारण विषयवस्तु में होने वाले परिवर्तन से उत्पन्न हुई है। तार सप्तक का भावबोध अलग तरह के काव्य संस्कार की माँग करता है और पुराने काव्य संस्कार को तोड़ता भी है। अज्ञेय 'साधारणीकरण' को छोड़कर 'सम्प्रेषण' को वर्तमान कविता की समस्या मानते हैं। छायावादी और उत्तर छायावादी कविता तक यह समस्या नहीं थी लेकिन प्रयोगवादी अज्ञेय जितना मानसिक कुंठा में उलझते गए हैं उतनी ही उनकी कविता में सम्प्रेषण की समस्या बढ़ती गई है। मानसिक कुंठा यौन बिम्बों के रूप में प्रयुक्त हुई है तो व्यक्ति मन की चिन्ता गूढ़ शब्दावली में भी व्यक्त की है।

तार सप्तक के वक्तव्य में कवि ने डी.एच. लॉरेन्स को बड़ी श्रद्धा से याद किया है। डी.एच. लॉरेन्स अंग्रेजी साहित्य में उन्मुक्त यौन चित्रण के व्याख्याता रचनाकार रहे हैं। अज्ञेय पर आलोचकों ने टी.एस. इलियट का भी प्रभाव माना है पर टी.एस. इलियट जिस तरह से परम्परा और व्यक्तिगत प्रतिभा को जोड़ते हैं अज्ञेय उतनी ही व्यग्रता से परम्परा और वैयक्तिक प्रतिभा को अलग करते हैं। और इलियट के ही काव्य सिद्धान्त का अनुकरण करते प्रतीत होते हैं।

तार सप्तक में संगृहीत अज्ञेय की कविताओं में 'वर्ग भावना' ऐसी सटीक है कि वहाँ वर्ग-संघर्ष की चेतना–मैथुन सुख से परिलक्षित होती है। वहाँ विभाजन मैथुन सुख और सुरति श्रम का है–एक वर्ग है जो सुरति श्रम वाला है दूसरा वर्ग मैथुन सुख का–

अवतंसों का वर्ग हमारा
खड्गधार भी न्याय भार भी!
हमने क्षुद्र तुच्छतम जन से
अनायास ही बाँट लिया
श्रम-भार की, सुख-भार की।
बल्कि बढ़ गए हैं आगे भी–
हम निश्चय ही हैं उदार भी...
टीका (यद्यपि भाष्यकार हैं दुर्मुख)
हम लोगों का एकमात्र श्रम है सुरति-श्रम,
उस अन्त्यज का एकमात्र सुख है–मैथुन-सुख।

–वर्ग भावना–सटीक

अज्ञेय की तार सप्तक की कविताओं में कुल-मिलाकर यौन कुंठाओं के ही चित्र अधिक मिलते हैं। यही चित्र बार-बार प्रयुक्त होने से यौन प्रतीक भी बन गए हैं। छायावाद का मध्यवर्गीय युवक समाज से संघर्ष न करके अपनी आकांक्षा की पूर्ति

हेतु प्रकृति में रमता था, उत्तर छायावादी कवियों का युवक अपने को 'मधु' पीड़ित पाता है तो अज्ञेय का प्रयोगवादी युवक अपने लिए 'यौन कुंठा' और उसकी वर्जनाओं से मुक्ति और युक्ति के द्वार खोल लेता है।

तार सप्तक की कविताओं में अज्ञेय का भाषाशिल्प का विवेक तत्सम प्रधान अभिव्यंजनोन्मुख हो पाता है। शायद यही वह बिन्दु है जो उन्हें छायावादी कविता की भाषा से विलग नहीं रहने देता।

सन्दर्भ

1. दिनकर, मिट्टी की ओर, उदयाचल, पटना, पृ. 1946।
2. नया साहित्य, 1, 1946, शमशेर का लेख, तार सप्तक पर।
3. डॉ. नामवर सिंह, कविता के नए प्रतिमान, संस्करण 1995, पृ. 88
4. वही।
5. वही।
6. नन्ददुलारे वाजपेयी, आधुनिक साहित्य, पृ. 16-17
7. भारतभूषण अग्रवाल, प्रसंगवश, पृ. 27
8. नई कविता के प्रतिमान, पृ. 140
9. पूर्ववत्।
10. डॉ. नगेन्द्र, विचार और विवेचन, पृ. 148
11. जगदीश गुप्त, आलोचना, अप्रैल 1953, नई कविता में रस और बौद्धिकता।
12. तार सप्तक, भूमिका, पृ. 13
13. वही, पृ. 7-8
14. तार सप्तक में वक्तव्य, चतुर्थ संस्करण, 8-49, 51-52, पृ. 273
15. वही।
16. वही।
17. वही।
18. द्रष्टव्य तार सप्तक में संकलित 'कवि गाता है', 'अपने कवि से', 'कविता क्या है', जैसी कविताएँ।
19. तार सप्तक में संकलित।
20. लक्ष्मीकान्त वर्मा, नई कविता के प्रतिमान, पृ. 79
21. पूर्ववत्, पृ. 139-40
22. अज्ञेय, तार सप्तक, दूसरे संस्करण की भूमिका, पृ. 6
23. गिरिजा कुमार माथुर, नई कविता : सीमाएँ एवं सम्भावनाएँ।
24. मुक्तिबोध, तार सप्तक, प्रथम संस्करण, पृ. 43
25. पूर्ववत्।
26. डॉ. नामवर सिंह, कविता के नए प्रतिमान, राजकमल प्रकाशन, नई दिल्ली, पृ. 67

27. नेमिचन्द्र जैन, तार सप्तक, वक्तव्य।
28. पूर्ववत्।
29. भारतभूषण अग्रवाल, तार सप्तक, द्वितीय संस्करण, वक्तव्य।
30. माचवे, तार सप्तक, वक्तव्य।
31. वही।
32. वक्तव्य।
33. माथुर, गिरिजा कुमार, वक्तव्य।
34. वही।
35. निराला, मंजीर की भूमिका, संस्करण 1963, इंडियन प्रेस, इलाहाबाद, पृ. 4
36. शम्भुनाथ, प्रयोगवाद और नई कविता।
37. गिरिजा कुमार माथुर, तार सप्तक, वक्तव्य, पृ. 124
38. रूपतरंग, परिचय, संस्करण 1990, पृ. 18
39. वही, पृ. 19
40. रामविलास शर्मा का तार सप्तक वक्तव्य, पंचम संस्करण, पृ. 189
41. अज्ञेय, तार सप्तक, वक्तव्य।

अध्याय : चार

'तार सप्तक' कवियों का काव्य-चिन्तन

"यह कहा जा सकता है कि हमारे मूल राग-विराग नहीं बदले—प्रेम अब भी प्रेम है और घृणा अब भी घृणा, यह साधारणतया स्वीकार किया जा सकता है। पर यह भी ध्यान में रखना होगा कि राग वही रटने पर भी रागात्मक सम्बन्धों की प्रणालियाँ बदल गई हैं और कवि का क्षेत्र रागात्मक सम्बन्धों का क्षेत्र होने के कारण इस परिवर्तन का कवि कर्म पर बहुत गहरा असर पड़ा है।...जैसे-जैसे बाह्य वास्तविकता बदलती है—वैसे-वैसे हमारे उससे रागात्मक सम्बन्ध जोड़ने की प्रणालियाँ भी बदलती हैं और अगर नहीं बदलतीं तो उस बाह्य वास्तविकता से हमारा सम्बन्ध टूट जाता है। कहना न होगा कि जो आलोचक इस परिवर्तन को नहीं समझ पा रहे हैं, वे उस वास्तविकता से टूट गए हैं जो आज की वास्तविकता है। उससे रागात्मक सम्बन्ध जोड़ने में असमर्थ वे उसे केवल बाह्य वास्तविकता मानते हैं जबकि पीछे हम उससे वैसा सम्बन्ध स्थापित करके उसे आन्तरिक सत्य बना लेते हैं। और इस विपर्यय से साधारणीकरण की नई समस्याएँ आरम्भ होती हैं।"

—अज्ञेय, दूसरा सप्तक की 'भूमिका'

सर्वेक्षण

अपने प्रसिद्ध निबन्ध 'लघुमानव के बहाने हिन्दी कविता पर एक बहस' में डॉ. विजयदेव नारायण साही ने छायावाद, छायावादोत्तर और नई कविता काल में भारतीय राजनीति, समाज और साहित्य के अन्तःसम्बन्धों की विवेचना करते हुए विस्तार से उस समय की 'भारतीय मानसिकता' बड़ा ही सूक्ष्म विश्लेषण प्रस्तुत किया है। वह कालखंड भारतीय समाज में स्वतंत्रता संग्राम का है। उस समय गांधी, नेहरू के विचारों का 'भारतीय मानस' पर बड़ा गहरा प्रभाव था। साहित्य पर रवीन्द्र का प्रभाव भी अक्षुण्ण था। पूरा 'भारतीय समाज' जैसे एक ही सोच से अनुप्राणित हो रहा हो।

साही ने महात्मा गांधी का हवाला देते हुए उनके तत्कालीन विचारों का एक अंश उद्धृत किया है–

"The nation have progressed both by evolution and revolution. The one is necessary as the other. Death which is an eternal verity, is revolution as birth and after its slow and steady evolution. Death is as necessary for man's growth as life itself. God is the greatest Revolutionist the world has ever known or will know. He sends deluges. He sends storms where a moment ago there was calm. He levels down mountains which he builds with exquisite care and infinite patience. I do water the sky and it fills me with awe and wonder. In the server blue sky, Both of India and England. I have seen clouds gathering and burning with a fury which has struck me dumb. History is more a record of wonderful revolutions than the co-called ordered progress no history more so than the English. And I beg to inform the correspondent that I have sean people trudging slowly up mountain and have also seen men shooting up the air through great heights."[1]

साही ने गांधी जी का यह लम्बा उदाहरण इसलिए नहीं दिया कि यह उस समय की राजनीतिक चेतना को व्यक्त करने वाला अंश है, बल्कि इसमें जो काव्यात्मकता है उसकी अभिव्यक्ति तत्कालीन हिन्दी साहित्य की 'धड़कन' में भी सुनी जा सकती थी। साही ने सारे पद गिनाए हैं : 'जीवन और मृत्यु', 'क्रान्तिकारी ईश्वर', 'प्रलय प्रवाह', 'विस्तृत आकाश', 'विकराल प्रलय-मेघ', 'छूटते हुए उल्का पिंड'–'सरीखा मनुष्य' साही के अनुसार 'आपको छायावाद युग का स्पन्दन कुछ-कुछ स्पर्श करता हुआ प्रतीत होगा।' इस सन्दर्भ में साही का निष्कर्ष है कि छायावाद की हर रचना एक ही साथ नैतिक भी है, कल्पनात्मक भी है और राजनीतिक भी है। और उदाहरण दिया प्रसाद का 'बीती विभावरी जाग री' या निराला की 'राम की शक्ति पूजा' या पन्त का 'धूम धुँआरे काजर कारे' या महादेवी का 'जाग तुझको दूर जाना'[2]। साही इसे 'नैतिक अथवा कलात्मक विजन' कहते हैं। इस 'नैतिक अथवा कलात्मक विजन' के आलोक में छायावादी अपनी काव्य साधना करते हैं। "इसीलिए छायावाद का लघु प्रतिक्षण महत में विसर्जित या विलीन हो जाने को आतुर है। या हम यों कहें कि छायावादी दृष्टि उसे उस आतुरता के क्षण में ही पकड़ती है। उससे पहले, या उसके तले, वह देखती ही नहीं। उसके लिए लघु का कोई साकार, ठोस, प्रतिरोधी रूप प्रस्तुत ही नहीं होता। मानव या तो महामानव है, या है ही नहीं। चाहे वह महामानव प्रधानतः नैतिक हो या कल्पनात्मक।"[3] साही 'मनुष्य की प्राण शक्ति' है दिग्दर्शक का एकमात्र रास्ता इसे ही नहीं मानते। 'लघु' के महत में परिवर्तित होने के बदले हुए 'टोन' को साही उत्तर छायावादियों अथवा जिसे छायावादोत्तर कविता भी कहते हैं में पाया। इन

कवियों में बच्चन, भगवतीचरण वर्मा, दिनकर आदि कवि आते हैं। इन कवियों के बदले हुए टोन को भी समझने के लिए साही 'राजनीतिक परिस्थितियों' को प्रधान कारक मानते हैं। साही नेहरू के जिस कथन से तीसरे दशक की शुरुआत मानते हैं, वह निम्न प्रकार से है–

"Was it for this that our people had behaved so gallantly for a year? Where all our brave words and deeds to end is this? The independence resolution of the Congress, the pledge of Jan 26, so often repeated? So I lay and pondered on that March Light, and in my heart there was a great emptiness as of something precious gone, almost beyond recall.

This is the Way the World ends.
Not with a bang but a whimper."

–J.L. Nehru : Autobiograhpy[4]

पंडित नेहरू 5 मार्च, 1931 को यह महसूस कर रहे थे। 4 मार्च को गांधी-इरविन समझौता हुआ था। ऊपर से सब कुछ अपनी भव्यता में ही उपस्थित था। किन्तु नेहरू कहीं अन्दर-ही-अन्दर कुछ टूटता हुआ महसूस कर रहे थे। साही उपर्युक्त मनःस्थिति से उत्तरछायावादियों की सर्जना पुरुष की अगम्भीर मानसिकता को जोड़कर देखते हैं। साही बच्चन, दिनकर, भगवतीचरण वर्मा के पात्रों में एक टूटे हुए 'साधारण आदमी' को आकार ग्रहण करता हुआ पाते हैं। साही 'महामानव' और 'लघुमानव' के तर्ज पर इसे 'साधारण मानव' कहना पसन्द करते हैं। साही का निष्कर्ष है कि "मैं थोड़ी शब्दावली में बड़े परिवेश में बड़े आदमी की कविता, छोटे परिवेश में छोटे आदमी की कविता, साधारण परिवेश में साधारण आदमी की कविता कहना पसन्द करता हूँ।"[5] यानी 'छायावादी महामानव' यहाँ 'साधारण आदमी' में तब्दील हो जाते हैं। साही इस परिवर्तन को नेहरू की उपर्युक्त 'रिक्तता' से जोड़ते हैं। साही कहते हैं– "जो लहर पूरे कसाव और उन्माद के साथ पिछले दस-बारह वर्षों से उत्तरोत्तर बढ़ती हुई गति से उड़ी थी, यह जैसे अपनी चरमता पर पहुँचकर किसी चट्टान से टकराई और छितरा गई।"[6] और इन्हीं टुकड़ों के इन्द्रधनुष उत्तरछायावादी कवियों की कविताओं में उतर आया है। इन कवियों की कविताओं में ऐसा लगता है "जैसे अंग्रेज छवि लार्ड बायरन के पचासों टुकड़े कर दिए गए हों और उनमें से कुछ-कुछ टुकड़े इन तमाम कवियों की 'जवानी' में अलग-अलग जज़्ब कर दिए गए हैं।"[7] इस युग के ये कवि 'अस्थिर मस्तिष्क' (Fickle minded) हैं, जिनमें न तो गम्भीरता थी और न ही स्थिरता। साही इस मनोदशा को 'अगम्भीरता' कहते हैं। इस मनःस्थिति की अनिवार्य परिणति की ओर साही संकेत करते है–"अज्ञेय और उनके साथियों के सामने–जो 'तार सप्तक' में संगृहीत हुए–समस्या यह थी कि तीसरे दशक के काव्य में जो अनिवार्य अगम्भीरता थी, उससे मनोभूमि को फिर किस प्रकार गम्भीरता की

ओर वापस लाया जाए। इसका एक ही उपाय था—अन्तर्ध्वनित सत्य और बाह्य सत्य के जिस अन्तर को महसूस करते हुए भी तीसरा दशक झुठलाना चाहता था, उसे पूर्णतः स्वीकार कर लिया जाए।[8] इस गम्भीरता के तलाश की शुरुआत 'तार सप्तक' द्वारा हुई थी, साही का यही निष्कर्ष है।

इस बिन्दु पर एक-दो बातों पर अलग से विचार करने की आवश्यकता है। प्रथम तो यह कि इस पूरे प्रसंग में साही प्रगतिशील आन्दोलन को अत्यन्त कम करके आँकते हैं। प्रगतिशील आन्दोलन इसी काल की देन है, जिसकी अन्तर्ध्वनि पूरे भारतीय साहित्य में फैल जाती है। प्रगतिशील आन्दोलन भक्ति आन्दोलन की तरह ही पूरे भारतीय साहित्य में अपनी जनोन्मुखता के लिए सुख्यात है। यह भी उसी युग की देन है। प्रेमचन्द की विरासत का विकास इसी दिशा में होता है। यह अकारण नहीं है कि राहों के इन अन्वेषियों में से अधिकांश का रुझान मार्क्सवाद की तरफ ही है।

दूसरी बात यह कि 'तार सप्तक' में दोनों धाराएँ—अगम्भीरता की धारा और सुचिन्तित प्रगतिशीलता की धारा मिलती हुई दिखती हैं। इन दोनों धाराओं का अनोखा संगम 'तार सप्तक' में होता हुआ लगता है। अगले दशक में अज्ञेय आदि की धारा तो 'व्यक्तिवादी मनोवृत्तियों' तक ही सीमित होकर रह जाती है जबकि मुक्तिबोध की धारा व्यापक सरिता का रूप ले लेती है। व्यक्तिवाद मुक्तिबोध में भी है, किन्तु उस व्यक्तिवाद की बेचैनी में एक सामाजिकता पाने की छटपटाहट है—वे पास के या नहीं? यह प्रश्न यहाँ गौण है। इन्हीं राजनीतिक, सामाजिक, सांस्कृतिक परिस्थितियों की देन 'तार सप्तक' है जो उस संकलन के कवियों की भावभूमि और कला सम्बन्धी दृष्टि को निर्धारित करती है। आखिर जिस काव्यधारा की वस्तु और कला को अज्ञेय जैसे महान कवि ने पूरी तरह से नकारा था वह तो प्रगतिशील धारा की ही मान्यताएँ और स्थापनाएँ थीं। चाहे वे काव्य सम्बन्धी हों या कला सम्बन्धी। साही ने अपने उपर्युक्त निबन्ध में प्रगतिशील धारा के महत्त्व को अत्यन्त कम करके आँका है। प्रयोगवादी काव्यधारा के जिस व्यक्तिवाद को वे आगे पर्यवसित होते देखते हैं, उसके समानान्तर चलने वाली केदार, त्रिलोचन, नागार्जुन की भी धारा है। वह किस राजनीतिक परिणति को व्यक्त करती है? इस प्रश्न को साही ने अनुत्तरित ही छोड़ दिया है। सारांश यह कि उपर्युक्त तथ्यों के आलोक में ही 'तार सप्तक' के कवियों की काव्य दृष्टि पर विचार किया जाना चाहिए।

'तार सप्तक' के कवियों में इतनी विविधता है कि सबकी कविताओं और 'वक्तव्यों' में व्यक्त स्थापनाओं में तीखी टकराहट की गूँज सुनाई देती प्रतीत होती है। पूरा 'तार सप्तक' संगीत के एक आर्केस्ट्रा सा लगता है जहाँ अनेक तरह के वाद्ययंत्रों की आवाज का घुला-मिला स्वर सुन पड़ता है। यह वैविध्य 'तार सप्तक'

की कविताओं की अन्तर्वस्तु को भी प्रतिध्वनित करता है। अन्तर्वस्तु ही वस्तुतः उनके शिल्प का भी निर्धारण करती है। सुविधा की दृष्टि से अन्तर्वस्तु और शिल्प सम्बन्धी इन कवियों की दृष्टि को दो उपभागों में देखने की जरूरत है जिसे सिद्धान्त निरूपण उपशीर्षक के अन्तर्गत रखा जा सकता है।

सिद्धान्त निरूपण

अन्तर्वस्तु–अन्तर्वस्तु का सम्बन्ध केवल कविता की विषयवस्तु से नहीं है। यह कवि के रचनालोक और उसके बाह्य संसार से है। अपने बाह्य परिवेश को ही अनुभूति का अंग बनाकर कवि अपनी कविता में प्रस्तुत करता है। मुक्तिबोध इसे और अधिक शास्त्रीय शैली में व्यक्त करते हैं–"काव्य की वस्तु, अर्थात मनस्तत्व (जिसके भीतर बाह्य जीवन जगत के बिम्ब और अन्तर की प्रतिक्रियाएँ दोनों का समावेश होता है।) कवि इनके भीतर की अन्तर्तत्व व्यवस्था का ही एक भाग होते हैं।"[9] परिवेश का यह आभ्यंतरीकरण और उसका बोध हर कवि का अलग-अलग होता है। इसी से उसकी काव्य चेतना भी निर्मित होती है। जो कवि जितना संवेदनशील होगा, उसकी काव्य चेतना उतनी प्रखर और सम्भावनाशील होगी। बोध की यही चेतना किसी कवि की काव्यदृष्टि का निर्धारण करती है। कवि का यह बाह्य परिवेश सामाजिक, राजनीतिक, आर्थिक, सांस्कृतिक स्तरों से बनता है। 'तार सप्तक' के कवियों की काव्यदृष्टि भी उपर्युक्त परिवेश के बोध का ही परिणाम है। इन्हें अलग-अलग बिन्दुओं में देखना उचित होगा।

'तार सप्तक' के कवियों का सम्बन्ध मध्यवर्गीय सामाजिक परिवेश से है। स्वभावतः मध्यवर्गीय समाज की विशेषताओं से वे युक्त हैं। उनकी यह विशेषता खूबियों और खामियों दोनों की शिकार है और वे उन्हें व्यक्त भी करते हैं। ये कवि यदि मध्यवर्गीय व्यक्तिवादी असन्तोष और अतृप्ति के ग्रस्त हैं तो समाज से जुड़ने की आकांक्षा भी इनमें है। 'तार सप्तक' के इन कवियों में मध्यवर्गीय व्यक्तिवादी संस्कार और अभिलाषा का यह द्वन्द्व बड़ा ही प्रखर है।

मुक्तिबोध ने 'तार सप्तक' के अपने वक्तव्य में अपने व्यक्तिगत दायरे से निकलकर पूरी दुनिया को देखने की अभिलाषा व्यक्त की है। वे लिखते हैं–"आज के वैविध्यमय उलझन से भरे रंग-बिरंगे जीवन को यदि देखना है तो अपने वैयक्तिक क्षेत्र से एक बार तो उड़कर बाहर जाना ही होगा।...कला का केन्द्र व्यक्ति है, पर उसी केन्द्र को अब दिशा व्यापी करने की आवश्यकता है।"[10] मुक्तिबोध की 'तार सप्तक' की कविताओं का प्रधान तत्व मध्यवर्गीय व्यक्ति का यही अन्तर्द्वन्द्व है।

'आत्मसंवाद' कविता में यह द्वन्द्व खुलकर व्यक्त हुआ है। उपर्युक्त वक्तव्य की चेतना भी इसमें है कि वह परिस्थितियों के पक्ष-विपक्ष दोनों को समझता है। 'व्यक्तित्व के खंडहर' के व्यक्ति की क्रान्तिकारी चेतना प्रसुप्त है। जीवन में किए गए तमाम समझौतों के कारण उसका व्यक्तित्व खोखला हो गया है और वह कुंठा का शिकार हो चुका है। किन्तु 'कुंठा' के बीच से कभी बिजली की तरह कौंधकर वस्तुस्थिति से युक्त चेतना उसे बेचैन कर देती है। यह पूँजीवादी समाज में दोहरा जीवन जीते व्यक्ति की समस्या है, जो कभी तो अपने स्वार्थ के लिए समझौते करता है और कभी समस्याओं से लड़ने के लिए कमर भी कसता है। 'आत्मा के मित्र मेरे' का सच्चा स्वरूप आस्था का ही है। इन कविताओं में मुक्तिबोध का स्वर आस्था और अनास्था या निराशा के बीच झूलने वाले का है। मुक्तिबोध की यह विकलता उनके मध्यवर्गीय सामाजिक जीवनानुभवों की देन है। इस विकलता और द्वन्द्व ने अपने रास्ते की तलाश भी की है–

देख जलते स्पन्दनों में क्या उलझता ही गया है,
जो नई चिनगारियाँ
नव स्वप्न का आलोक ले
उत्पन्न होती जा रही हैं।
उन सबलतम, तीव्र, कोमल देश की चिनगारियों में
जो खिले हैं स्वप्न रक्तिम, देख ले जी भर उन्हें तू।[11]

मुक्तिबोध का यह आत्मसंघर्ष ही उन्हें जनजीवन से जुड़कर कुछ नया करने की प्रेरणा देता है।

नेमिचन्द्र की कविताओं का समाज मध्यवर्गीय युवक का ही समाज है, जिसमें मध्यवर्गीय संस्कारों और उसको तोड़ फेंकने के विवेक का द्वन्द्व है। इस द्वन्द्व के बीच भी कवि सौन्दर्यानुभूति के लिए वक्त निकाल ही लेता है। 'तार सप्तक' में संगृहीत 'अनजाने चुपचाप', 'डूबती सन्ध्या' जैसी कविताएँ इसी तथ्य को उद्घाटित करती हैं। प्रेम के चित्रण में भी कवि का मन रमा है। 'इस क्षण में' स्वस्थ प्रेम का सुन्दर चित्रण मिलता है। यह प्रेम कवि की उदासी, निराशा और ग्लानि को दूर करता है। 'आगे गहन अँधेरा' में संस्कार और विवेक का द्वन्द्व झलकता है। संस्कार उसे अपने तक सीमित रखना चाहता है और विवेक कर्तव्य पथ पर अग्रसर होने की प्रेरणा देता है। 'जिन्दगी की राह' में कवि जीवन की गतिशीलता में विश्वास व्यक्त करता है, उसमें आगे बढ़ने की चाह भी है, वह मंजिल भी पाना चाहता है लेकिन मंजिल की दूरी और अकेलापन उसे निराश करता है। यह उदासी और निराशा मध्यवर्गीय युवक की उदासी और निराशा ही है। किन्तु जनसमुदाय से मिलकर कुछ करने की तड़प भी कवि में है–

अब भटकना छोड़ पन्थी
आज आओ साधना की राह,
जीवन एक ऐसी राह।
सर्वहारा,
प्रगति के उद्दाम नव उन्माद से बेचैन
आकुल एक धारा,
एक सतत प्रवाह
ऐसी जिन्दगी की राह!
जीवन एक लम्बी राह![12]

लेकिन इस द्वन्द्व में कवि पर उसका संस्कार ही हावी है। उसकी मंजिल उससे दूर ही रहती है। उसकी सारी तड़प और बेचैनी धरी रह जाती है–

किन्तु पथ-दर्शक
विवश मैं हार जाता हूँ भयंकर मौन से,
बेमाप अपने प्राण में छाए हुए एकान्त से,
सतत निर्वासित हृदय से।[13]

इस कविता का काव्य नायक हताश है, किन्तु हताशा में भी उसमें थोड़ी ऊर्जा बची हुई है। पर यह ऊर्जा ऐसी नहीं कि अपने समाज के गतिशील जीवन्त तत्वों तक वह पहुँच सके। उसकी यह कमजोरी मध्यवर्गीय सामाजिक व्यक्ति की कमजोरी है। लोगों से न जुड़ पाने के कारण उसे व्यर्थता का बोध होता है।

एक अन्य कविता 'उन्मुक्त' में कवि को फिर से अपनी उस ऊर्जा का भान होता है और वह सम्पाती की तरह अपने बल पर सबकुछ को उलट देने की कोशिश करता है। कविता की पंक्तियाँ हैं–

वह आज चीर देगा अम्बा का उर अनन्त,
युग-युग की जड़ता का कर देगा आज अन्त,
वैषम्य शृंखलाएँ होंगी सब चूर-चूर
उग रही स्वर्ण रेखाएँ समता की सुदूर।[14]

उपर्युक्त पंक्तियों में मध्यवर्गीय व्यक्ति की मानसिकता अपने उत्कर्ष पर है। जब उसे वर्गस्थिति का ज्ञान कराने वाला भाषण सुनाया जाता है तब वह पूरे जोश और उत्साह से व्यवस्था को बदलने के लिए खड़ा हो जाता है। उन्मुक्त का काव्य नायक भी ऐसा ही है। मुक्तिबोध की कविताओं में व्यक्तिगत संवेदना का जो तनाव मिलता है वह नेमि जी में नहीं मिलता। वैसे नेमि जी की तार सप्तक की कविताओं में आस्था से उदासी और व्यर्थता बोध ज्यादा प्रामाणिक रूप में व्यक्त हुए हैं। भारतभूषण अग्रवाल की कविताओं में समाज के प्रति आस्था तो मिलती है किन्तु समाज से

उनका लगाव कम ही है। 'सीमाएँ : आत्मस्वीकृति', 'मंसरी के प्रति' जैसी कविताओं में समाज के प्रति उनकी आस्था दिखती है पर पन्त की तरह वह बौद्धिक आस्था ही है। वह कहीं से हृदय को नहीं छूती। उनकी यह सामाजिक चेतना, बौद्धिक प्रक्षेत्र से निकल नहीं पाती। कवि जहाँ उपदेशक की तरह भावना का प्रेषण करता है वहाँ वह सफल होता दिखता है। 'जागते रहो', 'प्रात की प्रत्यूष वेला', 'फूटा प्रभात', 'पथहीन' आदि ऐसी ही कविताएँ हैं। तार सप्तक के वक्तव्य में वे खुद कहते हैं– ''मेरी ये कविताएँ केवल एक पलायन ही नहीं वरन् स्वप्नलोक भी थीं जहाँ मैंने अपनी समस्याओं से भागकर केवल शरण ही नहीं ली, वरन् साथ ही असामाजिक नुकीले व्यक्तित्व द्वारा उत्पन्न अपनी असम्भव इच्छाओं की पूर्ति भी देखी।...कम से कम मुझे मेरी कविता ने भावों का उत्थान नहीं दिया न उसने मेरे हृदय का परिष्कार किया। दूषित समाज ने मुझे जो असामाजिक कमजोरियाँ और गलित स्वार्थ दान में दिए, मेरी कविता ने उन्हीं की पीठ ठोंकी।''[15] उपर्युक्त कथन के बावजूद भारतभूषण अग्रवाल कविता में सामाजिक सरोकार को खूब अच्छी तरह समझते हैं।[16] यदि कविता का उद्देश्य व्यक्ति की इकाई और समाज की व्यवस्था के बीच स्वर देना और उसको शुभ बनाने में सहायता करना है, तो हिन्दी के कवि को समाज से नाराज होकर भागने की बजाय समाज की इस शोषक सत्ता से लड़ना होगा जिसने उसको कोरा स्वप्नभिलाषी और कल्पनाभिलाषी बना छोड़ा है। और जिसने उसको अपनी कविता को ही एकमात्र सम्पत्ति मानने के भ्रम में डाला है...तब कविता उसके हाथ में एक मूल्यवान अस्त्र की भाँति होगी। आज की तरह अपार्थिव, अस्तित्वहीन फूलों की सेज नहीं।

प्रभाकर माचवे यथार्थवादी कवि के रूप में सामने आते हैं। उनके यहाँ गिरिजा कुमार माथुर की तरह भावुकता और रोमांस नहीं है। वे अपने वक्तव्य में भी प्रगतिशीलता के पक्षधर दिखाई पड़ते हैं। निम्न-मध्यवर्ग शीर्षक कविता में पूँजीवादी व्यवस्था के अन्तर्गत निम्न-मध्यवर्गीय व्यक्ति का उन्होंने यथार्थ चित्र खींचा है। वे कहते हैं कि निम्न-मध्यवर्गीय व्यक्ति के पास न तो खाने-पीने की सम्पन्नता है, न रहने को मकान फिर भी वह अपने को निम्नवर्गीय लोगों से उच्च्च समझता है तथा उच्च्च वर्ग की नकल करता है। ऐसे लोग ही सबसे पहले क्रान्ति और नवीनता का नाम सुनकर डरते हैं।

गिरिजा कुमार माथुर की काव्यदृष्टि भावुकता और रोमानियत से युक्त है। माथुर की कविताओं की विषयवस्तु है–उदास दोपहर, सन्ध्या या रात के खाली कमरों में सूने पलंग के साथ जुड़ी मिलन की यादें, 'नींद भरे आलिंगन', 'चूड़ी की फिसलन' मीठे अधरों की धीमी-धीमी बातें और प्रेमिका की लज्जित छवियाँ। माथुर की तार सप्तक की सभी कविताएँ इन्हीं मनःस्थितियों पर बुनी गई हैं। प्रकृति जहाँ कहीं भी आई है तो इन मनःस्थितियों के 'बैकग्राउंड' के रूप में। कुल-मिलाकर गिरिजा कुमार माथुर की सारी

उदासी और रूमानियत के मूल में मध्यवर्गीय व्यक्ति का प्रेम प्रसंग ही है। वह एक ऐसी दुनिया का नायक है जो शिक्षा प्राप्त कर जीविका की तलाश में इधर-उधर भटक रहा है और अपने प्रेम को याद करता है। आलोचकों ने इसे वैक्यूम या सूनेपन की स्थिति कहा है। इस वैक्यूम को वह अपनी प्रेमिका की यादों से भरता है। अपनी इस व्यर्थता की खोज कवि या काव्य नायक दो पाटों की दुनिया में करता है–

प्रौढ़ सभी कायम है,
जवान सब अराजक है,
वृद्ध जन अपाहिज हैं,
मुँह बाए हुए भावक है,
हम क्या करें...
तर्क और मूढ़ता के भ्रम से कैसे छूटें।

–दो पाटों की दुनिया

तार सप्तक के कवियों में डॉ. रामविलास शर्मा सबसे सन्तुलित दृष्टि वाले कवि हैं, उनमें न तो किसी तरह का द्वन्द्व भाव है न ही पराजय बोध। इनकी कविता में मजदूरों की समस्याएँ हैं जिन्हें वे अपनी प्रतिबद्ध सामाजिक दृष्टि से देखते हैं। शोषण, उत्पीड़न, अत्याचार जैसी सामाजिक समस्याओं का चित्रण करता हुआ कवि कहीं भी न तो दुविधाग्रस्त है और न ही कहीं कमजोर होता है। कवि जानता है कि अपनी स्थितियों को बदलने के लिए संघर्ष आवश्यक है और रास्ते समस्याओं से जूझने पर ही निकलते हैं, किसी ईश्वरीय चमत्कार से नहीं। शर्माजी की महत्त्वपूर्ण कविताओं में गुरुदेव की पुण्य भूमि, हड्डियों का ताप, किसान कवि और उसका पुत्र इन्हीं विचारों से ओत-प्रोत हैं।

तार सप्तक में संकलित अज्ञेय की कविताएँ सामाजिकताविहीन हैं। यहाँ की कविताओं में अज्ञेय अपनी नितान्त वैयक्तिकता को स्थापित करने में तत्पर दिखते हैं। अपने वक्तव्य में वे कहते हैं सत्य व्यक्तिबद्ध नहीं है, और जितना ही व्यापक है उतना ही काव्योत्कर्षकारी। अज्ञेय अपनी कविताओं से एक तरह से भ्रम पैदा करते हैं। उनके वक्तव्य भी भ्रम पैदा करने वाले हैं। जनाह्वान शीर्षक कविता जिसे आलोचक जनता के पक्ष में व्याख्यायित-विश्लेषित करते हैं वह भी वैयक्तिक अतिक्रान्तिकारिता के अतिरिक्त और कुछ नहीं है। अज्ञेय की आस्था न तो जनता में ही है और न समाज में। 'जनाह्वान' में भी उनका जनाह्वान शीर्षक तक ही सीमित है। कविता में उनका अहंकारी व्यक्तित्व आत्मगौरव के भाव से उद्दीप्त है।

तार सप्तक की कविताओं में अज्ञेय यौन कुंठाओं से भी घिरे हैं। प्रेम सम्बन्धी उनकी कविताओं में कहीं भी अपर पक्ष के प्रति सहभागिता अथवा विश्वास नहीं मिलता है। यहाँ भी अविश्वास की कुंठा ही उनके मन में है। अज्ञेय ने अपने वक्तव्य

में स्वीकार भी किया है कि आधुनिक युग का साधारण व्यक्ति यौन वर्जनाओं का पुंज है। अज्ञेय की तार सप्तक की कई कविताएँ व्यक्तिगत यौन वर्जना प्रकट करने का खुला माध्यम बन गई हैं। इस दृष्टि से 'सावन-मेघ' जैसी कविता की कुछ पंक्तियाँ द्रष्टव्य हैं–

आह, मेरा श्वास है उत्तप्त–
धमनियों में उमड़ आई है लहू की धार–
प्यार है, अभिशप्त–
तुम कहाँ हो नारि?[17]

यौन कुंठा की समस्या दरअसल अज्ञेय अथवा, मध्यवर्गीय व्यक्ति की ही समस्या हो सकती है जिसे उन्होंने सार्वजनिक बना दिया है।

तार सप्तक में अज्ञेय का कहना है कि 'यथार्थ दर्शन केवल कुंठा उत्पन्न करता है।'[18] अज्ञेय के इस कथन को औचित्यपूर्ण नहीं माना जा सकता। यथार्थ दर्शन से कुंठित वह होता है जो उस यथार्थ से संघर्ष नहीं करना चाहता। जो संघर्ष करना नहीं चाहता उसके मन में कुंठा उत्पन्न होगी ही। अपने प्रेम को लेकर कुंठा छायावादी कवियों में भी देखने को मिलती है। विफल प्रेम के बाद छायावादी 'काव्य नायक' समाज से लड़ने की अपेक्षा, अपने प्रेम को पाने के बजाय समाज से भागकर प्रकृति में मुँह छिपाता है और आहें भरता है। उदाहरण के लिए प्रेम सम्बन्धी पन्त की कविताएँ देखी जा सकती हैं। अज्ञेय का वक्तव्य इसी तथ्य को प्रमाणित करता है। सप्तक में संकलित रामविलास शर्मा की कविताओं में भी जीवन के यथार्थ दर्शन की अभिव्यक्ति हुई है किन्तु जीवन की समस्याओं से संघर्ष करते किसान-मजदूर कहीं कुंठित नहीं होते। अज्ञेय की सारी कुंठाएँ समाज के एक ऐसे वर्ग की हैं जहाँ वर्जना पर कोई सामाजिक पाबन्दी नहीं है। वहाँ के जीवन मूल्य व्यक्ति के अनुसार बदलते हैं। वहाँ समाज का कोई विशेष आग्रह नहीं होता। वह समाज सर्वतंत्र स्वतंत्र है।

यह सही है कि अज्ञेय ने वर्जना की कुंठा और 'यथार्थ दर्शन' से उत्पन्न कुंठा की चर्चा अपने वक्तव्य में की है। ये दोनों कुंठाएँ एक खास मनःस्थिति की देन हैं। या तो आप समाज से कटकर बिलकुल अलग हो गए हैं या समाज ने आपको बिलकुल छोड़ दिया हो दोनों ही स्थितियाँ व्यक्ति और समाज का एक-दूसरे पर वर्चस्व स्थापित करने वाली ही होती हैं। अज्ञेय की कुंठा व्यक्ति और समाज के इसी द्वन्द्व से उत्पन्न हुई है।

तार सप्तक की कविताओं में अज्ञेय की प्रकृति सम्बन्धी कई कविताएँ हैं। इनमें अज्ञेय ने प्रकृति के मनोरम चित्र खींचे हैं–

सहमकर थम से गए हैं बोल बुलबुल के
मुग्ध, अनभिज्ञ रह गए हैं नेत्र पाटल के

उमस में बेकल अचल हैं, पात चाल दल के
नियत मानो बँध गई है, व्यास में पल के।

–भादों की उमस

अज्ञेय की तार सप्तक की कविताओं में प्रेम के प्रति आकर्षण की दुर्निवार अभिव्यक्ति हुई है। अज्ञेय इन कविताओं में अपनी कमजोरी को सिरसा स्वीकार करते हैं। यह एक ईमानदार कवि की सहज अभिव्यक्ति है–

घिर गया नभ, उमड़ आए मेघ काले
भूमि के कम्पित उरोजों पर झुका सा
विशद, श्वासाहत चिरातुर
छा गया इन्द्र का नील वक्ष–
वज्र सा, यदि तड़ित से झुलसा हुआ सा।

–सावन मेघ-1

कुल मिलाकर तार सप्तक के सभी कवियों में सामाजिक चेतना का व्यापक भाव है। इनकी सामाजिक चेतना के विविध पक्ष तत्कालीन देशकाल की स्थितियों से प्रभावित हैं। अज्ञेय आदि जिन कवियों में सामाजिकता का अभाव है–वह भी उत्तर-छायावादी कवियों की मनोवृत्ति का ही विस्तार है और इसके भी कारण तत्कालीन परिस्थितियों में ढूँढे जा सकते हैं। सही है तार सप्तक के सभी कवियों का सामाजिक बोध समान नहीं है; मुक्तिबोध, नेमिचन्द्र जैन, भारतभूषण अग्रवाल, रामविलास शर्मा की अपेक्षा अज्ञेय, गिरिजा कुमार माथुर की कविताओं में यह कम है। इनमें व्यक्तिगत आकांक्षाएँ अधिक मुखर हैं। मुक्तिबोध और नेमिचन्द्र जैन में व्यक्ति और समाज का द्वन्द्व और आत्मसंघर्ष हैं। भारतभूषण अग्रवाल और माचवे जी की सारी सामाजिकता बौद्धिक और ओढ़ी हुई लगती है।

जिस तरह हिन्दी साहित्य के मध्य काल में किसी कवि की पहचान उसके पन्थ से जुड़ी हुई थी उसी तरह आधुनिक काल में किसी साहित्यकार की पहचान उसकी राजनीतिक सोच से होती है। राजनीति की समझ उसके पूरे कवि व्यक्तित्व को बनाता है। अतः आज राजनीति से बचकर कोई नहीं रह सकता। राजनीति न करने वाले लोग भी एक तरह की राजनीति करते हैं जो घोषित रूप से राजनीतिक समझ के अनुसार कार्य करते हैं। उनसे उनके जीवन के सारे कार्यकलाप प्रभावित होते हैं। एक तरह से कहें तो राजनीतिक समझ ही उनका जीवन दर्शन है। यह बात पूरी तरह से आधुनिक युग के साहित्यकारों पर लागू होती है। साहित्य की शाश्वतता और राजनीति को सामयिक घोषित करने वाले लोग भी एक तरह की विरोधमूलक राजनीति करते ही हैं। नेमिचन्द्र जैन ने सही लिखा है–राजनीति को सामाजिक बताकर उसका साहित्य से बहिष्कार करने की जड़ में या तो किसी न किसी

राजनीतिक विचारधारा विशेष के बहिष्कार की माँग होती है अथवा उस युग के उलझे हुए सवालों से बच निकलने की भी।[19]

मुक्तिबोध साहित्य तथा अन्य कला से राजनीतिक सम्बन्ध को बताते हुए लिखते हैं—एक कला सिद्धान्त के पीछे एक विशेष जीवन दृष्टि हुआ करती है, उस जीवन दृष्टि के पीछे एक जीवन दर्शन होता है, और उस जीवन दर्शन के पीछे आजकल के जमाने में एक राजनीतिक दृष्टि भी रहती है।[20] राजनीति और कविता के सम्बन्ध को डॉ. नामवर सिंह ने भी स्पष्ट किया है, वे कहते हैं, निःसन्देह एक अर्थ में सभी कविताएँ राजनीतिक होती हैं, वे भी जिनमें कवि अपने राजनीतिक सन्दर्भ के प्रति सचेत नहीं होता। इस आज की द्वन्द्वात्मकता को बरतोल ब्रेख्त ने इन पंक्तियों में जैसे हमेशा के लिए व्यक्त कर दिया है—

यह कैसा जमाना है
कि पेड़ों के बारे में बातचीत भी लगभग जुर्म है।[21]
क्योंकि इसमें बहुत सारे कुकर्मों के बारे में चुप्पी शामिल है?

जब एक चुप्पी भी सन्दर्भ के द्वारा अर्थ पा जाती है तो फिर किसी भी कविता का राजनीतिक अर्थ पा लेना स्वयंसिद्ध है। जागरूक कवि अपने कवि कर्म के दौरान सतर्कता के साथ इस राजनीतिक सन्दर्भ को परिभाषित करते चलते हैं और इस प्रकार सीधे राजनीतिक विषयों पर कविता न लिखते हुए भी अपनी प्रत्येक रचना को एक निश्चित राजनीतिक अर्थ दे देते हैं।[22]

तार सप्तक के सन्दर्भ में यह बात ध्यान देने की है कि इसके कवियों ने सम्पूर्ण हिन्दी कविता के इतिहास में सम्भवतः पहली बार अपनी राजनीतिक प्रतिबद्धता घोषित की है। मुक्तिबोध कहते हैं—क्रमशः मेरा झुकाव मार्क्सवाद की ओर हुआ। अधिक दार्शनिक अधिक मूर्त और अधिक तेवर का दृष्टिकोण मुझे प्राप्त हुआ।[23] तार सप्तक के दूसरे कवि नेमिचन्द्र जैन ने भी अपने को क्रियात्मक रूप से राजनीतिक सक्रिय तथा मार्क्सवादी और कम्युनिस्ट कहा है। भारतभूषण अग्रवाल दो कदम और आगे बढ़ कर कहते हैं कि आजकल राजनीति का अध्ययन अच्छा लगता है। मार्क्सवाद को आज के समाज के लिए रामबाण मानता हूँ। कम्युनिस्ट हूँ।[24] डॉ. रामविलास शर्मा की प्रतिबद्धता जगजाहिर है। अपने वक्तव्यों में माचवे और अज्ञेय ने अपनी 'राजनीति' की ओर संकेत नहीं किया है। किन्तु व्यावहारिक जीवन में ये दोनों भी राजनीतिक कार्यकर्त्ता थे। अज्ञेय ने मेरठ के किसानों के बीच संगठन का काम किया था और माचवे ने उज्जैन में मजदूरों को संगठित किया था। मोटे तौर पर यह कहा जा सकता है कि घोषित-अघोषित रूप से तार सप्तक के छह कवि राजनीतिक चेतना से सम्बद्ध थे। सिर्फ माथुर ही ऐसे कवि थे जिन्होंने न तो अपने वक्तव्य में और न ही अपनी कविताओं से कहीं भी अपनी राजनीति का हवाला नहीं

दिया है। तार सप्तक के इन राजनीतिक कवियों ने अपने-अपने हिसाब से मार्क्सवाद को ग्रहण किया था, अपनी चेतना का निर्माण किया था, इसलिए सबकी समझ एक जैसी नहीं है। मुक्तिबोध और नेमि जी मध्य वर्ग के लोगों को निम्न वर्ग से जोड़ने पर जोर देते हैं और इसमें ही सार्थकता देखते हैं। किन्तु अपने मध्यवर्गीय संस्कार को वे तिलांजलि नहीं दे पाते। फलतः उनकी कविताओं में द्वन्द्व और व्याकुलता मिलती है। मुक्तिबोध इस द्वन्द्व के तीखेपन को अनेक तरह के तनावों के रूप में व्यक्त करते हैं। नेमिचन्द्र जैन में यह संघर्ष नहीं मिलता। मुक्तिबोध कहते हैं–

नए नए मेरे मित्रगण
मेरे पीछे आए हुए युवा बालजन
धरती के घन
खोजता हूँ उनमें ही
छटपटाती हुई मेदी छाँह।[25]

–एक आत्मवक्तव्य, तार सप्तक

भारतभूषण अग्रवाल मार्क्सवाद में आस्था तो व्यक्त करते हैं लेकिन उनमें भाव का यह अंग नहीं बन पाता। अतः मुक्तिबोध जैसा तनाव और अकुलाहट उनकी कविताओं में नहीं है। माचवे का मार्क्सवाद के प्रति प्रेम भी कुछ इसी तरह का है। माचवे और अग्रवाल 'देशोद्धारकों से' और 'अहिंसा' जैसी कविताओं में राजनीतिक व्यंग्य को सफलतापूर्वक चित्रित करते हैं जो तत्कालीन राजनीतिक स्थिति का सही रूप प्रकट करती हैं। रामविलास शर्मा में न तो किसी तरह का द्वन्द्व है न तनाव ही। उनकी दृष्टि बड़ी साफ तौर पर मार्क्सवादी है, किसानों-मजदूरों की पक्षधरता उनकी विशेषता है। दृढ़ स्वरों में वे कहते हैं–

काटनी है, नए साल फागुन में
फसल जो क्रान्ति की।[26]

–कार्य क्षेत्र

तार सप्तक में संकलित कविताओं में अज्ञेय अपनी एक राजनीतिक दृष्टि व्यक्त करते हैं। कहीं-न-कहीं उनके मन में भी मार्क्सवाद के प्रति एक दबी हुई आकांक्षा छिपी हुई है। कम-से-कम वे इसके प्रति सहानुभूति अवश्य रखते हैं। वे अपनी एक कविता में कहते हैं–

मेरा पथ तेरे ध्वस्त गौरव का पथ है
और तेरे भूत काले पापों में प्रवहमान, लाल आग
मेरे भावी गौरव का रथ है[27]

–जनाह्वान

ध्वस्त गौरव का पथ जन विरोधी शोषक वर्ग का है जबकि प्रवाहमान लाल आग

शोषितों के पक्ष को व्यक्त करता है। पर बाकी कविताओं में एक भावाकुल संवेग मिलता है। कुल मिलाकर अज्ञेय व्यापक जनमानस से सहानुभूमि रखने वाले कवि तो हैं पर शोषित जनता के साथ उसके पक्ष में खड़े होकर बोलने वाले नहीं।

गिरिजा कुमार माथुर न तो अपने वक्तव्य और न ही अपनी कविताओं में अपना राजनीतिक पक्ष स्पष्ट करते हैं। किन्तु अपनी एक कविता में वे अपने मत का संकेत करते से दिखते हैं–

है अन्त हुआ जाता मेरा
इन अन्तहीन इतिहासों में
जाने कैसी दूरी पर से
मुझ पर लम्बी छाया पड़ती
किसकी आधी आवाज भरी
मेरे बोझीले गिरते हुए उतारों में
मैं अधिकारी ना होने वाली बातों का
मैं अनजाना मैं हूँ अपूर्ण।

–अधूरा गीत

कवि का यह स्वर 'उत्तरछायावादी' मध्यवर्गीय युवक की दृष्टि को ही व्यक्त करता है।

सारांशतः तार सप्तक के सभी कवियों की अपनी राजनीतिक दृष्टि है। अधिकांश में मार्क्सवादी रुझान है किन्तु उनमें स्वर एक से नहीं हैं। स्वरों की यह भिन्नता कहीं-न-कहीं तत्कालीन राजनीतिक परिवेश की भिन्नता को ही व्यक्त करता है। कुछ कवि राजनीतिक दृष्टि से इतने सम्पन्न हैं कि वे राष्ट्रीय राजनीति ही नहीं अन्तर्राष्ट्रीय राजनीति में भी अपने पक्ष-विपक्ष को पहचानते हैं। रामविलास शर्मा और प्रभाकर माचवे में 'फासिस्ट विरोध' को स्पष्टतः देखा जा सकता है।

मनुष्य के जीवन-व्यवहार पर देश और समाज की आर्थिक व्यवस्था का सीधा प्रभाव पड़ता है। कोई भी 'सामाजिक' अपनी आर्थिक स्थितियों से प्रभावित हुए बिना नहीं रह सकता। इसका तात्पर्य यह नहीं कि आर्थिक आधार हमारी चिन्तना और सम्वेदना पर असर डालता ही है। आर्थिक प्रभाव की प्रक्रिया साहित्य से प्रच्छन्न रूप से जुड़ी होती है। वैसे तार सप्तक के सभी कवि अपने विचारों में और अभिव्यंजना में पूँजीवादी अर्थव्यवस्था वाले समाज की ही देन हैं। इसी कारण इन सबके भीतर पूँजीवादी जकड़ के प्रति असन्तोष का भाव है। पूँजीवाद के प्रभावों की चर्चा करते हुए मुक्तिबोध उसे 'कविता का दुश्मन' मानते हैं। वे मानते हैं कि "पूँजीवाद एक बार सुप्रतिष्ठित हो जाने पर सांस्कृतिक क्षेत्रों में सबसे पहले कविता पर हमला करता है। कविता को समस्त भावनाओं से छिन्न कर इस विशाल परस्पर द्वन्द्व में, महान

गुणों से युक्त वैविध्यपूर्ण जीवन-जगत् के सार्थक स्पन्दनों से बहुत दूर यह युग उसे (कविता को) निष्प्राण अथवा क्षीण छाया समान बना देता है।"[28]

अपनी वैचारिक प्रक्रिया के चलते मुक्तिबोध पूँजीवादी अर्थव्यवस्था वाले समाज से घृणा करते हैं क्योंकि वे इस पतनशील व्यवस्था के सत्य को पहचान रहे थे। इसलिए वे अन्दर के असन्तोष को जनमानस के सन्ताप से जोड़कर पूँजीवादी व्यवस्था के समूल नाश की कामना करते हैं। 'नाश देवता' की वन्दना वे इसीलिए करते हैं। उनका 'नाश देवता' और कोई नहीं भारत के जन हैं, जिनके सन्ताप की आग और जीवन का दुःख मिलकर समाज के अन्धकार को हर लेंगे–

सभी उरों के अन्धकार में एक तड़ित वेदना उठेगी
तभी सृजन की बीज वृद्धि हित जड़ावरण की मही फटेगी
शत-शत वाणों से घायल हो बढ़ा चलेगा जीवन अंकुर
दर्शन के चेतन किरणों के द्वारा काली अमा हटेगी।[29]

–नाश देवता, तार सप्तक

बावजूद अपनी प्रगतिशील उद्घोषणाओं के तार सप्तक के सभी कवि निम्न-मध्यवर्गीय कमजोरियों से ग्रस्त हैं। उनकी यही कमजोरियाँ उन्हें जनजीवन से दूर स्वप्नलोक में भटकाती हैं। यह वर्गीय सीमा निश्चय ही पूँजीवादी अर्थव्यवस्था की देन है–

परिस्थितियों का पिता है वर्ग और समाज पूँजी का
और मेरे विकल मन की सभी सीमाएँ
वहीं से निःसृत हुई हैं।[30]

–सीमाएँ : एक आत्मस्वीकृति

भारतभूषण अग्रवाल की उपर्युक्त 'सीमाएँ : एक आत्मस्वीकृति' कविता की ही तरह प्रभाकर माचवे ने 'वह एक शीर्षक कविता' में पूँजीवादी अर्थव्यवस्था के समाज पर पड़ने वाले प्रभावों और व्यक्ति से निरन्तर व्यक्ति के विलगाव की ओर बढ़ते जाने की बात की है। पूँजीवादी व्यवस्था का मूल गुण है कि वह उच्च वर्ग को मानवता से, मध्य वर्ग को अपने से और निम्न वर्ग को श्रम से विलग कर अमानवीय जीवन का सार ढेलता है। प्रभाकर माचवे की इस कविता में श्रम विमुक्ति स्पष्टतः देखी जा सकती है। इस कविता में अखबार बेचने वाले हॉकर के दुनिया भर की घटनाओं–दुर्घटनाओं से निर्मित होते जाने और किसी भी तरह अखबारों के बिकने तक संकुचित रह जाने का चित्रण है–

वह क्या समझता है राजनीति? खाक-धूल!
उसे क्या पता है यह फैला कहाँ तक है मैला जीवन-दुकूल
उसको न परवाह कांग्रेस नैया की पतवार–

वाम पक्ष पै है या हराम पक्ष पै है,
वह जानता है माहवार तन्खा साढ़े तीन कलदार।[31]

–प्रभाकर माचवे : वह एक

गिरिजा कुमार माथुर पूँजीवाद के प्रभाव को 'आत्म विस्मृति' के रूप में दर्ज करते हैं। इनका 'अजनबीपन' पूँजीवादी व्यवस्था की देन है–

निर्जन-दूरियों के
ठोस दर्पणों में चलते हुए
सहसा मेरी एक देह तीन हो गई
उठकर एक बिन्दु पर
तीन अजनबी साथ चलने लगे।[32]

–गिरिजा कुमार माथुर : देह की दूरियाँ

पूँजीवादी अर्थव्यवस्था की वर्गीय विषमता को अज्ञेय ने अपनी कई कविताओं में प्रकट किया है। वे उनकी आलोचना करते हैं जो दूसरों के श्रम-शोषण पर जीवित हैं। अज्ञेय मानते हैं कि उच्च वर्ग परजीवी है और उसके यहाँ मात्र 'सुरति-श्रम' ही है। दूसरी तरफ एक बड़ा श्रमिक वर्ग है जिसे सिर्फ मैथुन सुख मिला है। अज्ञेय श्रम और सुख दो बिन्दुओं को रखकर पूँजीवाद पर व्यंग्य करते हैं।

अर्द्धसामन्ती व्यवस्था में दबे-कुचले लोगों की आवाज को रामविलास शर्मा अपनी कविता की विषयवस्तु बनाते हैं। वे देखते हैं दिन भर काम करने वाला मजदूर पेट भरने को पर्याप्त अन्न नहीं पा रहा है। फसल की कटाई के बाद ऐसे लोग खेतों में गिरी हुई बालियाँ चुनते हैं और इन्हीं गिरी बालियों से अपनी भूख मिटाते हैं। रामविलास शर्मा औद्योगिक समाज से इतर कृषक समाज के शोषण को अपनी कविताओं में जगह देते हैं।

निष्कर्षतः हम कह सकते हैं कि तार सप्तक के कवियों में किसी भी तरह के शोषण का गहरा प्रतिकार है। ये कवि ऐसी किसी भी व्यवस्था को सहन नहीं करते जहाँ शोषण का राज हो। रामविलास शर्मा इन कवियों में पूँजीवादी शोषण के अतिरिक्त ग्राम जीवन में व्याप्त सामन्ती शोषण पर अपनी दृष्टि रखते हैं। दूर तक प्रभाकर माचवे की कविताओं में भी सामन्ती शोषण के चित्र मिलते हैं। यही इन कवियों की आर्थिक दृष्टि है।

तार सप्तक के सभी कवि प्राचीन भारतीय संस्कृत के विनष्ट होते जाने से चिंतित हैं। उनकी चिन्ता इकहरी नहीं, बल्कि दुहरी है। जहाँ प्राचीन संस्कृति नष्ट हो रही है वहीं कोई नई संस्कृति नहीं बन पाई है। अज्ञेय मानते हैं कि प्राचीन सामाजिक संगठनों के टूटने से हमारी सजीव संस्कृति और परम्परा मिट गई है। वे इरा बात से भी चिन्तित हैं कि हमारे लोग जीवन में से लोक गीत, लोक नृत्य, फूस

के छप्पर और दस्तकारियाँ निकलती जा रही हैं। वे मानते हैं कि समाज को बाँधने वाला कोई सूत्र नहीं रह गया है। जो जहाँ सुविधा पाता है वहाँ रहता है। अपने पड़ोसियों से उसका कोई जीवित सम्बन्ध नहीं। मुक्तिबोध मानते हैं, "जो पुराना है, अब लौटकर नहीं आ सकता लेकिन नए ने पुराने का स्थान नहीं लिया। धर्म भावना गई लेकिन वैज्ञानिक बुद्धि नहीं आई। धर्म ने हमारे जीवन के प्रत्येक पक्ष को अनुशासित किया था। वैज्ञानिक मानवीय दृष्टि ने धर्म का स्थान नहीं लिया। इसलिए केवल हम अन्तःप्रवृत्तियों के यंत्र के चालित हो उठे।"[33] धीरे-धीरे प्राचीन संस्कृति की जगह एक दूसरे तरह की पूँजीवादी संस्कृति फैल गई है। यह संस्कृति शासक वर्ग द्वारा अपनी सत्ता को बनाए रखने के लिए तथा जनता को उसके ज्वलन्त प्रश्नों से विमुख रखने के लिए फैलाई गई। जहाँ मध्यकाल में यह कार्य बहुधा धर्म द्वारा संचालित था आज पूँजीवाद के युग में सत्ता इसके प्रचार में लगी है। पूँजीवादी संस्कृति के इस मायाजाल को और उसके छलावों को मुक्तिबोध समझते हैं–

इतने प्राण, इतने हाथ, इतनी बुद्धि
इतना ज्ञान, संस्कृति और अन्तःशुद्धि
इतना काव्य, इतने शब्द, इतने छन्द
जितना ढोंग, जितना भोग है निर्बंध
इतना गूढ़, इतना गाढ़ सुन्दर जाल
केवल एक जलता सत्य देते टाल।[34]

–पूँजीवादी समाज के प्रति

जो लोग अपनी इस विच्छिन्नता और अलगाव के वस्तुगत कारणों को नहीं समझते वे अपने आप में ही डूबे रहते हैं, अपने आपको ही दोषी समझते हैं। किसी भी भाषा का कवि या कलाकार उस भाषा की सांस्कृतिक परिधि का केन्द्र होता है। 'कवि गाता है' कविता में नेमिचन्द्र जैन ने ऐसे युग के कवि-कलाकारों के चरित्र को रेखांकित किया है जो वर्गभ्रमों का शिकार होकर सामाजिकता खो चुके हैं। लेकिन वास्तविकता यह है कि कवियों और कलाकारों की भी एक सामाजिकता होती है। यह उसका दायित्व है कि वह अपने समाज के पीड़ितों-उपेक्षितों के सांस्कृतिक पक्ष को प्रस्तुत करे। नेमि जी अपने वक्तव्यों में कहते हैं कवि पर भी अन्य व्यक्तियों की भाँति एक नागरिक और सामाजिक दायित्व है। वे कवि के सामाजिक दायित्व को रेखांकित करते हुए कहते हैं कि ऐसा न करने पर "उसकी अन्तश्चेतना में दरार पड़ जाती है, जिसका सीधा असर उसकी कविता पर पड़ता है...। बिना सचेष्ट नागरिक, वास्तवदर्शी हुए कवि अधिक काल तक कवि नहीं रह सकता।"[35]

प्रभाकर माचवे वैज्ञानिक आविष्कारों को पूँजीवादी संस्कृति की देन मानते हैं। पूँजीवादी संस्कृति उनके अनुसार शोषण की संस्कृति है, जिसमें श्रमिक ही भूखा

मरता है। इस संस्कृति का मूल आधार व्यक्ति स्वातंत्र्य की भावना है। बीसवीं सदी की पूँजीवादी संस्कृति को रेखांकित करते हुए 'बीसवीं सदी' शीर्षक कविता में वे लिखते हैं–

बीसवीं सदी ने हमें क्या दिया?
मोटर, रेल, किसान, क्रान्तियाँ
यह बेतार, सवाक चित्र पट,
कागज मुद्रा आर्थिक संकट
गति अन्तशयता वेगातुरता
कहीं प्रपीड़न कहीं प्रचुरता
इन सारे आविष्कारों ने
जग को उन्नत किस तरह किया।

–बीसवीं सदी

'डरू संस्कृति' शीर्षक कविता में माचवे ने पूँजीवादी संस्कृति के मूल तत्वों को समझने की कोशिश की है।

तार सप्तक के कवियों में प्रभाकर माचवे और रामविलास शर्मा की कविता में देशज संस्कृति की गन्ध मिलती है। माचवे अपनी 'बसंतागम' कविता में गाँव का पूरा वातावरण प्रस्तुत करते हैं। रामविलास शर्मा गाँव की संस्कृति से अपनी दृष्टि को जोड़ते हैं। तार सप्तक के किसी भी कवि में इस जीवन की झलक नहीं मिलती। वहाँ उनकी कविता में बरगद के पेड़ के नीचे जमी हुई महफिल है तो दूसरी ओर रात के पिछले पहर में मेला जाने की तैयारी कर रहे लोग हैं। कहीं पागुर करती हुई गाय है और कहीं कनेर के पीले-पीले फूल हैं। रामविलास जी अपनी कविता में शास्त्रवादियों की तरह निराश नहीं हैं। युगों से चली आती हुई रूढ़ियों को वे अपने पूर्वजों की देन मानते हैं और उम्मीद करते हैं–

विषाक्त जलधि के हृदय में,
फूटकर धीरे-धीरे
उठ रहा मुक्ति का कमल वह
खिलेगा जो एक दिन काले जल तल पर
नव अरुण आभा में नव सतयुग के प्रकाश में।

–कलियुग

निष्कर्षतः तार सप्तक के सभी कवि सामाजिक चेतना से परिपूर्ण हैं। तार सप्तक के मूल में व्यक्तिगत और सामाजिक चेतना के बीच तीव्र भिड़न्त है। यही बिन्दु तार सप्तक का भी केन्द्र है। मुक्तिबोध, नेमिचन्द्र जैन, भारतभूषण अग्रवाल तथा रामविलास शर्मा की तुलना में गिरिजा कुमार माथुर की सामाजिक चिन्ताएँ

एकांगी हैं। अज्ञेय अपनी सामाजिक प्रतिबद्धता की कोई घोषणा नहीं करते पर प्रच्छन्न रूप से वे दबाए हुए अपमानित लोगों को अपने से जोड़कर देखते हैं।

मुक्तिबोध का मन शंकाकुल तृषित होते हुए भी मरू में अमर जल स्रोत खोजता है। यह सच है कि वे अकेलेपन के दुःख और निराशा से कभी-कभी ग्रसित हो जाते हैं परन्तु उससे हार नहीं मानते, इसलिए उनकी कविताओं में यथार्थ चेतना के साथ-साथ सामाजिक चेतना भी मिलती है।

प्रभाकर माचवे ने अपनी कविताओं में पूँजीवादी अर्थतंत्र और संस्कृति की जमकर आलोचना की है। इस सन्दर्भ में प्रभाकर माचवे की ग्रामीण प्रकृति तथा वातावरण के प्रति सजगता रेखांकित करने योग्य है।

उदास दोपहर, सन्ध्या या रात में मिलन की रंग भरी यादें, गिरिजा कुमार माथुर की कविताओं का प्राणतत्व हैं। माथुर की कविताओं में आए हुए रोमानीपन, थकान, उदासी के स्वर को मध्यवर्गीय जीवनबोध और उसकी वास्तविकता से जोड़कर देखा जा सकता है।

प्रेम, प्रकृति और शोषित जन अज्ञेय की तार सप्तक की कविताओं के केन्द्र में हैं। इनकी कविताओं में प्रेम और प्रकृति एक-दूसरे के पूरक हैं। अज्ञेय की प्रेम और प्रकृति की कविताएँ दोनों ही स्मृति की कविताएँ हैं। इसका मतलब यह नहीं कि अज्ञेय की तार सप्तक की कविताओं में समकालीन परिवेश गायब है। इनकी कविताओं में शोषकों के प्रति घृणा और शोषित जनों के प्रति प्रतिबद्धता को लक्षित किया जा सकता है।

कला या शिल्प पक्ष

कविता में वस्तु और रूप या कथ्य और शिल्प का परस्पर द्वन्द्वात्मक सम्बन्ध होता है। बहुधा दोनों एक-दूसरे पर प्रभावी रहते हैं। इस आधार पर वस्तु और रूप को अलग कर देखना उचित नहीं। किसी भी कविता में शिल्प की नवीनता मायने नहीं रखती यदि कविता में आ रहे जीवनानुभवों में नवीनता न हो। किसी भी कविता को उसके द्वारा प्रक्षेपित नूतन अनुभव पुराने शिल्प में सम्भव नहीं रह जाता। तार सप्तक के कवियों में रूप का नयापन इसलिए सम्भव है कि उन्होंने अपने जीवनानुभव को नया आयाम दिया था। प्रस्तुत अध्याय में वस्तु और रूप को अलग-अलग विवेचित करने का प्रयास मात्र सुविधा के कोण से किया गया है। यहाँ भाषा, छन्द, बिम्ब, प्रतीक, लय, अलंकार तथा अन्य काव्य रूपों सम्बन्धी दृष्टियों की चर्चा की जा रही है।

भाषा कवि के अनुभव और ज्ञान के स्रोत के साथ ही अभिव्यक्ति का अवलंब

भी है। वह कवि के अनुभव से उसके लेन-देन को प्रकट करती है। किसी भी कवि की काव्य-दृष्टि की परीक्षा के लिए भाषा की पड़ताल आवश्यक है। तार सप्तक के कवि भाषा के संकट से ग्रस्त हैं। उन्हें निरन्तर बोध रहा कि पूर्ववर्ती भाषा उनके कथ्य के लिए उतरन की तरह है। बदली हुई परिस्थितियों में छायावादोत्तर भाषा निष्प्राण और गतिहीन दिख रही थी। तार सप्तक में संगृहीत मुक्तिबोध की कविताओं की भाषा उनके पूर्ववर्ती कवियों की भाषा से बिल्कुल अलग है। यह जरूर है कि वह बहुत सुघड़ और साँचे में ढली हुई नहीं है। मलयज ने कहा है कि "मुक्तिबोध की भाषा उत्ताल तरंगों पर हिचकोले खाते हुए एक विशाल जहाज का परिचय देती है, जो स्नायविक ऊर्जा उरा जहाज को चला रही होती है उसे इस बात का खतरा लगा रहता है कि किसी भी वक्त उस जहाज को भयानक चट्टान से ले जाकर भिड़ा देगी। मुक्तिबोध की शक्ति इस बात में है कि वे भाषा के उठान और गिरान के अन्तिम बिन्दु तक भाषा का अपनी अटूट संवेदना से साथ देते हैं।....वाह्य जगत के समस्त कार्य-व्यापारों को भाषा एक ऐसे विशद बिंबलोक में परिवर्तित कर देती है जिसकी प्रत्येक वस्तु रचनाकार की मानसिक ऊर्जा में खिंची गति का चित्रलिखित रूप प्रस्तुत करती है।"[36] मुक्तिबोध भाषा के प्रति अपनी चैतन्यता और तनाव को इन पंक्तियों में व्यक्त करते हैं–

अँधियाली गलियों में घूमता है
तड़के ही रोज
कोई मौत का पठान
माँगता है जिन्दगी जीने का ब्याज
अनजाना कर्ज
माँगता है चुकाने में प्राणों का मांस।[37]

–एक आत्मवक्तव्य

नेमिचन्द्र की भाषा तार सप्तक की कविताओं में बोलचाल की ही भाषा है या हम कह सकते हैं कि नेमिचन्द्र अपनी कविता की वस्तु के अनुसार भाषा में बदलाव लाते हैं। लेकिन कभी-कभी उनके शब्दों का प्रयोग छायावादी पदावली का बोध कराता है। ऐसा उनकी रोमैंटिक बोध वाली कविताओं में अधिक दृष्टिगत होता है–

कुछ अनमनी उदासी से तुम!
सहज भाव से
अपने विकच लोचनों के ऊपर से–
वे लोचन–जिनमें प्रतिपल में
छलक-छलक आती है बरबस
छनी हुई करुणार्द्र मधुरिमा

जिनसे होकर सुमुखी
तुम्हारे स्नेह का सब गीलापन
बिखर-बिखर आता है।[38]

—अनजाने चुपचाप

भारतभूषण अग्रवाल यह मानते हैं कि उनके पूर्ववर्ती छायावादी कवि एक नई भाषा का निर्माण कर रहे थे। उन कवियों के सामने संस्कृत का अपार शब्द-भंडार था और लोक भाषा का प्रयोग उनकी बाध्यता नहीं थी, पर अपने युग की भाषा के बारे में वे मानते हैं, "कितनी संकुचित जीर्ण वृद्धा हो गई आजकल की भाषा।" इस जीर्णता को त्यागकर भी वे संस्कृत के शब्द भंडार की तरफ न जाकर मिट्टी के पुतलों की जुबान में अपना कवित्व ढूँढ़ते हैं—

यह सदा स्वर्गवासिनी रही
अप्सरा बनी
जाने दो इसको स्वर्ग,
खोज लें आज यहीं
अपनी मिट्टी के पुतलों के शब्दों में ही
अपना कवित्व
हमको न जरूरत आज देववाणी की
हम खुद ढालेंगे जीवन की मिट्टी में भाषा
जी चाहा रूप बना लेंगे।[39]

—अपने कवि से

भाषा का आदर्श जनभाषा मानते हुए भी भारतभूषण अग्रवाल उसका समुचित निर्वाह नहीं कर पाते। 'पद्यहीन' कविता में इस बात को देखा जा सकता है—

पर महाजन-मार्ग-गमनोचित न सम्बल है
न रथ है
अन्तर्रात्मा अनिश्चय संशय-ग्रसित
क्रान्ति-गति-अनुसरण योग्या है न पद सामर्थ्य।

भारतभूषण अग्रवाल की तरह प्रभाकर माचवे भी भाषा को भावानुकूल रखने की वकालत करते हैं। वे शब्दों की अभिधामूला लक्षणा की अपेक्षा व्यंजना शक्ति को वरीयता देते हैं। उनकी भाषा का आदर्श छायावादी निराला और छायावादोत्तर नरेन्द्र और नवीन की भाषा है। तार सप्तक की कविताओं में आई उनकी भाषा युगीन विसंगतियों को उजागर कर सकी है। इन्होंने कहीं संस्कृत की तत्सम पदावली का प्रयोग किया है, कहीं उर्दू-मराठी, कहीं बोलचाल की भाषा के शब्दों का। माचवे कविता के भीतर प्रयुक्त शब्दों की अन्तर्लय को बनाए रखने के लिए बहुत सारे शब्दों का संक्षिप्त रूप रखते हैं।

उनकी कविता में चाय चा है, वहाँ वाँ है, यहाँ याँ है।

तार सप्तक के कवियों में शब्द-चयन की दृष्टि से गिरिजा कुमार माथुर की सजगता भिन्न है। वस्तु के अनुरूप इनका शब्द-संयोजन बदलता रहता है। यही नहीं वातावरण निर्माण में भी इनका शब्द-चयन भिन्न होता है। 'पतला नभ', 'सिमटी किरण', 'आदिम छाहें' तथा 'घूमते स्वर' इसी तरह के प्रयोग हैं। गिरिजा कुमार माथुर की कविताओं की भाषा के बारे में भारतभूषण अग्रवाल मानते हैं, "उनकी पच्चीकारी सच्ची अनुभूति को ही छिपाने का प्रयत्न होती है।"

तार सप्तक की कविताओं में रामविलास शर्मा की भाषा अपने कथ्य के अनुरूप जनोन्मुख सामान्य बोलचाल की भाषा है। जिस पृष्ठभूमि की उनकी कविताएँ हैं, उस पृष्ठभूमि को चित्रित करने के लिए वहाँ के शब्दों को रंग की तरह वे कविता में इस्तेमाल करते हैं। 'सिलहार', 'कटाई', 'राशि', 'बिगटी-बरहे', 'सीला-चमार', 'बीनना' जैसी पदावली उनकी कविता को एक नया मुहावरा प्रदान करती है–

पूरी हुई कटाई, अब खलिहान में,
पीपल के नीचे है राशि सुची हुई,
दोनों भरी पकी वालों वाले बड़े
पूलों पर पूलों के लगे आरम्भ हैं

–सिलहार

रामविलास शर्मा की कविताएँ अपनी काव्य भाषा लेकर आती हैं। कह सकते हैं कि रामविलास जी के यहाँ गढ़ी हुई भाषा के स्थान पर स्वअर्जित भाषा का प्रयोग है।

काव्य-भाषा के प्रश्न पर अज्ञेय कई महत्त्वपूर्ण प्रश्नों से जूझते हैं। वे मानते हैं, "शब्दों का ज्ञान और शब्दों की अर्थवत्ता की सही पकड़ ही कृतिकार को कृतिकार बनाती है।" भाषा और शब्द के प्रति किसी भी कवि को अतिरिक्त लगाव रखना ही पड़ेगा। भाषा और शब्द के प्रति लगाव को हम रूपवादी नहीं कह सकते। अज्ञेय शब्द और भाषा पर नहीं अर्थवान शब्द पर बल देते हैं–"शब्द की अर्थवत्ता की खोज में शब्द की ऐतिहासिक और अर्थ की सामाजिक परत दोनों निहित हैं।" अज्ञेय की तार सप्तक की कविताओं में भाषा बहुस्तरीय है। उनकी काव्य-भाषा में तत्सम-तद्भव शब्द एक ही पंगत में उठते-बैठते हैं। उनकी कविताओं में सामासिक पदावली "अपलक-द्युति अनथक गति, बद्ध नियति/जो पार किए जा रही नील-मरु प्रांगण नभ का।" तो दूसरी तरफ 'रिरियाता कुत्ता', 'गोयठों के गंगामय अम्बार' तथा 'सिहरते से पंगु टुंडे', 'नग्न-बुच्चे', 'दईमारे पेड़' भी हैं।

अज्ञेय और मुक्तिबोध तार सप्तक के कवियों में दो छोर पर हैं। भाव-बोध और संवेदना का धरातल भी दोनों का अलग-अलग है। इन दोनों की भाषा की तुलना करते हुए मलयज लिखते हैं–"मुक्तिबोध अपने वैयक्तिक अहम् को लेकर वाह्य

जगत् में कूद पड़ते और उस जगत् को ही एक अद्‌भुत बिम्बलोक में रूपान्तरित कर देते हैं। इसके विपरीत अज्ञेय पहले अपने अनुभूति यंत्र से उस वाह्य जगत् को अपने मनोमय लोक में अवतरित करते हैं, फिर अपनी चयनधर्मी काव्यदृष्टि से उसमें एक ऐसे वस्तुरूप का अन्वेषण करते हैं जो विशिष्ट सन्दर्भजनित अनुभूति की तात्कालिकता और तीव्र राग-बोध को वहन करते हुए भी व्यापक भावबोध के भीतर–"प्रतीक स्तर पर अतिक्रमित हो जाता है। इसलिए अज्ञेय का भाषा प्रयोग उनके भावलोक की अन्तरंग हलचल, रचनाक्रिया की अकुलाहट का पता नहीं चलने देता, एक मर्यादित एवं संश्लिष्ट अनुभव बंध का परिचय अवश्य देता है।"[40] अज्ञेय और मुक्तिबोध की काव्य-भाषा का यह फाँक वस्तुतः दो भावाभिव्यक्ति की भंगिमा की फाँक है, दो भावबोध के प्रकटीकरण का अन्तर है। अज्ञेय की भाषा में जहाँ एक तरह की तटस्थता मिलती है वहाँ मुक्तिबोध की भाषा में एक तरह से काव्य प्रवाह में कूद पड़ने और आर-पार जाने की अकुलाहट मिलती है।

उपर्युक्त विवेचन के बाद हम कह सकते हैं कि तार सप्तक के कवियों की काव्य-भाषा सामान्य जनजीवन और बोल-चाल की भाषा रही है। छायावादी काव्य-भाषा से मुक्ति के लिए तार सप्तक के कवि कृतसंकल्प से दिखते हैं। इसका यह मतलब नहीं कि उनकी कविताओं पर पूर्ववर्ती कवियों की काव्य-भाषा का कोई प्रभाव नहीं है। अज्ञेय और नेमिचन्द्र पर आंशिक रूप से छायावादी पदावली की छाया देखी जा सकती है। मुक्तिबोध की काव्य-भाषा में एक अनगढ़ सुकोमलता अथवा खुरदरी मुलायमियत निश्चय ही दीख पड़ती है। बावजूद इसके उनकी भाषा इकहरी और सपाट नहीं है। उसमें कई अन्तर्ध्वनियाँ लिपटी रहती हैं। भारतभूषण अग्रवाल की भाषा सपाट और एक सीमा तक कृत्रिमता लिये हुए है। गिरिजा कुमार माथुर शब्द-सजग कवि हैं। भाषा को लेकर उनमें एक सतर्क छटपटाहट है। यह सतर्क छटपटाहट ही कभी-कभी उनकी अभिव्यक्ति में आड़े आता है। माचवे की भाषा प्रयोगधर्मी है। वे अपनी मराठी पृष्ठभूमि को मुक्तिबोध की तरह संकुचित होकर नहीं बल्कि खुलकर इस्तेमाल करते हैं। रामविलास शर्मा तार सप्तक के कवियों में ऐसे इकलौते कवि हैं जो काव्य-भाषा को लोकोन्मुख बनाते हैं। यही नहीं वे कहीं-न-कहीं केदारनाथ अग्रवाल की कविताओं से कुछ-न-कुछ दीक्षा ग्रहण करते हैं।

बिम्ब

हिन्दी आलोचना में आचार्य रामचन्द्र शुक्ल सम्भवतः ऐसे सर्वप्रथम आलोचक हैं जो कविता में बिम्ब प्रयोग की चर्चा करते हैं। किन्तु उन्होंने बिम्ब को जिस अर्थ में ग्रहण किया है, उस अर्थ में आज के कवि ग्रहण नहीं करते। आचार्य शुक्ल का मानना है

कि "काव्य में अर्थ ग्रहण मात्र से काम नहीं चलता, बिम्ब ग्रहण अपेक्षित होता है। यह विम्ब ग्रहण निर्दिष्ट गोचर और मूर्त विषय ही हो सकता है।"[41] आचार्य शुक्ल मानते हैं कि "बिम्ब ग्रहण वहीं होता है जहाँ कवि अपने सूक्ष्म निरीक्षण द्वारा वस्तुओं के अंग-प्रत्यंग, वर्ण, आकृति तथा उसके आस-पास की परिस्थिति का परस्पर संश्लिष्ट विवरण देता है।"[42]

तार सप्तक में सर्वप्रथम प्रभाकर माचवे ने आधुनिक अर्थों में बिम्ब की चर्चा की है। माचवे लिखते हैं कि "हमारी कविता में पाए जाने वाले अधिकांश कल्पना चित्र या बिम्ब (इमेज) बच्चों से निरे शाब्दिक सहस्मृत या परम्परागत होते हैं। इन शाब्दिक साहचर्यात्मक और पारस्परिक बिम्बों की बजाय हमें राग और ज्ञान से पूरित ऐन्द्रिय आवेगाश्रित और अभिजात बिम्बों की सृष्टि करना है।"[43] माचवे अपने उपर्युक्त कथन में बिम्ब के महत्त्व को रेखांकित मात्र करते हैं। लेकिन बिम्ब पर व्यवस्थित बातचीत केदारनाथ सिंह के तीसरे सप्तक के वक्तव्य से शुरू हुई। केदारनाथ सिंह मानते हैं कि "बिम्ब विधान का सम्बन्ध जितना विषयवस्तु से होता है, उतना ही उसके रूप से भी। विषय को वह मूर्त और ग्राह्य बनाता है। रूप को संक्षिप्त और दीप्त बनाता है। एक आधुनिक कवि की श्रेष्ठता की परीक्षा उसके द्वारा आविष्कृत बिम्बों के आधार पर ही की जा सकती है।"[44] तार सप्तक की पूर्ववर्ती कविता में सौन्दर्य भावना अमूर्त थी। उसके बाद राजनीति और साहित्य की परिस्थितियाँ कुछ ऐसी हुईं कि सारे बौद्धिक और सौन्दर्यात्मक मूल्य सन्दिग्ध हो उठे। यदि कुछ निश्चित था तो कवि का सौन्दर्यबोध। यही कारण है कि तार सप्तक के सभी कवि बिम्ब रचना में सफल हुए हैं।

मुक्तिबोध की कविता में चमकदार छोटे-छोटे बिम्बों की खोज थोड़ी मुश्किल है। उनके यहाँ पूरी कविता ही बिम्ब बनकर उभरती है। 'दूर तारा', 'सृजन क्षण' उनकी बिम्ब प्रधान कविताएँ हैं।

नेमिचन्द्र जैन की कविताओं में बिम्ब प्रायः स्वतंत्रत रूप से नहीं हैं। उनकी कुछ कविताएँ मुक्तिबोध की कविताओं की तरह अपने आप में एक बिम्ब हैं। 'अनजाने चुपचाप' कविता में आँखों के ऊपर गिर रही लटों को हटाने का एक बिम्ब देखा जा सकता है—

किस रजनीगन्धा के मद से लदा लबालब
भरे हुए उन चंचल नयनों के ऊपर से
हटा-हटा देती हो वे केश हठीले।

—अनजाने चुपचाप

नेमिचन्द्र जैन की कविताओं में अनुभूतियों के निरोध से निर्मित प्रेम के कई बिम्ब देखे जा सकते हैं।

भारतभूषण अग्रवाल की कविताओं में बिम्ब कम हैं। कुछ एक कविताओं में दृश्य बिम्ब मिलते हैं। 'फूटा प्रभात' कविता से एक उदाहरण—

प्राची का अरुणाभ क्षितिज
मानो अम्बर की रस्सी में
फूला कोई रक्तिम गुलाब
रक्तिम सरसिज सा
धीरे-धीरे ले फैल चली
आलोक रेख।

'जागते रहो' कविता में भी इसी तरह के दृश्य बिम्ब देखे जा सकते हैं।

प्रभाकर माचवे की कविता में दृश्य और श्रव्य बिम्बों की अधिकता है। श्रव्य बिम्बों में ध्वनि और नाद के द्वारा वे सौन्दर्य का इच्छित प्रभाव पैदा करते हैं। हालाँकि उनके ये बिम्ब छायावादी कविता में आए हुए बिम्बों की याद दिलाते हैं। विशेषकर निराला के श्रव्य बिम्बों की। प्रभाकर माचवे की 'दृष्टि' कविता में आए हुए श्रव्य बिम्ब को देखा जा सकता है—

झरर-झरर झा झा
ये संघर्षातुर झड़ियाँ
या झन-झन बजती-सी कड़ियाँ।

या इसी कविता में 'ठहर-ठहर' कर बाढ़ आने का बिम्ब भी ध्वनि माध्यम से अनूठा प्रभाव पैदा करता है।

गिरिजा कुमार माथुर की कविताओं में अकेलेपन या सन्नाटे के बिम्ब उभरकर आते हैं। इनके कुछ बिम्ब देखे जा सकते हैं—

सूनी आधी रात
चाँद कटोरे की सिकुड़ी कोरों से
मन्द चाँदनी पीता लम्बा कुहरा
सिमट-लिपटकर।

—रेडियम की छाया

गिरिजा कुमार माथुर के बिम्बों के बारे में केदारनाथ सिंह की मान्यता है कि "माथुर के बिम्ब पाठक के मन पर आघात नहीं करते। उनमें एक स्थितिशीलता है।

रामविलास शर्मा उसी मूर्त विधान को सार्थक मानते हैं जो भावों से अनुप्राणित हो, जिसमें सहज इन्द्रिय बोध का निखार हो। उनकी कविताओं की पृष्ठभूमि ग्रामीण होने के कारण बहुत सारे ग्रामीण जीवन के बिम्ब प्रकृतिरूपेण आते हैं। दिवास्वप्न में 'वर्षा से धुलकर निखर उठा नीला-नीला आसमान या 'शारदीया' कविता में 'सोना ही सोना छाया आकाश में' इसी तरह के बिम्ब हैं।

तार सप्तक की कविताओं में सर्वाधिक स्वतंत्र बिम्ब उसके सम्पादक अज्ञेय की कविताओं में मिलते हैं। अज्ञेय की बिम्ब योजना पर 'मुक्त-अनुषंग' पद्धति प्रभावी है। 'सावन मेघ' या 'उषा : काल की भव्य शान्ति' शीर्षक कविताओं में आए हुए एक-दूसरे से असम्बद्ध चित्र वातावरण के आधार पर सार्थक बिम्बों की रचना करते हैं। यहाँ 'उषःकाल की भव्य शान्ति' कविता का एक बिम्ब देखा जा सकता है–

दूर किसी मीनार क्रोड़ से मुल्ला का
एक रूप पर अनेक भावोद्दीपक
गम्भीर आडहाडन
'अस्सला तु खैरूग्गिनिन्नाड'
निकट गली में
किसी निष्करण जन से बिन कारण पदाक्रान्त
पिलये की करुण रिरियाहट

पूरी कविता मुक्त अनुषंग पद्धति से सृजित किए गए बिम्बों से भरी है। इसके अलावा अज्ञेय के यहाँ यौन बिम्बों की भरमार है। यों बिम्ब मुक्त अनुषंगी नहीं है–

घिर गया नभ–
उमड़ आए मेघ काले
भूमि के कम्पित उरोजों पर झुका-सा
विशद, श्वासाहत, चिरातुर
छा गया इन्द्र का नील वक्ष
वज्र-सा तड़ित-से झुलसा हुआ-सा।

–सावन मेघ

अज्ञेय के बिम्ब विधान के बारे में अशोक बाजपेयी ने कहा है–''एक बिम्ब पर दूसरे का ढेर लगाने की चतुराई, जबकि अक्सर उन्हें काव्यात्मक महत्त्व के स्तर पर थामने के लिए कोई आर्गेनिक सम्बन्ध नहीं या अकेले लम्बे बिम्बों को फैलाने की हिकमत दोनों ही इस बात का प्रमाण हैं कि अज्ञेय को बुनियादी रूप से अपने नितान्त अकेले होने का एहसास है और वे उससे कविता के माध्यम से परे जाने की कोशिश करते हैं।[45]

उपर्युक्त अध्ययन से स्पष्ट है कि तार सप्तक के कवियों ने अपने पूर्ववर्ती कवियों से ग्रहण न करते हुए स्वतंत्र रूप से बिम्ब निर्माण करने की कोशिश की और इस प्रक्रिया में वे सफल भी हुए। पर कहीं-कहीं उनके यहाँ आए हुए बिम्ब पूरी कविता से विलग जान पड़ते हैं। अज्ञेय के यहाँ मुक्त आसंग तथा यौन-बिम्बों की अधिकता है। माथुर की कविता में अधिकतर उदासी के बिम्ब ही मिलते हैं। प्रभाकर माचवे अपने श्रव्य बिम्बों में सफल हैं। मुक्तिबोध, नेमिचन्द्र जैन के यहाँ पूरी कविता

ही बिम्ब के रूप मे आती है। रामविलास शर्मा के यहाँ ग्रामीण जीवन के बिम्ब मिलते हैं।

प्रतीक

'आधुनिक हिन्दी कविता में बिम्ब विधान' पुस्तक में पृष्ठ 29 पर डॉ. केदारनाथ सिंह ने प्रतीकों की चर्चा करते हुए कहा है कि "प्रतीक का एक पक्ष बराबर परम्पराजीवी और समाजस्वीकृति सापेक्ष होती है। कोई भी नया प्रतीक अपने अभिषिक्त अर्थ की प्राप्ति के लिए ऐतिहासिक प्रवाह की अपेक्षा रखता है। वह निरन्तर प्रयुक्त होते-होते नियत अर्थ और निश्चित आकार ग्रहण करता है।"[46] प्रतीक की चर्चा करते हुए अपने वक्तव्य में अज्ञेय कहते हैं, "प्रतीक द्वारा कभी-कभी वास्तविक अभिप्राय अनावृत हो जाता है, तब वह उस स्पष्ट इंगित से घबराकर भागता है। जैसे बिजली के प्रकाश में व्यक्ति चौंक जाए।" तार सप्तक के कवियों में अज्ञेय के अलावा किसी अन्य के प्रतीक की चर्चा नहीं की है और न ही उसके प्रति जागरूक दिखते हैं। इसका कारण जो भी हो। डॉ. नामवर सिंह का कहना है कि कवि अक्सर यथार्थ भीरु तथा यथार्थ से अनभिज्ञ होने के कारण ही प्रतीकवादी बनता है। साथ ही यथार्थ को अज्ञेय रहने देना चाहता है, इसीलिए प्रतीकों का आवरण डालता है और आवरण के बावजूद वस्तु की ओर संकेत करना चाहता है।

अज्ञेय ने अपनी कविताओं में स्वप्न और यौन प्रतीकों का निर्माण किया है। यौन प्रतीक, जहाँ 'सावन-मेघ' कविता में मिलता है वहीं स्वप्न प्रतीक 'चार का गजर' कविता में।

बिम्बों की तरह ही मुक्तिबोध की सम्पूर्ण कविता एक विचार के प्रतीक के रूप में उभरती है। मलयज ने मुक्तिबोध को 'बिम्बात्मक प्रतीकों का कवि' कहा है। नेमिचन्द्र जैन, भारतभूषण अग्रवाल उलझी हुई मनःस्थिति के लिए पूरी कविता को ही प्रतीक का रूप दे देते हैं। भारतभूषण अग्रवाल के यहाँ लाल तारा मार्क्सवादी आस्था का, तो प्रभाकर माचवे के यहाँ कापालिक विद्रूपता का प्रतीक है। भारतभूषण अग्रवाल के यहाँ 'मैं और मेरा पिट्ठू' में 'पिट्ठू' मध्यवर्गीय व्यक्ति की स्वप्नशीलता का प्रतीक बनकर आया है।

अलंकार

अलंकारों का प्रयोग काव्य की शोभा बढ़ाने के लिए किया जाता है।[47] तार सप्तक के कवियों की कविताओं को पढ़ने से लगता है कि उनकी कविता को अलंकारों की

आवश्यकता नहीं है। तार सप्तक के पूर्व पन्त ने अपनी कविता के लिए अलंकार के महत्त्व को नकारते हुए लिखा था–

तुम वहन कर सको जनमन में मेरे विचार
वाणी मेरी चाहिए तुम्हें क्या अलंकार

जिस अलंकार को छायावाद ने अन्तिम दिनों में केंचुल की तरह लगभग उतार दिया था और प्रगतिशील कवियों ने उस पर दैनन्दिन जीवन की धूल और राख का लेप लगाकर 'मिल की चिमनी' के ऊपर टाँग दिया था, उस अलंकार तक जाने की 'तार सप्तक' कवियों को तो आवश्यकता और अलम् था। इनकी अभिव्यक्ति को सहायता देने में नवीन उपमान ही काफी थे। प्रभाकर माचवे ने अलंकार विधान को आमूल बदलने की वकालत की। उन्होंने उपमान को माँजने और रूपकों की कलई खोलने की बात करते हुए यह कहा कि "उत्प्रेक्षाएँ सचमुच भाव के उत्स से उत्प्रेरित हैं या नहीं यह देखना होगा।"[48] माचवे अलंकारों से अधिक वैज्ञानिक और वैशेषिक होने की माँग करते हुए कहते हैं, "निरे अलंकार सांख्य से निरलंकार काव्य रचना बेहतर है।"

'तार सप्तक' के सभी कवियों ने बदली हुई काव्य भूमि के अनुरूप उपमानों का प्रयोग किया है। रूढ़ियों के लिए सघन बर्फ की कड़ी पर्तें,[49] अहम भाव के लिए कुकुरमुत्ता, दीन आँखों के लिए लालटेन, रिक्त वक्ष के लिए लकड़ी का खोखा, मस्तिष्क के लिए तेल की मशीन[50] भोली-भाली आँखों के लिए नींबुओं की फाँकें[51], जाड़े की धूप के लिए सेमल की हल्की रुई,[52] बिजली के बल्ब के लिए लाल-लाल लहू की बूँद[53], छन्द के लिए शैतान की आँत और चाँद के लिए 'ताप क्षीण कापालिक।"[54]

छन्द

छायावादी कवियों में विशेषतः निराला ने मुक्त छन्द की परम्परा का नवोन्मेष किया और उसे लोकप्रिय बनाया, आगे बढ़ाया। आधुनिक हिन्दी कविता में एक तरह से निराला ने ही कविता को निरीप द्यात्मकता के बन्धन से मुक्त किया। वहीं पन्त ने कविता के 'छन्द के बन्ध' को खोलने की कोशिश की। छन्द मुक्ति की इस प्रक्रिया में छायावादियों ने जहाँ कुछ नए छन्द बनाए वहीं अतुकान्त कविताओं की रचना भी शुरू हुई। छायावादी कवि मुक्त छन्द का प्रयोग कभी विकल्प के रूप में करता था, वहीं 'तार सप्तक' के कवियों ने मुक्त छन्द को ही अपनी स्वीकृति प्रदान की। 'जुही की कली' या प्रसाद की 'प्रलय की छाया में अन्त तक एक गहन अन्तर्लय, दूसरे तरह का छन्द बनाता भी था पर 'तार सप्तक' के कवियों का मुक्त छन्द, छन्द की रूढ़ि से सर्वथा मुक्त है।

'तार सप्तक' में रामविलास शर्मा, प्रभाकर माचवे, गिरिजा कुमार माथुर और अज्ञेय ने छन्द के काव्यगत प्रयोग पर विस्तार से विचार किया है। प्रभाकर माचवे निराला द्वारा प्रयुक्त मुक्त विषम चरण वर्तनी, अतुकांत अक्षर मात्रिक छन्द पर आश्रित तारात्मक पद रचना को श्रेयस्कर मानते हैं। मुक्त छन्द के क्षेत्र में निराला प्रभाकर माचवे के आदर्श हैं। वे मानते हैं कि मुक्त छन्द में, छन्द की गति को निर्धारित किया जाना चाहिए। हिन्दी के छन्द और लोकगीतों के लय के अलावा माचवे ने सॉनेट, रुबाई आदि का सफल प्रयोग किया है।

गिरिजा कुमार माथुर ने 'तार सप्तक' के वक्तव्य में छन्द सम्बन्धी अपनी मान्यताओं का विधिवत् उल्लेख किया है। वे कविता में मुक्त छन्द को पसन्द करते हैं और मुक्त छन्द में अधिकतर विरामान्त (End Stop) पंक्तियाँ नहीं रखते हैं, बल्कि धारावाहिक (Run on) ही रखते हैं। वे मानते हैं कि इसी कारण वे संगीत प्रधान गीत सम्भव कर सके हैं।

मुक्त छन्द को वे वार्णिक और मात्रिक दो भागों में विभक्त करते हैं। वे एक कविता में एक ही प्रकार के मुक्त छन्द के प्रयोग के पक्षधर हैं। धारावाहिनी पंक्तियों में भी प्रथम पंक्ति के अर्द्ध विराम द्वितीय पंक्ति को लेने का नियम बनाते हैं। यही नहीं वे शब्द की आत्मा स्वर ध्वनि को मानते हैं और इसी नियम को लेकर वे स्वर ध्वनियों का मूल्यांकन भी करते हैं। कविता के विरामों को लेकर कितने ही प्रकार की मुक्त छन्द पंक्तियाँ उन्होंने निर्मित की हैं। 'आज हैं केशर रंग रँगे वन' इस छन्द का उदाहरण है–

आज हैं केशर रंग रँगे बन
रंजित शाम भी फागुन की खिली पीली कली-सी
केसर के वसनों में छिपा तन
सोने की छाँह सा
बोलती आँखों में
पहिले वसन्त के फूल का रंग है।

रामविलास शर्मा की कविता 'दाराशिकोह' रुबाई छन्द में लिखी गई है, जिसकी पंक्तियों का निर्माण घनाक्षरी की पंक्तियों को बीच से तोड़कर किया गया है। रामविलास जी मानते हैं कि "इस सोलह अक्षर की पंक्ति में मैंने सॉनेट और ब्लैंक वर्स (अतुकान्त छन्द) लिखा है और कई कविताएँ इस पंक्ति को तोड़कर वार्णिक मुक्त छन्द में लिखी गई हैं। एक दूसरे ढंग का मुक्त छन्द मात्रिक है।"[55] इसके अलावा 21-21 मात्राओं के आधार पर उन्होंने 'शारदीया' तथा लोकगीतों की शैली के आधार पर 'सत्यम् शिवं सुन्दरम्' की रचना की है।

अज्ञेय छन्द के आन्तरिक अनुशासन को मानते हुए छन्द के मात्रिक बन्धन को

महत्त्व नहीं देते। वे मानते हैं कि वह छन्द कविता की अर्थवत्ता को कमजोर करता है। छन्द के अनुशासन को स्वीकार करने का कारण अज्ञेय बतलाते हैं कि वही शक्ति का स्रोत है तथा अर्थवत्ता को गहराई देता है। भारतभूषण अग्रवाल अपनी कविताओं में सॉनेट और रुबाई छन्दों का प्रयोग करते हैं। उनकी कविता 'अपने कवि से' तथा 'मसूरी के प्रति' में सॉनेट तथा 'मिलन' में रुबाई छन्द का प्रयोग है। नेमिचन्द्र जैन की कविता में छन्द का अभाव दिख पड़ता है। फिर भी 'आगे गहन अँधेरा में' सॉनेट की परछाईं दिखती है।

कुल मिलाकर 'तार सप्तक' के कवियों ने छायावाद की छन्द परम्परा को आगे बढ़ाते हुए कवित्त-सवैया को तोड़कर छन्दों को नए रूपों में ढाला और सॉनेट, रुबाई जैसे हिन्दी में प्रचलित छन्दों को भी अपनाया। लोक गीतों की लय के आधार पर कविताएँ लिखीं और अपनी अभिव्यक्ति में डैश (–) और कोष्ठकों [()] तक के प्रयोग किए। हम कह सकते हैं छन्द की दृष्टि से 'तार सप्तक' के कवि काफी जागरूक हैं।

लय

वर्तमान हिन्दी कविता में लय को लेकर विद्वानों में मतैक्य नहीं है। हिन्दी के बाहर भी जो कवि चिन्तक हैं वे भी इस विषय पर एकमत नहीं हैं। ब्रेख्त कहते हैं–"मुझे तुक अनुपयुक्त लगती है। क्योंकि वह आसानी से कविता को स्वयं पूर्ण बना देती है। नियमित लयें भी अपनी सपाटता के चलते गहराई से प्रभावित नहीं करतीं और वे बात को बहुत फैला भी देती हैं।"[56] तो दूसरी ओर ब्लादीमीर मायकोवस्की का कहना है कि "लय कविता की मूल शक्ति तथा ऊर्जा है।"[57]

'तार सप्तक' में किसी भी कवि ने सैद्धान्तिक रूप से लय की चर्चा नहीं की है। सिर्फ गिरिजा कुमार माथुर ने कविता के संगीत पक्ष पर विचार किया है। मुक्तिबोध की 'तार सप्तक' की कविताओं में लय का व्यवस्थित प्रयोग नहीं मिलता। संगीत प्रेम के कारण नेमिचन्द्र जैन की कविता में आन्तरिक लय दिखाई पड़ता है। शब्दों की आवृत्ति से भी उन्होंने कविता को लयात्मकता दी है। 'जिन्दगी की राह' कविता में इसी तरह का प्रयोग किया गया है। भारतभूषण अग्रवाल तथा प्रभाकर माचवे की कविताओं में एक दूसरे तरह की लयात्मकता है, जो तुकों के आग्रह से पैदा हुई है। प्रभाकर माचवे जहाँ लोक धुनों की लय का इस्तेमाल करके 'गा रे गा हरवाहे, दिल चाहे वही तान। खेतों में पका 'धान' लिखते हैं तो गिरिजा कुमार माथुर कविता में संगीत उत्पन्न करने के लिए स्वर ध्वनियों का प्रयोग करते हैं। रामविलास शर्मा की कविताओं में लय का प्रवाह बहुत बेगवान है। कवि शीर्षक कविता में शब्द

एक दूसरे को ठेलते हुए धाराप्रवाह गति से आगे बढ़ते हैं। रामविलास जी ने गीत की लय पर 'चाँदनी' शीर्षक कविता लिखी है और सत्यं शिवं सुन्दरम् लोक गीतों की लय पर।

अज्ञेय की कविताओं में भी बातचीत की लय का प्रयोग है। लेकिन इसे हम गद्यात्मक लय नहीं मान सकते। यह जरूर है कि इसे हम उनकी कविताओ का आन्तरिक प्रवाह मान लें।

'तार सप्तक' की कविताओं में अन्य अनेक काव्य रूपों का प्रयोग हुआ है। इनमें गीत, ग्राम गीत, मुक्तक, सॉनेट, रुबाई आदि प्रमुख प्रयुक्त काव्य रूप हैं। 'तार सप्तक' के गीत छायावादी गीतों से भिन्न हैं और मुक्तक रीतिकालीन मुक्तक नहीं हैं। काव्य रूप की दृष्टि से सबसे महत्त्वपूर्ण है मुक्तिबोध की लम्बी कविता तथा उसकी नाटकीयता।

उपर्युक्त अध्ययन से स्पष्ट है कि कविता में 'तार सप्तक' के कवियों ने नई भाषा, बिम्ब-प्रतीक, उपमान, छन्द आदि काव्य रूपों के क्षेत्र में नए प्रयोग किए और हर सम्भव इनका सिद्धान्त निरूपण भी किया। इस सिद्धान्त निरूपण और काव्य सृजन में आधुनिक हिन्दी कविता ने एक नए सौन्दर्यशास्त्र को जन्म दिया। 'तार सप्तक' के कवियों की भाषा प्रायः लोक भाषा से प्राणतत्व पाती रही है। अज्ञेय और नेमिचन्द्र जैन की कविताओं पर छायावादी पदावली का प्रभाव देखा जा सकता है। गिरिजा कुमार माथुर शब्दों के मितव्ययी उपयोग के लिए लक्षित किए जा सकते हैं। वहीं भारतभूषण अग्रवाल प्रायः सपाट भाषा में लिखते हैं। मुक्तिबोध की भाषा रूखी कोमलता लिये हुए है। 'तार सप्तक' के कवियों ने बिम्ब निर्माण में भी अपने कौशल को दर्शाया है। अज्ञेय के यौन एवं स्वप्न बिम्ब, माचवे के श्रव्य एवं दृश्य बिम्ब तथा मुक्तिबोध और नेमिचन्द्र जैन की सम्पूर्ण कविता ही एक बिम्ब के रूप में उभरती है। प्रतीक निर्माण में अज्ञेय के अलावा 'तार सप्तक' का कोई कवि क्रियाशील नहीं लिखता। उपमानों का प्रयोग 'तार सप्तक' में जहाँ भी हुआ है परम्परा से इतर है। 'तार सप्तक' के कवियों ने प्राचीन छन्दों को तोड़कर नए छन्द बनाए तो दूसरी तरफ हिन्दीतर छन्दों, रुबाई और सॉनेट का प्रयोग भी किया। भावाभिव्यक्ति के लिए कोष्ठकों और डैशों का इस्तेमाल भी इन कवियों ने किया। छन्द के प्रति सर्वाधिक सजग गिरिजा कुमार माथुर हैं तो तुकों के प्रयोग में माचवे। 'तार सप्तक' के अधिकांश कवियों ने लोग गीतों की लय को अपनाया है और काव्य रूप की दृष्टि से मुक्तक, गीत, ग्रामगीत, सॉनेट, रुबाई आदि इस्तेमाल किया है।

सन्दर्भ

1. विजयदेव नारायण साही की पुस्तक 'छठा दशक' से उद्धृत, हिन्दुस्तानी एकेडेमी इलाहाबाद, प्रथम संस्करण 1987, पृ. 270
2. पूर्ववत्, पृ. 275
3. पूर्ववत्, पृ. 277
4. पूर्ववत्, पृ. 278 से उद्धृत।
5. पूर्ववत्, पृ. 278
6. पूर्ववत्, पृ. 284
7. पूर्ववत्, पृ. 305
8. पूर्ववत्, पृ. 315
9. मुक्तिबोध रचनावली, भाग-5, सं. नेमिचन्द्र जैन, राजकमल प्रकाशन। पेपरबैक संस्करण 1985, पृ. 107
10. मुक्तिबोध, वक्तव्य, 'तार सप्तक', सं. अज्ञेय, भारतीय ज्ञानपीठ।
11. पूर्ववत् 'आँखें खोल' कविता से।
12. नेमिचन्द्र जैन, जिन्दगी की राह, 'तार सप्तक' से।
13. पूर्ववत्।
14. पूर्ववत्, उन्मुक्त कविता।
15. पूर्ववत्, उन्मुक्त वक्तव्य, भारतभूषण अग्रवाल।
16. गिरिजा कुमार माथुर, दो पाटों की दुनिया, 'तार सप्तक'।
17. अज्ञेय, सावन मेघ, 'तार सप्तक'।
18. अज्ञेय, वक्तव्य, 'तार सप्तक'।
19. नेमिचन्द्र जैन, बदलते परिप्रेक्ष्य, रा.क. प्र., दिल्ली, पृ. 66
20. मुक्तिबोध रचनावली, सं. नेमिचन्द्र जैन, पृ. 26
21. नानक सिंह, सम्पादकीय, आलोचना, वर्ष 18, नवांक, पृ. 6
22. ब्रतोल्त ब्रेख्त की कविताएँ, अनुवाद हरीशचन्द्र अग्रवाल
23. मुक्तिबोध, 'तार सप्तक' वक्तव्य।
24. भारतभूषण अग्रवाल, 'तार सप्तक' वक्तव्य।
25. मुक्तिबोध, एक लाल वक्तव्य, 'तार सप्तक'।
26. रामविलास शर्मा, कार्यक्षेत्र, 'तार सप्तक'।
27. अज्ञेय, जनाह्वान, 'तार सप्तक'।
28. मुक्तिबोध रचनावली, पृ. 114
29. मुक्तिबोध, नाश देवता, 'तार सप्तक'।
30. भारतभूषण अग्रवाल, सीमाएँ : एक आत्मस्वीकृति, तार सप्तक।
31. प्रभाकर माचवे, वह एक, 'तार सप्तक'।
32. गिरिजा कुमार माथुर, देह की दूरियाँ, 'तार सप्तक'।
33. मुक्तिबोध रचनावली, पेपर बैक संस्करण, 1985, पृ. 41
34. मुक्तिबोध, 'पूँजीवादी समाज के प्रति' कविता, 'तार सप्तक'।

35. नेमिचन्द्र जैन, वक्तव्य, 'तार सप्तक'।
36. मलयज, कविता से साक्षात्कार, सम्भावना प्रकाशन, हापुड़, पृ. 150
37. मुक्तिबोध, एक आत्मवक्तव्य, 'तार सप्तक'।
38. नेमिचन्द्र जैन, अनजाने चुपचाप, 'तार सप्तक'।
39. भारतभूषण अग्रवाल, अपने कवि से, 'तार सप्तक'।
40. मलयज, कविता से साक्षात्कार, सम्भावना प्रकाशन, हापुड, सं. 1976, पृ. 150
41. आचार्य रामचन्द्र शुक्ल, कविता क्या है? चिन्तामणि भाग-1, पृ. 145
42. पूर्ववत्, पृ. 148
43. प्रभाकर माचवे, वक्तव्य 'तार सप्तक'।
44. केदारनाथ सिंह, तीसरा सप्तक वक्तव्य, संस्करण '84, पृ. 128
45. अशोक वाजपेयी, फिलहाल, राजकमल, प्रथम संस्करण 1982, पृ. 77
46. केदारनाथ सिंह, नई कविता का बिम्ब विधान।
47. काव्यशोभाकरान्धर्मानलङ्.कारान् प्रचक्षते। –काव्यादर्श, संस्कृत साहित्य का इतिहास, भाग-2, 1938, जवाहरलाल जैन, नवलगढ़।
48. प्रभाकर माचवे, वक्तव्य 'तार सप्तक'।
49. भारतभूषण अग्रवाल।
50. मुक्तिबोध।
51. प्रभाकर माचवे।
52. गिरिजा कुमार माथुर।
53. रामविलास शर्मा।
54. अज्ञेय।
55. रामविलास शर्मा, वक्तव्य 'तार सप्तक', छठा संस्करण 1981
56. ब्रेख्त।
57. मायकोवस्की, लेखन कला और रचना कौशल, अनुवाद, प्रगति प्रकाशन, 1977

अध्याय : पाँच

'तार सप्तक' कवियों के प्रथम व द्वितीय संस्करणों के वक्तव्य

"पुरानी मध्ययुगीन मूल्य दृष्टि भावुकतापूर्ण रोमान, कल्पना प्रधान सांस्कृतिक बोध तथा धरातलीय उदारवाद (जिसे हिन्दी में मानवतावाद अथवा तथाकथित 'भारतीय परम्परा' की संज्ञा दी जाती है) के धुंध को इस नई संवेदनशीलता और वस्तुपरक सूक्ष्म सौन्दर्य दृष्टि ने सदा के लिए मिटा दिया है। सामाजिक दायित्व के महत् की ओट में नकली मांगलिकता और निरीह शुभाशंसा का जो आडम्बर रचा जा रहा था और अब ही तुरत सिद्धियों के लिए कभी-कभी रचा जाता है, उस पाखंड की कलई भी नव काव्य की खरी तथा निष्ठापूर्ण क्रियाविधि पिघलाकर बहा चुकी है। माध्यम और उपकरणों की संकीर्ण रूढ़ियाँ तोड़कर उन्हें सहज अनुभूति के साथ सम्बद्ध किया गया है। संवेदना के सीमित और वर्गीकृत आधारों के स्थान पर सर्वथा अन्तरंग एवं आत्मानुभूत प्रतिक्रियाओं को अधिक मूल्यवान मान कर कलात्मक वैभव के एक ऐसे असीमित और अनवलोकित क्षेत्र का उद्‌घाटन हो गया है जिसका पूर्वकालीन कवियों को भान भी नहीं था।"

—गिरिजा कुमार माथुर, 'पुनश्च', तार सप्तक, द्वितीय संस्करण

अन्विति या अन्तर्विरोध : कारण और विश्लेषण

'तार सप्तक' का दूसरा संस्करण उसके पहले संस्करण के बीस वर्षों बाद प्रकाशित हुआ। इन बीस वर्षों (1943-63) में संकलित कवियों की मनोसंरचना में पर्याप्त विकास और परिवर्तन स्वाभाविक था। सामान्यतः बीस वर्ष की एक पीढ़ी मानी जानी है।[1] स्वाभाविक रूप से कविता में भी एक नई पीढ़ी आ चुकी थी। दूसरा सप्तक

प्रकाशित हो चुका था। कविता की नदी में बहुत सारा जल प्रवाहित हो चुका था। बाद में आए हुए कवियों की नवीनता तथा सप्तक के कवियों की प्रौढ़ता का अनुभव इन सबको मिलाकर इन कवियों की दृष्टियों में गहराई के साथ-साथ परिवर्तन-परिवर्धन अस्वाभाविक नहीं माना जाएगा। अज्ञेय स्वीकार करते हैं–"इन बीस वर्षों में सातों कवियों की परस्पर अवस्थिति में विशेष अन्तर नहीं आया है, तब की सम्भावनाएँ अब की उपलब्धियों में परिणत हो गई हैं।"[2] अज्ञेय के कथन में भी आत्म विश्वास नहीं अनुमान पर जोर अधिक है। 'विशेष अन्तर' में ही यह निहित है कि परिवर्तन हुआ। तब तक 'सप्तक' के कवियों का विकास अपनी-अपनी अलग दिशा में हुआ है। सृजनशील प्रतिभा का धर्म है कि वह व्यक्तित्व ओढ़ती है। यह व्यक्तित्व ओढ़ने की स्थिति अलग-अलग कवियों पर भिन्न-भिन्न तरीके से प्रभावी होती है। यहाँ ध्यान रखना होगा कि 'तार सप्तक' के प्रकाशन के समय देश आजाद नहीं था, और प्रगतिवाद के विरोध में संघर्ष भी तेज नहीं था। लेकिन 1963 तक प्रगतिवाद के विरोध में अच्छी खासी गिरोहबन्दी हो चुकी थी। आजादी प्राप्त किए हुए एक दौर बीत चला था। नेमिचन्द्र जैन अपने पहले संस्करण के वक्तव्य में समाज में साहित्य की भूमिका को मानते हैं, अपने को राजनीति में क्रियात्मक रूप से सक्रिय तथा मार्क्सवादी और कम्युनिस्ट कहते हैं, वहीं दूसरे संस्करण तक आते-आते उनकी मार्क्सवाद संचालित राजनीति छूट ही नहीं गई, उस क्षेत्र के सर्वव्यापी हीन सिद्धान्त और आदर्शहीनता के कारण अन्धी हो गई।[3] नेमिचन्द्र जैन की ही तरह भारतभूषण अग्रवाल भी 'तार सप्तक' के प्रथम संस्करण में न केवल 'कम्युनिस्ट' थे बल्कि 'मार्क्सवाद को उस समय के समाज के लिए रामबाण मानते थे। परन्तु इन्हीं बीस वर्षों में 'तार सप्तक' के दूसरे संस्करण में वे कहते हैं, "आज मैं कम्युनिस्ट नहीं हूँ। यही नहीं अब तो लगता है कि जब कहता था, तब भी नहीं था।" यहाँ यह प्रश्न स्वाभाविक रूप से उठता है कि इन दोनों कवियों में यह बदलाव क्यों आए? इस वैचारिक बदलाव को मात्र विचलन नहीं माना जा सकता, यह विशुद्ध रूप से तात्विक परिवर्तन है। इस परिवर्तन के कई कारण हो सकते हैं। स्वतंत्रता के पूर्व का आदर्शवाद स्वतंत्रता के बाद अवसरवाद में बदल गया। सत्ता और व्यवस्था से एक दूसरे तरह की प्रगाढ़ता बनी। एक दूसरा सामंजस्य बना। यहीं यह भी ध्यान देना होगा, प्रश्न अपना स्वरूप बदल चुका था। 'तार सप्तक' के कवियों के बीच तथा समाज के भीतर व्याप्त निजी सम्बन्धों में भी काफी परिवर्तन तथा तनाव आ गया था। दूसरे संस्करण में आजादी के बाद की साहित्यिक, सामाजिक तथा व्यक्तिगत परिस्थितियों के तनावों और दबाओं को विभिन्न स्तरों पर देखा जा सकता है।

'तार सप्तक' के दूसरे संस्करण में कुछ बदलाव विकास के तथा कुछ परिवर्तन के रूप में लक्षित किए गए। कुछ कवियों के निजी अन्तर्द्वन्द्व थे, कुछ वैचारिक

अन्वितियाँ थीं। कुछ में एक सामूहिकता भी थी। पहले उन परिवर्तनों पर ध्यान देना होगा जो एकाधिक कवियों में एक साथ आए। 'तार सप्तक' के दूसरे संस्करण तक कुछ कवियों का मार्क्सवाद और कम्युनिज्म के प्रति मोह टूट चुका था जबकि पहले संस्करण के वक्तव्य में इन कवियों ने मार्क्सवाद के प्रति आस्था जताई थी। इन कवियों में भारतभूषण अग्रवाल और नेमिचन्द्र जैन प्रमुख हैं। जैसा कि हमने ऊपर देखा कि जहाँ पहले संस्करण में नेमिचन्द्र जैन अपने को राजनीति में क्रियात्मक रूप से सक्रिय तथा मार्क्सवादी और कम्युनिस्ट कहते हैं, वहीं दूसरे संस्करण तक आते-आते उनकी मार्क्सवाद संचालित 'राजनीति छूट ही नहीं गई, उस क्षेत्र के सर्वव्यापी हीन सिद्धान्त और आदर्शहीनता के कारण अरुचि हो गई। यहीं पर यह भी ध्यान देना होगा कि 1943 का समय 1936 के बहुत पास था, मात्र सात वर्ष दूर। तब तक प्रगतिवाद का जादू जरा अधिक गहरा था। लेकिन 1963 तक यह सब धूल-धूसरित हो चला था। मार्क्सवादी प्रभाव पूरे हिन्दी साहित्य से कम हो चला था, कवि ही नहीं कहानी तक में एक नया सूत्रपात हो चला था। इन सारी स्थितियों में मार्क्सवाद से रोमैंटिक रूप से जुड़े किसी भी कवि लेखक का उसे छोड़ जाना या उसका मोहभंग की स्थिति तक पहुँच जाना अस्वाभाविक नहीं है। 1945 तक प्रतिवादी आन्दोलन उभार पर था पर बाद में आन्तरिक जकड़बन्दी और कठमुल्लेपन तथा बाहर के प्रहारों के चलते वह अपनी कान्ति खो चुका था। उससे बहुत गहरे जुड़े दोनों कवियों पर इस स्थिति का प्रभाव पड़ना सहज था। यदि नेमिचन्द्र जैन या भारतभूषण अग्रवाल ने इस परिवर्तन को महसूस किया तो इसे एक तात्विक परिवर्तन की तरह स्वीकार किया जाना चाहिए।[4]

इस वैचारिक परिवर्तन के अतिरिक्त दूसरे संस्करण तक कई कवियों यहाँ तक कि उसके सम्पादक अज्ञेय तक का इतिहास और परम्परा के प्रति दृष्टिकोण काफी हद तक बदल चुका था। 1943 के समय का लगाव 1963 तक बहुत से स्तरों पर भिन्न हो चला था। इसे हम अज्ञेय के इतिहास और परम्परा में आए हुए लगाव के प्रति हुए परिवर्तन में देख सकते हैं। अपने पुनश्च में वे मानते हैं—"जो सदैव है और रहेगा वह भी नित्य है और जो निरन्तर बदलता रहता है वह भी नित्य नया है। अनित्य वही है जो एक बार बदलकर फिर नहीं बदलता। काल के साथ हमारा सनातन काल से दोहरा सम्बन्ध रहा है। यह भारत की परम्परा की एक महत्त्वपूर्ण कड़ी है। जहाँ यह दोहरा बोध नहीं है वहाँ 'युगबोध' भी नहीं है और शाश्वत का बोध भी नहीं है।"[5] प्रथम संस्करण में अज्ञेय जहाँ राहों के अन्वेष पर जोर दे रहे थे वहीं अब वे परम्परा और उसके ऐतिहासिक सम्बन्ध को लेकर चिन्तित हो उठते हैं। यही नहीं प्रथम संस्करण के वक्तव्य में जहाँ वे प्रेम और यौन वर्जना के विषय में मन में कुछ सफाई देने का भाव रखते थे दूसरे संस्करण तक आते-आते यह सफाई देने का भाव

भी जाता रहा। बल्कि इसके स्थान पर वे "आधुनिक युग का साधारण व्यक्ति यौन वर्जनाओं का पुंज है।"[6] के कारणों की विधिवत् पड़ताल करते दिखते हैं।

1943 तक जिन वर्जनाओं और ग्रन्थियों को लेकर एक कवि ऊहापोह की स्थिति में था वही 1963 तक वह इसे समाज का एक आवश्यक अंग मान लेता है और इसे मध्य वर्ग में विशेष रूप से निम्न मध्य वर्ग में पाता है। अज्ञेय लिखते हैं– "वर्जनाएँ और ग्रन्थियाँ न समाज के ऊपर के स्तरों में उतनी जटिल होती हैं न निचले स्तरों में जितनी कि बीच के अधिभाग में।"[7] इसका कारण अज्ञेय बताते हैं कि "दोनों छोर पर स्वच्छन्दता अधिक होती है यद्यपि भिन्न-भिन्न कारणों से। अभिजात वर्ग संस्कृत है क्योंकि संस्कारों में मंजा हुआ है साथ ही सुविधा सम्पन्न भी इसलिए उसमें वैसा दमित तनाव नहीं है।"[8] निम्न वर्ग अथवा लोक वर्ग को वर्जनाओं और ग्रन्थियों से मुक्त होने के लिए अज्ञेय मानते हैं कि यह वर्ग लोक संस्कृति की सहजता में पला है। जहाँ उसे सुविधाएँ नहीं मिलती वहाँ यथार्थ के सम्बन्धों की सहजता ही स्वस्थ रखती है। इन दोनों के बरक्स मध्य वर्ग के प्रति वर्जनाओं और ग्रन्थियों के पुंज के सन्दर्भ में अज्ञेय की धारणा और पुष्ट हुई है। अज्ञेय मानते हैं, "बीच का तबका ही सबके अधिक रूढ़िग्रस्त होता है क्योंकि वही सामाजिक मर्यादाओं का निर्वाह करने और कराने का उत्तरदायित्व अपने ऊपर ओढ़ लेता है।"[9] उसके रूढ़िग्रस्त होने में और वर्जनाओं के पुंज बनने में अज्ञेय उसकी साक्षरता और यत्किंचित् शिक्षा को भी उत्तरदायी ठहराते हैं। और मानते हैं कि साक्षरता और यत्किंचित शिक्षा "उसे वह संस्कार नहीं देती जिसमें या तो मंजाव का सहज स्वीकार उसे स्वस्थ रखे।"[10] इतिहास और परम्परा के प्रति गिरिजा कुमार माथुर भी वर्तमान समस्याओं की अपेक्षा परम्परा और कहीं-न-कहीं आधुनिकता को भारतीय संस्कृति या भारत की परम्परा से जोड़ने की अनिवार्यता महसूस करते हैं वे कहते हैं–"आधुनिकता को मैं वैज्ञानिक प्रक्रिया से उद्भूत मूल्य दृष्टि मानता हूँ। इसीलिए आधुनिकता के बाह्य आरोप या उसकी अनुकृति को उतना ही दोषपूर्ण समझता हूँ जितना स्वीकृत रूढ़ियों का अनुकरण।"[11] यहाँ ध्यान देने योग्य है कि उनके पहले संस्करण के वक्तव्य में बातें मूलतः कविता के 'अन्तर्वाह्य' पक्षों तक सीमित थीं वहीं पुनश्च में वे कविता की सामाजिकता, युगीन चेतना, नव काव्य धारा के आरम्भ होने के कारणों व लेखकों पर पहले वाले साहित्येतर दबावों में कार्य करने के प्रतिफल की पड़ताल करते हैं। 1943 से 1963 तक के बीस वर्षों में गिरिजा कुमार माथुर के विकास को हम उनके इन बदले हुए मुद्दों पर अपने को केन्द्रित करने से देख सकते हैं। पहले संस्करण में इन बातों के न होने का कारण गिरिजा कुमार माथुर बताते हैं कि "पहले संस्करण में मैं पूरा वक्तव्य नहीं दे सका था।"[12] साहित्येतर दबाव में आकर रचना करने पर गिरिजा कुमार माथुर मानते हैं कि "यदि लेखक किन्हीं साहित्येतर दबाव में आकर

स्वानुभव साक्ष्यविहीन सत्य स्वीकार करता है तो वह 'कविता' नहीं एक गैर ईमानदार 'पद्य वस्तु' की रचना ही करेगा।''[13] गिरिजा कुमार माथुर साहित्येतर दबावों को काव्य के लिए सबसे बड़ा और अमिश्र निकष मानते हैं। यहाँ यदि हम भारतभूषण अग्रवाल और नेमिचन्द्र जैन के मार्क्सवाद से मोहभंग की उद्घोषणाओं को ध्यान में रखें तो इस 'किन्हीं साहित्येतर दबावों' को 'अमिश्र निकष' मानने के निष्कर्ष के कारणों को ठीक से समझ सकते हैं। यह किन्हीं साहित्येतर दबाव निश्चित रूप से प्रगतिशील लेखक संघ और मार्क्सवाद का ही दबाव है जिसके चलते कविता नहीं एक गैर ईमानदार 'पद्य वस्तु' की रचना की जा रही थी। यही नहीं गिरिजा कुमार माथुर 1940 को छायावादी युग चेतना से सम्पूर्ण विच्छेद का बिन्दु मानते हैं।

रामविलास शर्मा अपनी कविताओं का छायावाद से गिरिजा कुमार माथुर की तरह विच्छेद न पाते हुए उसकी परम्परा में जाते हैं। पुनश्च में वे लिखते हैं–''तार सप्तक में संकलित मेरी इन कविताओं का घनिष्ठ सम्बन्ध छायावादी कविता और उससे भी अधिक छायावादी कवियों से है।''[14]

जहाँ पहले संस्करण के वक्तव्य में रामविलास जी अनेक कविताओं की प्रेरणा पुस्तकों से पाते रहे हैं वहीं पुनश्च तक आते-आते यह काव्य प्रेरणा सीधे व्यक्तियों और समाज तक चला गया है। वे लिखते हैं–''निराला के जीवन में यथार्थवाद का अन्तर्विरोध साक्षात प्रकट हुआ वही 'कवि' की विषयवस्तु है। उसमें रहस्यवाद का खंडन करते हुए छायावाद के मानवतावादी मूल्यों को अपनाने का प्रयास भी है।''[15] यहाँ रहस्यवाद का खंडन और छायावाद के मानवतावादी मूल्यों को अपनाने का प्रयास रामविलास जी की समाज के प्रति उनकी सजगता को घोषित करता है। पहले संस्करण के वक्तव्य में जहाँ वे प्रेम सम्बन्धी कविताएँ लिखने के बारे में सोचते थे और यह मानते थे कि ''जिसके हृदय में प्रेम की नदी न बहे वह कवि ही क्या।''[16] वहीं पुनश्च में वे मानते हैं कि ''मनुष्य जिस हद तक कवि मनुष्य है वह भी सामाजिक जीवन के सन्दर्भ में ही अपने व्यक्तित्व का विकास कर सकता है।''[17] 1943 से 1963 के बीस वर्षों को रामविलास जी अन्तर्राष्ट्रीय परिप्रेक्ष्य में देखते हैं। यहाँ वे अपने पहले संस्करण तक की अपनी धारणाओं को और दृढ़ पाते हैं। रामविलास जी को यह विश्वास था कि महायुद्ध की विभीषिकाओं को पार करके जनसाधारण का जीवन नए स्तर पर विकसित होगा। कविता का विकास वे जनता के इसी अभियान से जोड़ते हैं वे मानते हैं जो इस अभियान के विरोधी हैं वे कुंठा और घुटन के कारागार में स्वयं को बन्दी बना लेते हैं और रूप के नाम पर अनगढ़ प्रतीक योजना के अलावा कुछ नहीं दे पाते। रामविलास जी पुनश्च के अपने वक्तव्य में कविता के सोद्देश्य होने और बौनों का बौद्धिक व्यायाम न होने देने के लिए अपनी मान्यताएँ स्पष्ट करते हैं। वे मानते हैं ''मूर्तिविधान वही सार्थक है जो भावों से अनुप्राणित हो, जिसमें सहज

इन्द्रिय बोध का निखार हो। दूर की कौड़ी लाना काव्य रचना नहीं, बौनों का बौद्धिक व्यायाम है। शब्द संगीत और छन्द सौन्दर्य (भले ही वह मुक्त छन्द का सौन्दर्य हो) भावोत्कर्ष में सहायक होते हैं। सम्पूर्ण कविता के कलात्मक प्रभाव के लिए भावों एवं विचारों की परस्पर सम्बद्धता, मूर्तियों या प्रतीकों का आन्तरिक गठन और क्रान्ति के सभी अवयवों में तारतम्य स्थापित करने वाला शिल्प नितान्त आवश्यक है।''[18] रामविलास जी ने उपर्युक्त दृष्टि से निराला को सदा अपना पथप्रदर्शक पाया है। रामविलास जी के निराला अथवा छायावाद की परम्परा के प्रति गहरे लगाव के कारणों की खोज करते हुए नामवर सिंह ने कहा है कि ''इसका एक जबरदस्त कारण यह हो सकता है कि–वर्तमान स्थिति से ये कवि अपने आप को नहीं जोड़ पा रहे थे जबकि इस नई परिस्थिति के सामना के लिए साहित्य के क्षेत्र में नई प्रवृत्तियाँ जन्म ले चुकी थीं।''[19]

दूसरे संस्करण के अपने वक्तव्यों में कुछ कवि ने अपने को ''प्रथम प्रयोगकर्ता मनवाने की दबी हुई कोशिश करते हैं। इस कोशिश में प्रभाकर माचवे और गिरिजा कुमार माथुर विशेष रूप से उद्धत दिखते हैं। गिरिजा कुमार माथुर तो 'प्रयोगशील आधुनिकता' और 'नई कविता' के सम्बन्ध में प्रचलित अनेक भ्रम गाथाओं के निराकरण में लग जाते हैं, तो प्रभाकर माचवे ये मानते हैं कि प्रयोगवाद और नई कविता के नाम पर बहुत बकवास छपती रहती है। गिरिजा कुमार माथुर प्रयोगशील आधुनिक कविता की उत्पत्ति और विकास के सम्बन्ध में ढेर सारे प्रश्न उठाते हुए यह बताते हैं कि '' 'तार सप्तक' के प्रकाशन से चार-पाँच वर्ष पूर्व ऐसी रचनाएँ हो रही थीं तथा सन् 1940 के आस-पास के कृतित्व में वह आधुनिक स्वर सबल और स्पष्ट होकर आ गया था।''[20] वे आगे लिखते हैं–''कविता की जिस चेतना का प्रादुर्भाव सन् 1939-40 में हुआ था उसने पिछली समस्त मान्यताओं को बदल डाला और एक अभूतपूर्व बौद्धिक नवोन्मेष (इन्टैलेक्चुअल रेनासाँ) को जन्म दिया। पूरी-की-पूरी मर्यादा परिस्थितियाँ प्रतिस्थापित कर दी गईं। इतनी बड़ी तात्विक क्रान्ति हिन्दी कविता में कभी नहीं आई थी।'' यही नहीं गिरिजा कुमार माथुर इस तात्विक क्रान्ति के ऐतिहासिक अवसर पर अपनी गर्व भरी उपस्थिति को भी रेखांकित करते हैं। आगे वे लिखते हैं–''मैं सन् 40 तक कितने ही प्रयोग कर अपना मार्ग स्पष्ट कर चुका था...जुलाई 41 में मैंने अंग्रेजी में एक लम्बा लेख लिखा था 'द थ्योरी ऑफ-यू एक्सपेरिमेंटलिज्म इन हिन्दी पोइट्री'।''[21] गिरिजा कुमार माथुर की इन घोषणाओं से उनके प्रथम प्रयोगकर्त्ता स्वयं घोषित किए जाने का श्रेय तब तक के 'तार सप्तक' की सफलता को तो जाता ही है अज्ञेय के प्रयोग के एकमात्र नेतृत्व को यह चुनौती भी है। प्रभाकर माचवे अपने पुनश्च में लिखते हैं–''यह बात मुझे न कहनी पड़ती तो अच्छा होता–अज्ञेय ने विशाल भारत में जनवरी 38 में दो इम्प्रेशनिस्ट कविताएँ

छापीं थीं तब मैं शायद हिन्दी के अधिक निकट था।"[22] प्रभाकर माचवे बहुत महीन स्वर में इम्प्रेशनिस्ट कविताओं के द्वारा अपने को प्रयोगशील कविता के प्रथम नागरिक की तरह प्रस्तुत करते हैं। वे आगे लिखते हैं–"आज मैं अपने को द्विभाषी मानता हूँ।"[23] प्रभाकर माचवे का अपने को यह द्विभाषी मानना भी 1943 से 1963 तक की हिन्दी क्षेत्र और साहित्य में एक अहिन्दी क्षेत्र से आए कवि के अपने अन्तःपरिवर्तनों के साथ ही इस क्षेत्र की राजनीति का भी परिचायक है। दूसरे संस्करण के अपने-अपने पुनश्च में सभी ने अपने को प्रयोगवाद या किसी संगठित आन्दोलन का प्रवक्ता मानने का विरोध किया है। गिरिजा कुमार माथुर, प्रभाकर माचवे और नेमिचन्द्र जैन ने काफी दृढ़ता के साथ अपने ऊपर प्रयोगवाद के किसी भी लेबल को चस्पा किए जाने का विरोध किया है। नेमिचन्द्र जैन ने 'तार सप्तक' के प्रकाशन सम्बन्धी बहुत सारे भ्रमों का निराकरण भी प्रस्तुत किया है।

नेमिचन्द्र जैन के इस भ्रम निराकरण के पीछे 'तार सप्तक' की व्यापक सफलता तथा उस सफलता के लिए अज्ञेय की एकल दावेदारी के साथ ही तत्कालीन अलोचकों द्वारा 'तार सप्तक' सम्बन्धी तमाम भ्रान्तियाँ काम कर रही थीं। इन आलोचकों ने 'तार सप्तक' को एक आन्दोलन तथा उसके सम्पादक अज्ञेय को उस आन्दोलन का संगठनकर्ता व नेता सिद्ध करने के साथ ही अन्य कवियों के व्यापक सहयोग को भी कम करके आँकने की कोशिश की थी। आश्चर्यजनक रूप से अज्ञेय इस भ्रम को बनाए रखने में सहयोग दे रहे थे।

'तार सप्तक' के दूसरे संस्करण के पुनश्च में जहाँ कुछ कवि ने अपने आप को हिन्दी कविता के इतिहास में न्यायोचित रूप से व्यवस्थित करने तथा परम्परा के प्रति नए आग्रह की चिन्ता से ग्रस्त थे वहीं कुछ कवि उपर्युक्त बीस वर्षों में 'तार सप्तक' की उपलब्धियों में अपने योगदान अभूतपूर्व सिद्ध करने में लगे थे। वहीं दूसरी ओर मुक्तिबोध अपने पहले वक्तव्य में मान रहे थे–"सौन्दर्य ही मेरे काव्य का विषय हो सकता है।" पुरानी उलझन भरी अभिव्यक्ति और अमूर्त करुणा को छोड़कर जागरूक हुआ।" यह मुक्तिबोध की प्रथम आत्मचेतना थी। मुक्तिबोध के बालमन की पहली भूख सौन्दर्य और दूसरी विश्व मानव का सुख-दुख थी।

यही सौन्दर्य की भूख और विश्व-मानव का सुख-दुख और इन दोनों का संघर्ष मुक्तिबोध के जीवन की पहली उलझन थी। इन उलझनों का स्पष्ट वैज्ञानिक समाधान मुक्तिबोध को न मिल रहा था। मुक्तिबोध इन उलझनों से मुक्ति के लिए जीवन के एक ही दर्शन को लेकर कोई सर्वाश्लेषी दर्शन की मीनार नहीं खड़ी कर सके थे। अपने पहले वक्तव्य में मुक्तिबोध स्पष्ट रूप से स्वीकार करते हैं कि "1938 से 1942 तक के पाँच साल व मानसिक संघर्ष और वर्ग सोनीय व्यक्तिवाद के वर्ष थे।"[24] आन्तरिक विनष्ट शान्ति के और शारीरिक ध्वंस के इस समय में मुक्तिबोध का

व्यक्तिवाद कवच की भाँति काम करता था। वर्गसों की स्वतंत्र क्रियमाण 'जीवन शक्ति' (Elan Vital) के प्रति मुक्तिबोध की आस्था बढ़ गई थी। ऐसी स्थितियों में मुक्तिबोध के शब्दों में "क्रमशः मेरा झुकाव मार्क्सवाद की ओर हुआ। अधिक वैज्ञानिक, अधिक मूर्त और अधिक तेजस्वी दृष्टिकोण मुझे प्राप्त हुआ।"[25] तब तक मुक्तिबोध कलाकार की स्थानान्तर गामी प्रवृत्ति (माइग्रेशन इंस्टिंक्ट) पर बहुत जोर देते थे। मुक्तिबोध अपने समय के वैविध्य में उलझन से भरे रंग-बिरंगे जीवन को देखने के लिए अपने वैयक्तिक तेज से एक बार तो उड़कर बाहर जाना आवश्यक मानते थे। मुक्तिबोध की मान्यता थी–"कला का केन्द्र व्यक्ति है पर उसी केन्द्र को अब दिशाव्यापी करने की आवश्यकता है। फिर युग सन्धि काल में कार्यकर्त्ता उत्पन्न होते हैं कलाकार नहीं। इस धारणा को वास्तविकता के द्वारा गलत साबित करना पड़ेगा।" अपने पहले वक्तव्य में मुक्तिबोध कहते हैं–"जीवन के इस वैविध्य में विकास स्रोत को देखने के लिए भिन्न-भिन्न काव्य रूपों को यहाँ तक कि नाट्य तत्व को कविता में स्थान देने की आवश्यकता है।"[26] मुक्तिबोध चाहते हैं कि इसी दिशा में उनके 'प्रयोग' हों। अपने पहले वक्तव्य में ही मुक्तिबोध, अज्ञेय के राहों के अन्वेषी पद से पूर्व घोषणा करते हैं कि "मेरी ये कविताएँ अपना पथ ढूँढ़ने वाले बेचैन मन की ही अभिव्यक्ति हैं। उनका सत्य और मूल्य उसी जीवन स्थिति में छिपा है।"[27]

प्रथम संस्करण के वक्तव्यों के आलोक में मुक्तिबोध के द्वितीय संस्करण के वक्तव्य को देखें तो यह बात बहुत स्पष्ट होती है कि मुक्तिबोध तत्कालीन जीवन में बढ़ते हुए व्यवसायीकरण और व्यापारीकरण के संकट का जिक्र कर रहे थे। मुक्तिबोध अपने प्रदीर्घ अनुभव के आधार पर यह बता रहे थे कि "व्यक्ति स्वातन्त्र्य की वास्तविक स्थिति उनके लिए है जो उस स्वातन्त्र्य का प्रयोग करने के लिए सुस्पष्ट आर्थिक अधिकार रखते हैं।"[28] यही नहीं मुक्तिबोध व्यक्ति स्वातन्त्र्य के विवेकपूर्ण प्रयोग के पक्षपाती हैं।

1943 तक जो मार्क्सवाद की ओर क्रमशः झुकाव हुआ था वह 1963 तक एक जीवन दर्शन का रूप ले चुका था। इसके चलते वे व्यवसायीकरण-व्यापारीकरण के दबाव को अनुचित पाते हैं। जीवन और परिवेश की विषमता की स्थिति आभ्यंतर लोक में भी दुःस्थिति उत्पन्न करने के कारण मुक्तिबोध के लिए पीड़ादायक थी। इन बीस वर्षों में मुक्तिबोध की कविता का संसार लगातार आत्मग्रस्तता के बावजूद उनका आत्म संवेदन समाज के व्यापकतर छोर को छूने लगा। उनकी कविता में बेचैनी और तनाव पहले से भी ज्यादा बढ़ गए। 'तार सप्तक' के पहले संस्करण में भारतभूषण अग्रवाल के हाथ में कविता एक मूल्यवान अस्त्र की तरह थी। वे मानते हैं–"हिन्दी के कवि को समाज से नाराज होकर भागने के बजाय समाज की उस शोषक सत्ता से लड़ना होगा, जिसने उसको कोरा स्वप्नाभिलाषी और कल्पना विलासी

बना छोड़ा है, और जिसने उसको अपनी कविता को ही एक मात्र सम्पत्ति मानने के भ्रम में डाला है।"[29] पहले संस्करण के वक्तव्य में भारतभूषण अग्रवाल उन स्थितियों की व्याख्या भी करते हैं जिनके चलते एक कवि अपनी कविता को ही अपनी एक मात्र सम्पत्ति मानने लगता है। यही नहीं 1943 तक भारतभूषण अग्रवाल 'कला-कला के लिए' की प्रवंचना के मूल कारण भी समझ[30] पाए थे, साथ ही उसके उचित उपयोग को भी।[31] तब तक कर्म से पलायन ही उनकी कविताओं का स्पन्दन रहा था।

पर दूसरे संस्करण तक कविता न अस्त्र रही, न मूल्यवान व अमूल्य। यहाँ वे स्वयं अस्त्र बन गए हैं। यह परिवर्तन उनकी इस स्वीकारोक्ति का कुछ प्रतिफल ही है कि "आज कम्युनिस्ट नहीं हूँ। यही नहीं अब तो लगता है कि जब कहता था तब भी नहीं था।"[32] वे अपने मार्क्सवादी जीवन के उन दिनों को भटकन की तरह पाते हैं। और सही रास्ते पर आ जाने को ही बहुत बड़ा सन्तोष मानते हैं। मुझे इसी बात पर कम सन्तोष और हर्ष नहीं है कि मैं इतना भटक कर भी रास्ते पर आ लगा हूँ और चाहे इस प्रक्रिया में अधेड़ हो गया हूँ[33]...इत्यादि बातें उनके मन में उपजी एक दूसरी कुंठा की ही सफाई की तरह लगती हैं। उनके सामने कवि कर्म अतिरिक्त कर्म होकर आता है एक मात्र कर्म नहीं। वे कहते हैं–"वैसे तो आज का साहित्यकार मात्र ही अपनी क्षमता का दुरुपयोग करने को बाध्य है, पर कवि तो सबसे अधिक क्योंकि सर्वाधिक प्राचीन और भव्य साहित्य विधा का व्यावसायिक मूल्य सबसे कम है।" यहाँ हम उनकी बदली हुई मनःस्थिति को ठीक समझ सकते हैं जहाँ कविता उनके लिए एक 'अनुपादक उत्पाद' की तरह होकर रह गई है। इस वाक्य को प्रथम संस्करण के 'कविता मूल्यवान अस्त्र' की तरह हो सकती है से मिलाकर देखने पर भी परिवर्तन को ठीक से समझा जा सकता है। यहाँ आकर कविता उनके लिए एकमात्र सम्पत्ति न होकर "कविता का साथ 'घर फूँक कर ही' देने की स्थिति पैदा करता है।"[34] वे इस घर फूँक को आज व्यावहारिक भी नहीं पाते। भारतभूषण अग्रवाल जिन समस्याओं को अपने 'प्रनष्य' के वक्तव्य में उठाते हैं वे नितान्त महत्त्वपूर्ण होते हुए भी उनकी बदली हुई मनःस्थिति को उजागर करते हैं। यहाँ वे यह भूल जाते हैं कि ये सभी समस्याएँ पूँजीवादी समाज की देन हैं। उनके युग का प्रत्येक कवि इस समस्या से दो-चार हो रहा था। 1963 तक भारतभूषण एक परिवर्तित तथा डोली हुई आस्था के कवि रह गए थे। उन्हें अपनी कमजोरी का भान हो गया था, इसका प्रमाण उनकी 'दूँगा मैं' और 'मैं और मेरा पिट्ठू' जैसी कविताएँ हैं। वे कहते हैं–

मुझमें सामर्थ्य कहाँ
कि अपने को भी निःस्व करके भी
तुम्हें बाँध नहीं पाऊँगा

–दूँगा मैं

1963 तक उनकी आग में ताप भी नहीं बना–

लो यह आग
जिसकी चिनगी में जलन तो क्या
ताप भी नहीं।[35]

–दूँगा मैं

इन सारे तथ्यों से यह स्पष्ट है कि 1963 तक भारतभूषण अग्रवाल के मन में स्वतंत्रता आन्दोलन की आग का रत्तीभर ताप बाकी नहीं रह गया था। यही स्थिति उस समय तक स्वतंत्रता से उम्मीद जमाने वाले अधिकतर नागरिक की थी। ऐसी स्थिति में यदि उनका मन अपने को 'बुझा' हुआ और 'अशक्त' पाता है तो गलत नहीं है।

दूसरे संस्करण की कविताओं में प्रभाकर माचवे का व्यंग्य और सध गया था। उनके व्यंग्य का लक्ष्य निःसन्देह पूँजीवादी संस्कृति थी। 'डरु' और 'पूँजीवादी संस्कृति' जैसी कविताओं में उन्होंने अपने व्यंग्य को एक नया विस्तार दिया है।

उपर्युक्त विवेचन के आधार पर कहा जा सकता है कि 1943 से 1963 के बीच अपनी रचनात्मकता का सही दिशा में विकास दो कवियों ने ही किया। इनमें अज्ञेय और मुक्तिबोध ने अपनी वैचारिक प्रक्रिया को और अधिक वर्तुल बनाया। जहाँ अज्ञेय परम्परा की तरफ उन्मुख हुए वहीं मुक्तिबोध ने पूँजीवादी समाज में व्यक्ति के निजी संघर्ष को परिलक्षित किया। भारतभूषण अग्रवाल और नेमिचन्द्र जैन जहाँ अपनी विचारधारा के परिवर्तित हो जाने की उद्घोषणा करते हैं वहीं इनकी कविताओं का विकास बहुत सरल रेखा में जाता जान पड़ता है। इसका एक बड़ा कारण इन दोनों कवियों का कविता से इतर अधिक सक्रिय होना भी हो सकता है। गिरिजा कुमार माथुर भी कविता पर 'साहित्येतर' दबाव को अशुभ लक्षण मानते हैं तथा इससे संचालित कविता को 'कविता' नहीं एक गैर-ईमानदार 'पद्य-वस्तु' मानते हैं। इन तीनों कवियों भारतभूषण अग्रवाल, नेमिचन्द जैन और गिरिजा कुमार माथुर में आए परिवर्तन का कारण तत्कालीन सामाजिक-राजनैतिक परिस्थितियाँ तो हैं ही साथ ही इन कवियों की मनोरचना भी इसके लिए जिम्मेदार है। आजादी के पूर्व 'तार सप्तक' प्रकाशित हुआ और इन कवियों के वक्तव्यों में उस समय भी सारी संकल्पना में स्वतंत्रता के संघर्ष की चमक अपना असर बनाए रखती है। 1963 तक यह सारी संकल्पना किसी भी मोर्चे पर पूरी होती नहीं दिखती। पं. नेहरू से मोह तथा उनके नेतृत्व में आस्था रखने वाली इस पीढ़ी को सिवाय निराशा और संघर्ष के शायद कुछ नहीं मिला। सत्ता प्राप्ति के बाद राजनेता और साहित्यनेता अपने पूर्वघोषित 'घोषणा पत्रों' (मैनीफैस्टो) को या तो भूल गए या अधूरा लगा। इसलिए हम यह मान सकते हैं कि तार सप्तक के कवियों ने 1943 के घोषणापत्र को 1963 में संशोधित किया। यह संशोधन बाद में निरन्तर होता रहा। कवि तथा उसकी कविता का यह एक नया लेन-देन माना जा सकता है।

सन्दर्भ

1. अज्ञेय, 'तार सप्तक', दूसरे संस्करण की भूमिका, छठा संस्करण 1995, पृ. 5
2. उपरोक्त, पृ. 6
3. नेमिचन्द्र जैन, तार सप्तक।
4. भारतभूषण अग्रवाल, तार सप्तक।
5. अज्ञेय, 'तार सप्तक' पुनश्च, छठा संस्करण, पृ. 245-46
6. उपरोक्त, पृ. 244
7. अज्ञेय, तार सप्तक।
8. अज्ञेय, तार सप्तक।
9. अज्ञेय, तार सप्तक।
10. अज्ञेय, 'तार सप्तक', पुनश्च, पृ. 244
11. गिरिजा कुमार माथुर, पुनश्च, संस्करण 6, पृ. 167
12. उपरोक्त।
13. तार सप्तक पुनश्च, रामविलास शर्मा, पृ. 214-15
14. तार सप्तक पुनश्च, रामविलास शर्मा, पृ. 214-15
15. तार सप्तक पुनश्च, रामविलास शर्मा, पृ. 214-15
16. तार सप्तक वक्तव्य, छठा संस्करण, पृ. 190
17. पुनश्च, पृ. 214-15
18. पुनश्च, पृ. 214-15
19. नामवर सिंह, आ. हिन्दी साहित्य की प्रवृत्तियाँ।
20. गिरिजा कुमार माथुर, तार सप्तक, छठा संस्करण, पृ. 163
21. गिरिजा कुमार माथुर, तार सप्तक छठा संस्करण, पृ. 165
22. प्रभाकर माचवे, तार सप्तक छठा संस्करण, पृ. 136
23. प्रभाकर माचवे, तार सप्तक छठा संस्करण, पृ. 136
24. मुक्तिबोध, तार सप्तक छठा संस्करण, पृ. 21
25. मुक्तिबोध, तार सप्तक छठा संस्करण, पृ. 22
26. मुक्तिबोध, तार सप्तक छठा संस्करण, पृ. 23
27. मुक्तिबोध, तार सप्तक छठा संस्करण, पृ. 23
28. मुक्तिबोध, तार सप्तक छठा संस्करण, पृ. 45
29. भारतभूषण अग्रवाल, तार सप्तक वक्तव्य, छठा संस्करण, पृ. 84
30. उपरोक्त, द्वितीय संस्करण, पृ. 88
31. उपरोक्त।
32. उपरोक्त, पृ. 85
33. उपरोक्त, पृ. 110
34. उपरोक्त, पृ. 111
35. उपरोक्त, पृ. 118

उपसंहार

'द्विवेदी युग' की काव्य अनुभूति से असन्तुष्ट होकर छायावादी कवियों ने भाषा, लय और शिल्प के स्तर पर जिस स्वर्ण काव्यलोक की रचना की थी। साहित्य और राजनीति की ऐतिहासिक आवश्यकता के तनाव में वह काव्यलोक अप्रासंगिक होता जा रहा था। पन्त, छायावाद का 'युगान्त' घोषित करके 'ग्राम्या' में 'विश्व को ग्रामीण नयन से देख रहे थे।' छायावादी काव्यलोक से संक्रमणकाल की प्रतिनिधि रचना के रूप में 'कुकुरमुत्ता' प्रकाशित होकर कविता के बदले हुए मिजाज का संकेत दे रही थी। फिर भी छायावादी काव्य की 'वायवीयता' से हिन्दी कविता का परिवेश भरा था। मध्य भारत के कुछ युवक कवियों ने इन्हीं सारी परिस्थितियों में एक संयुक्त संकलन की योजना बनाई जिसमें पहले केवल मध्य भारत के युवक कवियों को सम्मिलित किया जाना था। पर बदलते-बदलते इस योजना में मध्य भारत के बाहर के भी कवि सम्मिलित हुए। अन्ततः 1943-44 में छपकर सात युवा कवियों का संग्रह 'तार सप्तक' नाम से हिन्दी जगत में आया।

'तार सप्तक' के प्रकाशन का इतिहास उपर्युक्त ही होता यदि वह सफल न हो गया होता। उसकी सफलता ने उसके आयोजकों को इस बात के लिए बाध्य किया कि उसके प्रकाशन का श्रेय किसे दिया जाए। सम्पादक अज्ञेय ने सारा श्रेय खुद लेते हुए अन्य कवियों को अपेक्षित महत्त्व नहीं दिया। इसके बारे में अज्ञेय अन्तर्विरोधी बातें कहते हैं। आकाशवाणी को दिए गए एक साक्षात्कार में अज्ञेय कहते हैं कि "तार सप्तक की योजना बुनियादी तौर पर मेरी नहीं थी लेकिन जो उसका स्वरूप बना वह बिल्कुल मेरा था। कवियों के चयन आदि को लेकर भी अज्ञेय ने अन्तर्विरोधी बातें की हैं। प्रभाग चन्द्र शर्मा और वीरेन्द्र कुमार जैन के नामों के जुड़ने और कटने के पीछे अज्ञेय पुनः अन्तर्विरोधी वक्तव्य देते हैं, वे कहते हैं–"प्रभाग चन्द्र शर्मा, और वीरेन्द्र कुमार जैन का नाम मैंने निकाल दिया और इसके स्थानापन्न में रामविलास शर्मा और भारतभूषण अग्रवाल को सम्मिलित किया जबकि रामविलास शर्मा अज्ञेय की पसन्द थे और भारतभूषण अग्रवाल का नाम नेमिचन्द्र जैन वगैरह ने सुझाया था। अज्ञेय की 'तार सप्तक' योजना सम्बन्धी दावों का खंडन 'तार सप्तक' में संकलित

कवियों ने स्वयं किया। साथ ही 'तार सप्तक' के बाहर के कवि शमशेर बहादुर सिंह ने भी मुक्तिबोध के काव्य संग्रह 'चाँद का मुँह टेढ़ा है' की भूमिका में बताया–"तार सप्तक की मूल योजना नेमिचन्द्र जैन व प्रभाकर माचवे की थी।" नेमिचन्द्र जैन ने 'तार सप्तक' के दूसरे संस्करण और धर्मयुग के 'तार सप्तक' प्रसंग लेख में 'तार सप्तक' के प्रकाशन का इतिहास स्पष्ट करते हुए बताया कि 'तार सप्तक' की योजना उनकी, प्रभाकर माचवे, प्रभाग चन्द्र शर्मा और मुक्तिबोध की थी। यही स्थिति 'तार सप्तक' के नामकरण को लेकर भी है। नेमिचन्द्र जैन का कहना है कि 'सप्तक' नामकरण के पीछे उनका संगीत प्रेम था और बाद में जो अन्य नाम सुझाए गए उसमें प्रभाकर माचवे ने सुझाया सप्तक पर अन्ततः नेमिचन्द्र जैन के सुझाव को ही माना गया।

'तार सप्तक' का प्रकाशन वर्ष भी विवादित है। उसके पहले संस्करण में प्रकाशन वर्ष 1943 दिया गया है जबकि तथ्य बताते हैं कि यह संग्रह 1944 के आरम्भ में छपकर आया। यही नहीं नेमिचन्द्र जैन जैसे कवि अपने परिचय में 'तार सप्तक' का प्रकाशन 1944 ही लिखते हैं। कृष्ण बलदेव वैद के प्रश्न का उत्तर देते हुए बताते हैं–"43 के अन्त में 'तार सप्तक' छपा और 44 में रिलीज हुआ।" डॉ. रामविलास शर्मा के नाम अज्ञेय के पत्रों से भी इस बात की पुष्टि होती है। 14 दिसम्बर 43 के अज्ञेय के एक पत्र से यह पता चलता है कि "इस तिथि तक अज्ञेय जी के पास रामविलास जी की न कविताएँ न परिचय और न ही वक्तव्य था।" 'तार सप्तक' के 1944 में प्रकाशित होने का एक प्रमाण यह भी है कि रामविलास जी के पास 'तार सप्तक' की प्रतियाँ 2 फरवरी 44 के बाद भेजी गईं। इन तथ्यों से नेमि जी की ही बात प्रमाणित होती है कि 'तार सप्तक' का प्रकाशन 43 में नहीं 44 में हुआ था।

'तार सप्तक' के पहले संस्करण की भूमिका में अज्ञेय ने 'तार सप्तक' कवियों के लिए लिखा कि ये सातों कवि "किसी एक 'स्कूल' के नहीं हैं। किसी मंजिल पर पहुँचे हुए नहीं हैं, अभी राही हैं, राही नहीं, राहों के अन्वेषी हैं।" 'तार सप्तक' के पहले संस्करण में ही मुक्तिबोध और नेमिचन्द्र जैन ने इस 'राहों के अन्वेषण' की बात प्रकारान्तर से उठाई थी। मुक्तिबोध ने लिखा कि "ये कविताएँ अपना पथ ढूँढ़ने वाले बेचैन मन की ही अभिव्यक्ति हैं।" यह 'पथ ढूँढ़ने वाला बेचैन' मन ही अज्ञेय के यहाँ 'राहों का अन्वेषी' होकर आया था। नेमिचन्द्र जैन ने भी अपने वक्तव्य में 'राह की खोज' से बढ़कर आगे की पीढ़ियों में 'पगडंडी तैयार' करने की बात की–कविता की ऐसी पगडंडी जिसे खूँद-पीटकर कविगण शायद राजमार्ग बना लें। मुक्तिबोध और नेमिचन्द्र जैन के वक्तव्यों में आए पथ ढूँढ़ने वाले तथा नई पगडंडी जिसे खूँद-पीटकर बाद के कवि राजमार्ग बना लेंगे का ही भाव सार है 'राहों के

अन्वेषी'। यह मानने में जिसे किंचित असुविधा हो वे इन वक्तव्यों के मर्म को समझने की कोशिश करें। दोनों ही कवियों ने राहों (पथ और पगडंडी) के अन्वेष (ढूँढ़ने, नई बनाने) की बात अपने वक्तव्य में निचोड़ के रूप में रखी है। कमोवेश पूर्वनियोजित न होते हुए भी सभी कवि राहों के अन्वेषी हैं। जहाँ मुक्तिबोध, नेमिचन्द्र जैन अपने वक्तव्यों में क्रमशः पथ ढूँढ़ने और नई पगडंडी बनाने का प्रस्ताव रखते हैं वहीं अज्ञेय पूरे 'तार सप्तक' के कवियों को एक ही स्कूल का न मानते हुए भी राहों का अन्वेषी घोषित करते हैं। उनकी राहों के अन्वेषी की कवि जहाँ 'परम तत्व के घोष' में लगे दिखते हैं वहीं कवियों द्वारा कविता में किए जा रहे परिवर्तनों का भी संकेत मिलता है। राम विलास शर्मा, प्रभाकर माचवे, गिरिजा कुमार माथुर ने अपनी कविताओं में नई राहों को आविष्कृत किया है। इन सबने नए छन्दों को विकसित किया है तथा कविता को नई राहें प्रदान की हैं।

'प्रयोगवाद' का विधिवत् आरम्भ 'तार सप्तक' के प्रकाशन से होता है। 'तार सप्तक' की भूमिका में उसके सम्पादक अज्ञेय ने प्रयोगशील तथा प्रयोगशीलता जैसे पदों तथा कविता को 'प्रयोग' का विषय मानने वाली बातों का हवाला दिया था। हालाँकि अज्ञेय ने दूसरा सप्तक में प्रयोग और उसके वाद दोनों को बेमानी सिद्ध किया। वस्तुतः 'तार सप्तक' के दूसरे संस्करण में अपने को 'प्रयोग' का वादी न मानते हुए भी अज्ञेय द्वारा प्रयोग, प्रयोगशील और प्रयोगशीलता जैसे पदों के बार-बार इस्तेमाल करने के कारण आलोचकों ने उन्हें 'प्रयोग' के वाद का संस्थापक घोषित करने में काफी सुविधा महसूस की। अज्ञेय ने अपने वक्तव्य में कवि की सबसे बड़ी समस्या और अनेक समस्याओं आदि में साधारणीकरण और 'कम्युनिकेशन' को ही कवि कर्म की मौलिक समस्या माना है। इसे ही वे कवि को प्रयोगशीलता की ओर प्रेरित करने वाली सबसे बड़ी शक्ति मानते हैं। आगे वे लिखते हैं कि 'प्रयोग' सभी कालों के कवियों ने किए हैं, यद्यपि किसी एक काल में किसी विशेष दिशा में प्रयोग करने की प्रवृत्ति होना स्वाभाविक ही है किन्तु कवि क्रमशः अनुभव करता आया है कि जिन क्षेत्रों में प्रयोग हुए हैं उनसे आगे बढ़कर अब उन क्षेत्रों का अन्वेषण करना चाहिए जिन्हें अभी तक नहीं छुआ गया था या जिनको अभेद्य मान लिया गया है।''

प्रयोगवाद पर शुरू होने वाले विवाद के पीछे अज्ञेय द्वारा 'तार सप्तक' में दिया गया यह वक्तव्य ही था कि ''संगृहीत कवि सभी ऐसे होंगे जो कविता को प्रयोग का विषय मानते हैं। जो यह दावा नहीं करते कि काव्य का सत्य उन्होंने पा लिया है, केवल अन्वेषी ही अपने को मानते हैं।'' मुक्तिबोध ने भी अपने वक्तव्य में 'प्रयोग' शब्द का इस्तेमाल किया है। वे लिखते हैं–''जीवन के इस वैविध्यमय विकास स्रोत को देखने के लिए इन भिन्न-भिन्न काव्यरूपों को यहाँ तक कि नाट्यतत्व को कविता में स्थान देने की आवश्यकता है। मैं चाहता हूँ कि इसी दिशा में मेरे प्रयोग हों।

"मुक्तिबोध ने जिस दिशा में 'प्रयोग' पर बल दिया है उसमें काव्यरूपों, विशेषकर नाट्यतत्व को भी कविता में स्थान देने की ओर इंगित है। अपने 'प्रयोगवाद' शीर्षक लेख में मुक्तिबोध प्रयोगवाद को साहित्यिक प्रवृत्ति के रूप में देखे जाने पर जोर देते हैं। सन् 46 में शमशेर ने 'तार सप्तक' की जो पहली समीक्षा 'नया साहित्य' में की थी उसमें 'प्रयोगों' का जिक्र है 'प्रयोगवाद' का नहीं। डॉ. रामविलास शर्मा के अनुसार प्रयोगवाद शब्द की जरूरत तब हुई जब प्रगतिवाद के विरोध में एक नए वाद को स्थापित करना जरूरी हुआ। शमशेर बहादुर सिंह ने 'तार सप्तक' के प्रयोगों को रेखांकित करते हुए उसकी इन विशेषताओं को बहुत सफल नहीं माना था। डॉ. देवराज प्रयोगवाद की उत्पत्ति को रेखांकित करते हुए बताते हैं कि "अंग्रेजी में प्रयोगवादी जैसी कविता प्रथम महायुद्ध के बाद के अनास्थामूलक वातावरण में उद्भूत हुई। हिन्दी प्रयोगवाद भी केवल युग से प्रभावित नहीं है। वह बहुत हद तक इलियट, एज़रा पाउंड आदि की शैली के अनुकरण में उत्थित हुआ है।" वे ऐसा इसलिए कह पाते हैं कि स्वतंत्रता प्राप्ति के बाद भारतीय कवि देश के निर्माण, उसकी सृजनात्मक शक्तियों के पुनर्विकास के सशक्त स्वप्न भी देख सकते थे। नई स्फूर्तिदायक जीवन दृष्टियों की परिकल्पनाएँ भी कर सकते थे। डॉ. नामवर सिंह के अनुसार, "प्रयोगवाद नाम चलने के कारण 'तार सप्तक' के सम्पादकीय तथा कुछ अन्य वक्तव्य हैं। इस संज्ञा के बीज कहीं हैं। यह प्रयोग शब्द अंग्रेजी कविता में प्रचलित 'एक्सपेरिमेंट' के ही वजन पर हिन्दी में चला था। लेकिन हिन्दी में जो प्रयोगवाद चल पड़ा उसके लिए अंग्रेजी में 'एक्पेरिमेंटलिज्म' नामक कोई वाद नहीं है।" यहाँ नन्ददुलारे वाजपेयी के प्रयोगवाद सम्बन्धी निष्कर्षों को भी देखा जाना चाहिए जिनमें उन्होंने यह परिणाम निकाला था कि प्रयोगवादी कविता उन कवियों की कविता होती है जिनमें आपस में मतभेद हो। प्रयोगवाद की उत्पत्ति सम्बन्धी कुछ अन्य दावे भी द्रष्टव्य हैं। 'नकेन' के कवि केसरी कुमार प्रयोगवाद का आरम्भ नलिन विलोचन शर्मा की 1937-38 में लिखी कविताओं से मानते हैं। वहीं गिरिजा कुमार माथुर प्रयोगवाद का मूलतत्व निराला की कविताओं में स्थित पाते हैं। बालकृष्ण राव पन्त और निराला को प्रयोगवाद का आरम्भ कर्ता मानते हैं। उनका मानना है कि प्रयोगशील कविता छायावाद युग से ही आरम्भ हो गई थी। युगवाणी के पन्त तो पूर्णतया प्रयोगशील थे ही। पल्लव और वीणा में भी भाषाओं छन्द विधान के अनेक (उस परिस्थिति में साहसपूर्ण) सुन्दर और सफल प्रयोग हिन्दी संसार के सामने आ चुके थे। निराला जी ने तो अपने प्रयोगों से क्रान्ति मचा दी थी। छन्द और लय के उनके अनेक प्रयोग आज की प्रयोगशील कविता से भी अधिक चौंकाने वाले थे, इससे भी अधिक आतंकित और आकर्षित करने वाले सिद्ध हो चुके थे। अज्ञेय ने अपने एक इंटरव्यू में प्रयोग सम्बन्धी मूल्य को श्रीधर पाठक और शिवाधार पांडेय की कविताओं में माना

है। अज्ञेय का विचार है कि 'मनु जी मनु जी यह तुमने क्या किया' कविता में पहली बार श्रीधर पाठक ने आदमी और देवता का अन्तर स्थापित किया। मनुष्य को देवता से अलग रखकर देखने का यह प्रथम प्रयास था। आगे चलकर 'तार सप्तक' में इसका विकास हुआ। नामवर सिंह का मत है कि 'तार सप्तक' से पहले हिन्दी में कविता अपना रूप बदल रही थी। गिरिजा कुमार माथुर 'तार सप्तक' के दूसरे संस्करण के पुनश्च में प्रयोगशील आधुनिकता सम्बन्धी भ्रमों का निवारण करने का प्रयास करते हैं। वे मानते हैं कि प्रयोगशीलता के साथ ही हिन्दी साहित्य में आधुनिकता का शुभारंभ हुआ। यहीं वे संकेत करते हैं कि 'तार सप्तक' के प्रकाशन के काफी पहले 1940 तक कितने ही प्रयोग करके वे अपना मार्ग स्पष्ट कर चुके थे। गिरिजा कुमार माथुर के वक्तव्य से ऐसा जान पड़ता है कि प्रयोगवाद के आरम्भकर्त्ताओं में से वे भी एक हैं। गिरिजा कुमार माथुर प्रयोगशीलता की जगह आधुनिकता पर जोर अधिक देते हैं। प्रयोगवाद के स्थान पर उनके यहाँ आधुनिकता की प्रक्रिया का प्रयोग मिलता है। 'तार सप्तक' के एक प्रमुख कवि नेमिचन्द्र जैन प्रयोग शब्द को बदलती हुई चेतना और उसकी प्रामाणिकता के रूप में लेते हैं। वे लिखते हैं–मैं अनुभव करता हूँ कि इस तथाकथित प्रयोगवाद और प्रयोगवादी कविता उसके स्वरूप के सामाजिक और काव्यगत सामूहिक और वैयक्तिक स्रोतों का अधिक कल्पनाशील अध्ययन आवश्यक है जो अलग से स्वतंत्र विवेचन का विषय है। हिन्दी में प्रयोगवाद की संस्थापना का श्रेय न चाहते हुए भी अज्ञेय को जाता है। पहले सप्तक में इसका बीजारोपण होता है। दूसरे सप्तक में यह पल्लवित और स्थापित होता है।

'तार सप्तक' के कवियों की कविताओं पर लिखते हुए दिनकर ने यह संकेत दिया है कि ये (कविता) उन सभी कविताओं से भिन्न हैं जिन्हें देखने-सुनने के हम अब तक आदी रहे हैं। इनका कवि जान-बूझकर काव्य के साधारण नियमों को भूल गया है। इनकी पृष्ठभूमि में जो कुछ दिखता है वह निर्जन और विषण्ण है। शायद आने वाले युग की कविता इसमें अपनी ट्रेनिंग पा रही है। 'तार सप्तक' एक परिवर्तन की सूचना लेकर आया था। उसी वर्ष यानी 1946 ई. में ही 'तार सप्तक' की पहली समीक्षा करते हुए शमशेर बहादुर सिंह 'तार सप्तक' को अत्यन्त नकारात्मक स्वर लिए हुए काव्य संकलन पाते हैं और इससे बहुत उत्साहित नहीं दिखते। वे संकलन के अन्य कवियों के वक्तव्यों के आधार पर अज्ञेय की भूमिका की बातों से असहमति दिखाते हैं। शमशेर ने अलग-अलग कवियों पर अलग-अलग टिप्पणी देते हुए कहा कि मुक्तिबोध की मान्यताएँ नकारात्मक हो गई हैं अज्ञेय वर्जनाओं के संसार से घिरे हैं। प्रेम की स्मृतियों एवं प्रेम के मधुरतम क्षणों का चित्रण करने वाले गिरिजा कुमार माथुर में भी उदासी है। थकावट है, सूनापन है, खोई हुई परछाइयाँ हैं। प्रभाकर माचवे

की झोली में कुछ है, तो संशय के दो कण। नेमिचन्द्र जैन और भारतभूषण अग्रवाल अपने मानसिक संघर्षों से मुक्त होने के लिए जनता की शक्तियों के साथ आना चाहते हैं, और भावुकता में उस ओर बढ़ते भी हैं। रामविलास शर्मा और अज्ञेय की कविताओं को प्रयोग की कसौटी पर शमशेर सफल मानते हैं, और रामविलास शर्मा की कविता को नया और अधिक स्वस्थ तथा परुष और मुक्त पाते हैं। कुल मिलाकर 'तार सप्तक' की उपलब्धि शमशेर के लिए कोई खास नहीं। शमशेर की इस धारणा के विपरीत दिनकर ने 'तार सप्तक' में अन्य कई नई बातें देखीं। संग्रह की कविताओं में डूब कर सोचने से ऐसा प्रतीत होता है, यह वैयक्तिकता समाज के प्रति दायित्व ही नहीं, प्रत्युत उसका आदर करने वाली है। इस वैयक्तिकता को भी दिनकर समाज सापेक्ष मानते हैं। दिनकर 'तार सप्तक' को दोष रहित नहीं पाते, पर उपर्युक्त बातें कहकर उसके उसके सकारात्मक पक्ष को पाठकों के समक्ष रखा। 'तार सप्तक' की आलोचना करते हुए डॉ. नामवर सिंह ने लिखा है कि "एक लम्बी चिन्तन प्रक्रिया में प्रगट होने के बावजूद 'तार सप्तक' के अपने आकर्षण भी थे।" नामवर सिंह के अनुसार पहला आकर्षण प्रयास की सामूहिकता, दूसरा आकर्षण कवियों द्वारा अपनी आस्था की घोषणा में साहसिकता, तीसरा आकर्षण अपने आपको राहों का अन्वेषी स्वीकार करने की विनयशीलता थी। उनके अनुसार 'तार सप्तक' की सबसे बड़ी विशेषता सर्जनात्मक खुलेपन में है। नन्ददुलारे वाजपेयी जी ने इन कवियों को उलझी हुई संवेदना का कवि कहकर इन्हें नकार दिया था, क्या कवियों की संवेदना उलझी हुई भी होती है? डॉ. नगेन्द्र के हवाले से कहा जा सकता है कि उपचेतन की संवेदनाएँ प्रायः सभी उलझी हुई होती हैं। निष्कर्षतः हम इस बिन्दु पर पहुँचते हैं कि इन कविताओं में तद्‌युगीन परिस्थितियों के अनुरूप भिन्न-भिन्न प्रकार के जीवन सन्दर्भ मुखरित हो रहे थे। 'तार सप्तक' की कविताओं में हर कवि की अपनी काव्यगत और शिल्पगत अलग-अलग विशेषताएँ हैं। 'तार सप्तक' में ये विशेषताएँ, बीज से निकले अँखुए के रूप में नया भावबोध अभिव्यक्त होने के लिए व्याकुल हो रहा है।

'तार सप्तक' के इन बौद्धिक कवियों की प्रारम्भिक काव्य चेतना को समझने के लिए संग्रह की कविताओं के आधार पर इनका अलग-अलग विवेचन और विश्लेषण किया गया है। मुक्तिबोध की कविता में जीवन और जगत के द्वन्द्व को सुलझाने की कवि प्रदत्त बेचैनी मिलती है। उनकी कविताओं में वैयक्तिकता है किन्तु वे इस बात के पक्षधर हैं कि कवि को अपने अन्तरमन तक ही सीमित नहीं रहना चाहिए। मुक्तिबोध की सृजनशीलता जीवन और परिवेश की विषमता के तनाव से उत्पन्न होती है। 'तार सप्तक' के दूसरे कवि नेमिचन्द्र जैन हैं। नेमिचन्द्र जैन घोषित रूप से मार्क्सवादी हैं, और साहित्य में प्रगतिशील मूल्यों के पक्षधर, पर इनके वक्तव्य और इनकी कविताओं में गहरा अन्तर्विरोध है। संघर्ष की चेतना के बदले परिवेश

से मुक्त होने में असफल रहने के कारण विक्षोभ, पीड़ा, घुटन और पलायन का स्वर है तो कवि के मन में कहीं-न-कहीं आशा और उल्लास भी है। 'तार सप्तक' में भारतभूषण अग्रवाल की सोलह कविताएँ संकलित हैं। भारतभूषण मानते हैं कि कर्म से पलायन ही उनकी कविताओं का स्वप्न रहा है। भारतभूषण अग्रवाल की कविता में जहाँ रूढ़ियों के प्रति आक्रोश है, वहीं आस्था और विश्वास उसके स्वर में बुना हुआ है। संहार के साथ वह सृजन का पृष्ठपोषण करता है। भारतभूषण अग्रवाल की विचारधारा मानवतावादी है। इनकी कविता में बिम्बों और प्रतीकों का बहुत कम प्रयोग हुआ है। माचवे की कविताओं में सौन्दर्य चेतना, दार्शनिक का चिन्तन और व्यंगकार की तीक्ष्णता की त्रिवेणी प्रवाहित होती है। माचवे कहते हैं—कवितागत रोमांस और यथार्थ एक ही कोण की दो भुजाएँ हैं। इनकी 'तार सप्तक' की कविताओं में विविधता बहुआयामी है। गिरिजा कुमार माथुर छायावादी रूमानी भाव बोध के कवि अधिक हैं। उनकी कविताओं में प्रेम और सौन्दर्य के विशद चित्र मिलते हैं। 'तार सप्तक' तक आते-आते रूमानी कल्पना तो वहीं रह गई पर नई विषयवस्तु जन्य अनुभूतियों की जगह बौद्धिकता झलक मारने लगी। गिरिजा कुमार माथुर अपनी कविताओं में फोटोग्राफर की तरह चित्र खींचते हैं, और चित्रकारों की तरह उसमें रंगों का संयोजन करते हैं। रामविलास शर्मा के भाव जगत में गाँव बसा हुआ है। ग्रामीण सौन्दर्य उनके कवि हृदय को भीतर तक आह्लादित करता है पर रामविलास शर्मा विचारधारा को कविताओं में पिरोते भी हैं जिससे कविताओं का स्वाभाविक सौन्दर्य भी नष्ट होता है। पर जहाँ रामविलास जी ने ग्रामीण सौन्दर्य को सहजता से चित्रित किया है, वहाँ कविता अच्छी बन पड़ी है। 'तार सप्तक' में अज्ञेय की कुल सत्रह कविताएँ हैं, इनके काव्य में आधुनिक युग के मानव की यौन वर्जनाओं का चित्रण मिलता है। अज्ञेय की 'तार सप्तक' की कविताओं में कुल मिलाकर यौन कुंठाओं के ही चित्र अधिक मिलते हैं। इन कविताओं में अज्ञेय का भाषा शिल्प का विवेक तत्सम प्रधान अभिव्यंजनोन्मुख हो जाता है। शायद यही वह बिन्दु है जो उन्हें छायावादी कविता की भाषा से विलग नहीं रहने देता।

'तार सप्तक' के कवियों में इतनी विविधता है कि सब की कविताओं और वक्तव्यों में व्यक्त स्थापनाओं में तीखी टकराहट की गूँज सुनाई देती है। 'तार सप्तक' के कवियों का सम्बन्ध मध्यवर्गीय सामाजिक परिवेश से है। स्वभावतः मध्यवर्ग की विशेषताओं से वे युक्त हैं। 'तार सप्तक' के इन कवियों में मध्यवर्गीय व्यक्तिवादी संस्कार और अभिलाषा का यह द्वन्द्व बड़ा ही प्रखर है। मुक्तिबोध की 'तार सप्तक' कविताओं का प्रधान तत्व मध्यवर्गीय व्यक्ति का यही अन्तर्द्वन्द्व है। नेमिचन्द्र जैन की कविताओं का समाज मध्यवर्गीय युग का ही समाज है जिसमें मध्यवर्गीय संस्कारों और उन्हें तोड़ फेंकने के विवेक का द्वन्द्व है। इस द्वन्द्व के बीच भी कवि सौन्दर्यानुभूति

के लिए वक्त निकाल लेता है। भारतभूषण अग्रवाल कविता में सामाजिक सरोकार को खूब अच्छी तरह समझते है। गिरिजा कुमार माथुर की काव्य दृष्टि भावुकता और रोमानियत से युक्त है। इनकी सारी उदासी और रूमानियत के मूल में मध्यवर्गीय व्यक्ति का प्रेम-प्रसंग है। 'तार सप्तक' के कवियों में डॉ. रामविलास शर्मा सबसे सन्तुलित दृष्टि वाले कवि हैं। उनमें न तो किसी तरह का द्वन्द्व भाव है न ही पराजय बोध। इनकी कविता में मजदूरों की समस्याएँ हैं, जिन्हें वे प्रतिबद्ध सामाजिक दृष्टि से देखते हैं। 'तार सप्तक' की कविताओं में अज्ञेय यौन कुंठा से घिरे हैं। प्रेम सम्बन्धी उनकी कविताओं में कहीं भी अपर पक्ष की सहभागिता अथवा विश्वास नहीं मिलता; इन कविताओं में प्रेम के प्रति आकर्षण की दुर्निवार अभिव्यक्ति हुई है।

'तार सप्तक' के प्रथम और द्वितीय संस्करणों के वक्तव्यों में गहरा अन्तर्विरोध परिलक्षित किया जा सकता है। पहले संस्करण (1943) के बीस वर्षों बाद (1963) 'तार सप्तक' का दूसरा संस्करण प्रकाशित हुआ। सामान्यतः बीस वर्ष की एक पीढ़ी मानी जाती है। 1943 से 1963 के इन 20 वर्षों में कई कवि अपने पुराने वक्तव्यों के उलट चले गए तो कई उसी दिशा में प्रगति करते रहे। यहाँ ध्यातव्य है कि 'तार सप्तक' आजादी के पूर्व प्रकाशित हुआ था और दूसरे संस्करण के समय आजादी मिले पन्द्रह वर्ष बीत चुके थे। इन वर्षों में स्वतंत्रता के पूर्व की स्थितियाँ बिल्कुल बदल चुकी थीं। नेमिचन्द्र जैन और भारतभूषण अग्रवाल ने अपने मार्क्सवादी होने का खंडन किया। जहाँ पहले संस्करण में नेमिचन्द्र जैन अपने को क्रियात्मक रूप से मार्क्सवादी मानते हैं और कम्युनिस्ट कहते हैं, वहीं दूसरे संस्करण तक आते-आते उनकी मार्क्सवाद संचालित राजनीति छूट ही नहीं गई उस क्षेत्र के सर्वव्यापी हीन सिद्धान्त और आदर्शहीनता के कारण अंधी हो गई। नेमिचन्द्र जैन की तरह भारतभूषण अग्रवाल भी पहले संस्करण में न केवल कम्युनिस्ट थे बल्कि मार्क्सवाद को समय के समाज के लिए रामबाण मानते थे। परन्तु इन्हीं बीस वर्षों में 'तार सप्तक' के दूसरे संस्करण में कहते हैं कि आज मैं कम्युनिस्ट नहीं हूँ, यही नहीं अब तो लगता है जब कहता था तब भी नहीं था। गिरिजा कुमार माथुर जहाँ पहले संस्करण के वक्तव्य में कविता के आन्तरिक पक्षों पर बात करते रहे थे वहीं दूसरे संस्करण में उन्होंने कविता की सामाजिकता और युगीन चेतना तथा लेखकों पर पड़ने वाले साहित्येतर दबावों के प्रतिफल की पड़ताल करते हैं। वे मानते हैं कि "यदि लेखक किन्हीं साहित्येतर दबाव में आकर स्वानुभव साक्ष्य विहीन सत्य स्वीकार करता है तो वह कविता नहीं एक गैर ईमानदार 'पद्य वस्तु' की ही रचना करेगा। गिरिजा कुमार माथुर अचानक ही साहित्येतर दबावों को काव्य के लिए सबसे बड़ा अमिश्र निष्कर्ष मानते हैं। यह साहित्येतर दबाव प्रगतिशील लेखक संघ और मार्क्सवाद का ही दबाव है। गिरिजा कुमार माथुर सन् 1940 को छायावादी युग चेतना से सम्पूर्ण विच्छेद का बिन्दु

मानते हैं। रामविलास शर्मा अपनी कविताओं का छायावाद से गिरिजा कुमार माथुर की तरह विच्छेद न पाते हुए उसकी परम्परा में जाते हैं। पुनश्च में वे लिखते हैं– "तार सप्तक में संकलित इन कविताओं का घनिष्ठ सम्बन्ध छायावादी कविता और उससे भी अधिक छायावादी कवियों से है।" रामविलास जी के निराला अथवा छायावाद की परम्परा के प्रति गहरे लगाव के कारणों की खोज करते हुए नामवर सिंह ने कहा है कि "इसका एक जबरदस्त कारण यह हो सकता है कि वर्तमान स्थिति से ये कवि अपने आप को नहीं जोड़ पा रहे थे। जबकि इस नई परिस्थिति के सामना के लिए साहित्य के क्षेत्र में नई प्रवृत्तियाँ जन्म ले चुकी थीं।"

1943 से 1963 के बीच अपनी रचनात्मकता का सही विकास दो कवियों ने ही किया। इनमें अज्ञेय और मुक्तिबोध ने अपनी वैचारिक प्रक्रिया को और अधिक वर्तुल बनाया। जहाँ अज्ञेय परम्परा की तरफ उन्मुख हुए वहीं मुक्तिबोध ने पूँजीवादी समाज में व्यक्ति के निजी संघर्ष को परिलक्षित किया। भारतभूषण अग्रवाल और नेमिचन्द्र जैन जहाँ अपनी विचारधारा के परिवर्तित हो जाने की उद्घोषणा करते हैं वहीं इनकी कविताओं का विकास बहुत सरल रेखा में जाता जान पड़ता है। गिरिजा कुमार माथुर कविता पर साहित्येतर दबाव को अशुभ लक्षण मानते हैं तथा इससे सम्पादित कविता को कविता नहीं एक गैर ईमानदार पद्य वस्तु मानते हैं। कविताओं में आए ये परिवर्तन कवि तथा उसकी कविता के बीच नए लेन-देन की तरह दिखते हैं।

सन्दर्भ ग्रन्थ सूची : पुस्तकें और पत्रिकाएँ

1. आधुनिक हिन्दी साहित्य, सच्चिदानन्द वात्स्यायन, राजपाल एंड संस, दिल्ली संस्करण, 1976
2. आधुनिक साहित्य, नन्ददुलारे वाजपेयी, भारती भंडार, संवत् 1007 विक्रमी।
3. आधुनिक साहित्य की प्रवृत्तियाँ, नामवर सिंह, लोकभारती, 1993
4. आधुनिक समीक्षा, कुछ समस्याएँ, डॉ. देवराज, राजपाल एंड संस, 1954
5. आधुनिक हिन्दी कविता में बिम्ब विधान, केदारनाथ सिंह, भारती ज्ञानपीठ प्रकाशन, संस्करण 1971
6. काव्य की भूमिका, दिनकर, उदयाचल प्रकाशन, पटना, 1958
7. अज्ञेय और तार सप्तक, सं. सत्य प्रकाश मिश्र, इलाहाबाद संग्रहालय, 1985
8. अज्ञेय अपने बारे में, आकाशवाणी प्रकाशन, नई दिल्ली।
9. कविता के नए प्रतिमान, नामवर सिंह, राजकमल प्रकाशन, दिल्ली, तृतीय संस्करण।
10. कवि दृष्टि, अज्ञेय, लोकभारती प्रकाशन, इलाहाबाद, 1983
11. तार सप्तक के कवियों की समाज चेतना, डॉ. राजेन्द्र प्रसाद, वाणी प्रकाशन, दिल्ली, 1991
12. तार सप्तक के कवि काव्य शिल्प के मान, कृष्ण लाल, साहित्य प्रकाशन, दिल्ली, 1978
13. तार सप्तक, सम्पादक अज्ञेय, प्रथम, द्वितीय और छठा संस्करण, क्रमशः 1943, 1966 और 1965, प्रतीक व भारतीय ज्ञानपीठ प्रकाशन, काशी।
14. तीसरा सप्तक, सम्पादक अज्ञेय, भारतीय ज्ञानपीठ प्रकाशन, दिल्ली।
15. दोआब, शमशेर बहादुर सिंह, सरस्वती प्रकाशन, इलाहाबाद, संस्करण 1993-94
16. नई कविता और अस्तित्ववाद, रामविलास शर्मा, संस्करण 1993, राजकमल प्रकाशन।
17. नई कविता, खंड एक, सम्पादक जगदीश गुप्त, लोकभारती प्रकाशन, 2000
18. नई कविता स्वरूप और समस्याएँ, जगदीश गुप्त, भारतीय ज्ञानपीठ दिल्ली, 1969
19. नई कविता : उद्भव और विकास, डॉ. रामबचन राय, बि. हिन्दी ग्रन्थ अकादमी, पटना, 1974
20. नई कविता के प्रतिमान, लक्ष्मीकान्त वर्मा, भारती प्रेस प्रकाशन, इलाहाबाद, संस्करण 2014
21. प्रयोगवादी काव्य, डॉ. पवन कुमार मिश्र, मध्य प्रदेश हिन्दी ग्रन्थ अकादमी, भोपाल, 1977
22. बदलते परिप्रेक्ष्य, नेमिचन्द्र जैन, राजकमल प्रकाशन, दिल्ली, प्रथम संस्करण, 1968
23. मुक्तिबोध रचनावली, खंड 2, 5, राजकमल प्रकाशन, नई दिल्ली, संस्करण, 1960
24. मानव मूल्य और साहित्य, धर्मवीर भारती, भारतीय ज्ञानपीठ प्रकाशन, 1960

25. रूपतरंग, रामविलास शर्मा, वाणी प्रकाशन, नई दिल्ली संस्करण, 1995
26. राग-विराग, सम्पादक रामविलास शर्मा, लोकभारती, संस्करण 1999
27. छठवाँ दशक, विजयदेव नारायण साही, हिन्दुस्तानी एकेडमी, संस्करण 1987
28. हिन्दी साहित्य का इतिहास, रामचन्द्र शुक्ल, नागरी प्रचारिणी सभा, संस्करण 2041
29. हिन्दी नवलेखन, रामस्वरूप चतुर्वेदी, भारतीय ज्ञानपीठ, काशी, 1960
30. युगवाणी, पन्त, भारतीय भंडार, लीडर प्रेस, इलाहाबाद।
31. हिन्दी निबन्ध, सं. विश्वनाथ प्रसाद तिवारी, विश्वविद्यालय प्रकाशन, प्रथम संस्करण, 1973
32. हिन्दी साहित्य कोश, भाग-1, ज्ञानमंडल लिमिटेड, वाराणसी, संवत् 2020
33. अवन्तिका, जनवरी 1954, सं. लख्मी नारायण सुधांशु, पटना।
34. नया साहित्य, अंक-1, 1946
35. नई कविता, अंक-1, 1954
36. नई कविता, अंक-2, 1955
37. भारतभूषण अग्रवाल : कुछ यादें कुछ चर्चाएँ, बिन्दु अग्रवाल, नेशनल पब्लिशिंग हाउस, 1989
38. प्रतिनिधि कविताएँ, शमशेर बहादुर सिंह, राजकमल प्रकाशन, दिल्ली, संस्करण 1992
39. शमशेर, सर्वेश्वर और मलयज, राधाकृष्ण प्रकाशन, संस्करण 1971
40. सम्यक्, सम्पादक ज्योतिष जोशी।
41. कवियों के पत्र, डॉ. रामविलास शर्मा, वाणी प्रकाशन।
42. तार सप्तक से गद्यकविता, रामस्वरूप चतुर्वेदी, लोकभारती प्रकाशन।
43. प्रेमचन्द के श्रेष्ठ निबन्ध, सम्पादक डॉ. सत्य प्रकाश मिश्र, ज्योति प्रकाशन, इलाहाबाद, 1998
44. अवन्तिका : काव्यालोचनांक, जनवरी, 1954

परिशिष्ट

प्रभाग चन्द्र शर्मा

(26 अप्रैल, 1911-28 नवम्बर, 1917)

कवि-पत्रकार-राजनीतिज्ञ श्री प्रभाग चन्द्र शर्मा का जन्म तत्कालीन ग्वालियर राज्य के शाजापुर जिले में 26 अप्रैल, 1911 को हुआ था। बचपन में ही उनकी साहित्यिक अभिरुचि का विकास स्वर्गीय चन्द्रिका प्रकाश मिश्र (शासकीय विद्यालय के प्रधान अध्यापक और गीतकार श्री वीरेन्द्र मिश्र के पिता) की प्रेरणा और प्रोत्साहन से हुआ था। स्वर्गीय पं. बालकृष्ण शर्मा 'नवीन' से उनकी राजनीतिक विचारधारा व गतिविधियाँ प्रेरित रही थीं, इसी कारण उन्हें ग्वालियर राज्य से निष्कासित भी किया गया था।

निष्कासन काल में उनका सम्पर्क इलाहाबाद के साहित्यिक धुरन्धरों से हुआ था। मेरी स्मृति में सर्वश्री उपेन्द्रनाथ 'अश्क', रामनाथ 'सुमन', इलाचन्द्र जोशी, क्षेमचन्द 'सुमन' आदि कुछ नाम खास महत्त्वपूर्ण हैं।

इसी बीच वे कलकत्ता से प्रकाशित व डॉ हेमचन्द्र जोशी द्वारा सम्पादित हिन्दी दैनिक 'विश्वमित्र' में कार्य करते हुए डॉ. हजारीप्रसाद द्विवेदी के सम्पर्क में भी आए। अन्त में वे तत्कालीन सी.पी. (सेंट्रल प्रॉविंस) व बरार राज्य के खंडवा नगर आकर स्वर्गीय माखनलाल चतुर्वेदी (भारतीय आत्मा) द्वारा प्रकाशित 'कर्मवीर' से भी जुड़े रहे।

सम्भवतः 1940-41 में ही उन्होंने स्वयं के 'युगान्तर प्रिंटिंग प्रेस' से अपने हिन्दी साप्ताहिक 'आगामीकल' का प्रकाशन आरम्भ किया था। 'आगामीकल' अपने साहित्यिक स्वरूप व राजनीतिक विचारधारा के कारण काफी चर्चित रहा था। 1942 के राष्ट्रीय आन्दोलन में उनकी सक्रियता के चलते उन्हें गिरफ्तार कर जबलपुर जेल में रखा गया था।

यहाँ पर उनका सम्पर्क भवानीप्रसाद तिवारी, भवानीप्रसाद मिश्र, महेशदत्त मिश्र, नमर्दाप्रसाद खरे, सवाईमल जैन आदि से हुआ था जो आजीवन जीवन्त रहा। इसी काल में भोपाल विलीनीकरण आन्दोलन से जुड़े अपने बालसखाओं रतनभाई (रतनकुमार गुप्त), शाकिर अली आदि को सक्रिय सहयोग देते रहे। खंडवा नगरपालिका के

अध्यक्ष रहते हुए स्थानीय मारिस मेमोरियल लाइब्रेरी के सभागृह में प्रतिवर्ष तुलसी जयन्ती पर कवि सम्मेलन की परम्परा शुरू की थी, इसमें देश के मूर्धन्य कविगण बच्चन, पन्त, भवानीद्वय, नीरज, वीरेन्द्र मिश्र, रमानाथ अवस्थी, गिरिजा कुमार माथुर आदि ने सम्मिलित होकर इसे गौरवान्वित किया था।

1955 में आकाशवाणी इन्दौर की स्थापना होने पर स्वर्गीय नवीन जी के आदेश पर 'आगामीकल' का प्रकाशन बन्द कर आकाशवाणी इन्दौर में सहायक हिन्दी प्रोड्यूसर बने। राज्य पुनर्गठन होने पर मध्यभारत भोपाल व सेंट्रल प्राविंस (सी.पी.) को मिलाकर मध्यप्रदेश बनने व भोपाल की राजधानी होने पर उनका स्थानांतरण भोपाल हो गया था। 1966 में तत्कालीन मुख्यमंत्री पं. द्वारिकाप्रसाद मिश्र के निर्देश पर शासकीय नौकरी छोड़ वे शाजापुर से विधानसभा का चुनाव भी लड़े।

बहुत सारी प्रकाशित रचनाएँ अब तक असंकलित हैं। पुस्तक रूप में गौतमबुद्ध के जीवन पर आधारित 'अमिताभ' नामक खंडकाव्य प्रकाशित हुआ है। 'अमिताभ' कुछ वर्षों तक जबलपुर विश्वविद्यालय के स्नातक पाठ्यक्रम में शामिल था। प्रभाग जी की कुछ कविताएँ 'नक्षत्र' नामक संकलन में भी संकलित हैं। 'नक्षत्र' में गिरिजा कुमार माथुर कवि भी संकलित हैं।

28 नवम्बर, 1971 को हृदयघात से भोपाल के शासकीय हमीदिया अस्पताल में उनका निधन हो गया।

नोट : प्रभाग चन्द्र शर्मा जी का यह परिचय उनके ज्येष्ठ पुत्र श्री हेमचन्द्र शर्मा से प्राप्त हुआ है। इसके लिए माध्यम बने मेरे प्रिय कवि-लेखक श्री विष्णुनागर जी और मुझ पर सदैव स्नेह रखनेवाले कवि-सम्पादक श्री लीलाधर मंडलोई जी। इन अग्रजों का आभार।